루터 vs 칼뱅

세창프레너미Frenemy 001

루터 vs 칼뱅

초판 1쇄 인쇄 2018년 12월 20일
초판 1쇄 발행 2018년 12월 28일
_

지은이 김재성
펴낸이 이방원
편 집 홍순용·김명희·안효희·강윤경·윤원진
디자인 손경화·박혜옥 **영 업** 최성수 **마케팅** 이미선
_

펴낸곳 세창출판사
신고번호 제300-1990-63호
주 소 03735 서울시 서대문구 경기대로 88 냉천빌딩 4층
전 화 723-8660   **팩 스** 720-4579
이메일 edit@sechangpub.co.kr   **홈페이지** http://www.sechangpub.co.kr/
_

ISBN 978-89-8411-779-2 93200

ⓒ 김재성, 2018

이 도서의 국립중앙도서관 출판시도서목록(CIP)은 서지정보유통지원시스템 홈페이지(http://seoji.nl.go.kr)와
국가자료공동목록시스템(http://www.nl.go.kr/kolisnet)에서 이용하실 수 있습니다. CIP제어번호: CIP2018040819

세창프레너미Frenemy   001

루터 vs 칼뱅

김재성 지음

세창출판사

세상을 밝혀 준 종교개혁 사상

이 책은 16세기 유럽에서 엄청난 변화를 몰고 온 종교개혁의 신학사상의 진수를 총괄하되, 루터와 칼뱅의 상호연관성 속에서 성취된 체계임을 설명하고자 노력한 산물이다. 루터에 관한 연구서와 논문들이 수만 권에 이르고, 칼뱅에 관련된 것들도 엄청나게 많은데, 이 책에서는 두 사람을 묶어서 함께 살펴보는 새로운 관점을 제공하고자 한다.

루터와 칼뱅은 16세기를 대표하는 신학자들로서 주도적인 영향력을 발휘했던 종교개혁가들이자, 가장 위대한 저술들과 설교를 통해서 지금도 끊임없이 감동을 주고 있는 기독교 진리의 설교자들이다. 루터는 맨 앞에 서서 모든 문제점을 설파하였다. 그는 담대하게 로마 가톨릭의 오류를 지적하면서 개혁을 주도해 나갔고, 새로운 기독교회의 과제들을 터득하게 되었다. 칼뱅은 그러한 논쟁의 소용돌이에 등장해서 가장 순수하고 참된 기독교 사상의 체계를 견고하게 세웠다. 루터가 앞에서 이끌어 나가고, 칼뱅이 그를 옹호하고 계승, 발전시키면서 이루어 놓은 신학사상들과 기독교적 지성들은 중세 말기에서 종교개혁으로의 변혁을 이끌어 내는 원동력이었다.

다시 말하지만, 루터와 칼뱅의 신학사상을 함께 견주어서 연구하려는 이유는 두 개혁가가 서로 긴밀한 상호작용을 하면서 동시대 그들의 문제들을 끌어안고 해결했기 때문이다. 특별히 이들 두 사람의 강조점과 주장들을 서로 비교·대조하여 살펴보려는 것은 종합적인 연구를 통해서 오늘의 문제에 대한 시사점들을 찾아내려는 것이기도 하다. 16세기 유럽은 캄캄한 암흑 속에 휩싸여 있었으나, 루터와 칼뱅이 성경적 개혁사상을 제시하여 혼란스런 세상에 밝은 빛을 전해 주었다. 이들의 메시지를 통해서 세계 인류 역사가 돌파구를 찾았고, 정치와 문화 모든 분야에서 발전을 거듭할 수 있었다.

지금도 인류사회는 영적인 어둠 속에서 빛을 찾아 헤매고 있다. 현대인들은 개개인의 자율적 만족을 추구하는 시대정신과 열망에 사로잡혀 있다. 그러나 안타깝게도 인간 내부에서만 해답을 찾으려 하니 그 한계를 벗어나지 못하고 맴도는 것이다. 초월적인 하나님으로부터 주어진 원대한 비전과 거룩한 부르심에서 혜안을 찾아야 한다. 전 세계가 인권존중과 평화에 대한 노력을 더 추구한다고 말하지만, 정작 현대 포스트모더니즘 철학도 유토피아적 이상주의라는 환상에 빠져 있을 뿐이다. 지구상에 늘어만 가는 각종 범죄와 살인, 타락과 죄악들을 어떻게 치유할 것인지에 대한 해답이 없다. 인간성의 부패에 대한 해답을 성경의 가르침에서는 찾으려 하지 않은 채 오직 인권에 대한 찬미만 노래하고 있는데, 결국 현대문명은 제 소견에 옳은 대로 행동하고 있다. 포스트모더니즘 철학이 주장하는 다원주의와 포용주의가 가져온 혼돈들은 가치 상대주의 속에서 맴돌고 있을 뿐이다.

루터와 칼뱅에게 주목하려는 것은 이 두 사람이 각각 독일과 스위스에 근거하며 중요한 지도자로서 교회를 변화시키고, 설교와 저술을 통해서 개혁주의 신학사상을 지속적으로 제공하며 앞장서서 세상을 변화시켰기 때문이다. 이 책의 마지막 장에서는 신학이 어떻게 세상을 바꿨는지를 확인할 수 있을 것이다. 루터의 헌신적인 노력이 열매를 맺어 북유럽에서 루터파 교회가 형성되었고, 칼뱅의 교훈에 공감하는 사람들이 장로교회와 개혁교회를 세워서 전 세계로 확산시켰다. 루터와 칼뱅이 각각 중심에 서 있었기에, 종교개혁이 소멸되지 않으면서 개신교회들이 유럽 전체에 세워질 수 있었고, 진정한 복음을 따르려는 사람들이 흔들리지 않고 규합되었다.

16세기 유럽 종교개혁 운동 가운데서 가장 큰 영향력을 발휘한 루터와 칼뱅은 각각 자신의 지위와 역할만을 따로 확보해 보겠다는 경쟁심으로 대결하지 않았다. 오늘날 세계적인 신학자들이라고 하면서도 개인주의적인 영웅심에 사로잡혀서 자신을 중심으로 주도적인 학파를 형성하여 나가는 경향이 있는데, 종교개혁자들은 서로 간에 이기적인 야심을 갖고 쟁투를 일삼던 사람들은 아니었다. 물론 이들 사이의 논쟁과 토론은 격렬하였으나, 하나의 신앙과 하나된 교회를 추구하고 신뢰하는 이상과 비전을 공유했었다. 다만 각각 살아가고 있던 지역적인 환경과 해결해야 할 과제들이 차이가 나면서, 주변에 연관된 수많은 사람과 연계성을 갖고 접근해야만 했었다.

루터와 칼뱅은 누구보다도 서로 깊은 관련성을 갖고 있다. 루터가 없었다면, 칼뱅의 개혁사상은 나올 수 없었다. 칼뱅은 평생 동안 루터의 충실한 제자였다. 그러나 칼뱅이 없었다면, 루터의 초기 개혁사상은 더 이상 발전되거나 확산될 수 없었다. 루터의 후계자들은 멜란히톤을 비롯한 평화주의자들과 루터의 가르침만을 정통으로 삼으려는 후계자들에 의해서 갈등과 대립을 거듭하면서 독일 내에서 일종의 노선투쟁에 빠져서 차츰 분파적인 정통주의 다툼으로 기울어지고 말았다.

이 책에서 필자는 루터와 칼뱅을 중심축으로 삼아서 종교개혁의 신학사상들을 체계적으로 제시해 보고자 한다. 루터에 대해서 잘 모르는 분들과 칼뱅에 대해서도 전혀 공부해 본 일이 없는 분들이라도 쉽게 이해할 수 있도록 평이하게 서술하고자 노력할 것이다. 루터와 칼뱅이 남긴 신학사상들 속에는 참된 진리가 담겨 있다. 길을 찾는 사람들과 빛을 찾아 헤매는 자들에게 순수하고도 확실한 진리를 제시하여 주리라 확신한다. 죄악과 타락으로 어두워진 사람들의 마음속에 마치 시원한 생명수와 같이 역동적으로 살아서 움직이는 기독교의 복음이 울려 퍼질 것이다.

이런 연구를 통해서, 과거로 다시 회귀하려는 것이 아니다. 미래를 향한 발전을 위하여 신실한 신앙의 지침을 재발견하고 재설정하여 전진해 나가고자 함이다. 오늘의 시대적 '딜레마'를 풀어 주는 해답을 찾아보려고 하기 때문이다. 진리를 분별하도록 영적인 자각을 하게 하여 탈출구를 열어서 진보가 가능하게 되는 것은 살아 계신 하나님께서 은혜를 베풀어 주시기 때문이다.

최근에 나온 세계적인 학자들의 연구들을 철저히 참고하여 밝혀 두었다. 더 깊이 공부하고자 하는 독자들에게 새로운 안목을 열어 주고자 심혈을 기울여 노력한 것이다. 끝으로 프레너미 시리즈를 엮어서 출간하는 세창출판사 편집부의 노고에 깊은 감사를 드린다.

2018년 12월
저자 김재성 씀

차례

제1장

루터와 칼뱅은
어떤 문제의식을 가졌던가?

오직 성경으로만,
오직 은총으로만,
오직 믿음으로만,
오직 그리스도로만,
오직 하나님의 영광을 위하여.
sola scriptura, sola gratia, sola fide, solus Christus, soli Deo gloria

　루터와 칼뱅을 비롯한 종교개혁자들은 영웅이 되려 했던 것이 아니다. 무슨 세력을 결성한다거나 무엇을 어떻게 해서 유럽 사회전체를 변혁시키려 했던 것도 아니다. 루터와 칼뱅은 세속적 야심으로 가득 차 있던 혁명가들이 아니었다. 높은 지위나 권세나 명예로운 이름을 꿈꾸면서 교황에 맞서서 싸웠던 것도 아니다. 기본적으로 이들은 선지자의 정신을 가지고 복음을 회복하도록 교회에서 외쳤던 설교자들이었고, 사람들의 심령에 하나님의 나라가 도래하여 구원의 확신을 갖도록 복음의 위로와 격려를 제공하고자 노력하였다. 이것이 바로 우리가 결코 놓쳐서는 안 되는 종교개혁자들의 신학사상이 빛을 발휘하게 만든 원천이다.

　루터와 종교개혁자들은 각 사람의 마음속에 갈망하고 있던 죽음에의 두려움을 해소시켜 주고자, 복음의 위로와 평안의 메시지를 성경에서 찾아 제공하였다. 루터가 앞장서서 교황권에 맞서게 된 것은 로마 가톨릭의 권위 아래서 신음하던 자들이 기다려 온 구원의 확신, 자유함에의 목마른 호소와 기도에 대한 응답이기도 했다. 루터와 칼뱅 모두 엄청난 부조의 정점에 있던 교황의 권세가 성경에 근거하지 않았다고 주장하였다. 유럽의 모든 국가를 영적으로 통제하고 수많은 사람을 이단으로 정죄해서 화형시키고, 교회당과 수도원과 부속 영지를 지배하던 막강한 교황의 권세가 결코 절대적인 것이 아니라는 점을 파헤쳤다.

　인류 역사의 변화에 가장 큰 영향력을 끼친 16세기 유럽의 종교개혁 운동들은 기독교에 담겨 있는 진리를 재인식하고 복음을 새롭게 터득해 나가는 격동의 시기였다. 종교개혁은 흙 속에 파묻혀 있던 보화를 새롭게 찾아내듯이, 로마 가톨릭이라는 낡은 체계가 변질시켜 버린 것들을 털어 내고 허물어 버리는 고통스러운 갱신운동이었다. 이렇듯 종교개혁은 정치와 사회를 뒤흔들어서 지배 권력층과 국가 체계를 뒤엎는 혁명이 아니라, 복음의 재발견으로 일어난 새로운 변혁이다.[1] 루터와 칼뱅의 신학사상을 통해서 새롭게 재발견된 복음이 선포되면서 인류 사회의 모든 분야에 변화가 일어났고, 새로운 시대로 전환하도록 방향을 재설정하게 되었다.

1

기독교 신앙의 재인식

　중세시대에서 인문주의 학문의 시대를 거쳐서 종교개혁으로 넘어가는 과정에서 로마 가톨릭의 스콜라주의가 뒤섞여 핵심 논쟁으로 등장하였다. 종교개혁은 스콜라주의와 서로 기독교 진리에 대한 신학적 논쟁을 치열하게 전개하였다. 루터와 칼뱅 등 종교개혁자들의 핵심 교리들은 삼위일체 하나님에 대한 지식과 함께, 칭의 교리와 대속의 교리, 구원론과 교회론 등을 완전히 새롭게 정립한 것인데, "오직 성경으로만*sola scriptura*", "오직 은총으로만*sola gratia*", "오직 믿음으로만*sola fide*" 등으로 집약된다. 그리고 차츰 종교개혁의 신학사상이 확실하게 정착되면서, "오직 그리스도로만*solus Christus*"과 "오직 하나님의 영광을 위하여*soli Deo gloria*"라는 조항들이 더욱 강조되었다.[2] 초기 종교개혁자들의 사상에는 이런 다섯 가지 중심 교리가 공통적으로 들어 있다.

종교개혁의 핵심은 정치투쟁이나 사회적 혁명이 아니라 성경적인 신학사상을 펴낸 것이다. 루터가 처음에 논쟁을 했던 면죄부와 칭의 교리에 관한 것들은 성경 원문을 연구하여 대학과 교회 곳곳에서 강의하면서 기독교 진리체계로 제기한 것들이다. 중세 말기에는 스콜라주의와 기독교 인문주의가 겹쳐서 교회와 대학에서 지성사회를 이끌고 있었는데, 여기에 종교개혁자들의 성경적인 신학사상이 새롭게 등장한 것이다.

종교개혁자들은 기독교 진리의 최종 근거로 성경의 최고 권위*sola scriptura*를 강조하였다. 16세기는 여러 사상과 운동이 복합적으로 중첩되던 시기였는데, 중세 말기 스콜라주의와 르네상스 인문주의, 수도원 중심의 금욕주의, 대학의 발전으로 인한 지성적 학문운동, 교황의

— 마르틴 루터

권위에 대립하는 민족적인 정치의식 등이 긴장 속에서 상호 관련을 맺고 있었다. 혼돈의 시대에 돌파구를 열었던 종교개혁자들이 새롭게 제기한 기독교 신학사상의 변화는 성경에서 비롯된 것이다.

성경적 신학사상이 사회 전체를 바꾸는 데 크게 기여한 것이 바로 16세기 유럽의 종교개혁이다. 개혁주의자들이 제시한 성경적 신학사상은 유럽 사회의 중세 스콜라주의 신학체계를 전체적으로 바꾸어 놓게 되었다.[3] 지금도 세계 기독교 교회에서 열심히 증거하고, 신학을 연구하고 배우는 것들은 모두 다 종교개혁자들의 신학사상에 연계되어 있다. 현대 기독교 신자들에게 중요한 진리로 각인되고, 가슴에 되새기는 것들은 모두 다 16세기 종교개혁자들이 성경에서 터득한 것을 계승한 것이다.

인류 역사를 바꾸어 놓은 매우 중요한 역사적 사건이나 운동이라 하더라도, 결코 진공상태에서 발생하는 것이 아니다. 오늘의 교회가 기반으로 삼고 있는 종교개혁자들의 신학적 유산과 교훈들은 모두 다 성경을 터득하고 배운 것이다. 종교개혁자들이 가졌던 신학사상, 교리적 가르침들, 중심적인 교훈들은 모두 다 성경에 근거한 토론과 탐구에 근거한 것임에 주목해야만 한다.[4] 종교개혁의 심장에 있었던 오직 성경으로만*sola scriptura*이라는 신념이 근저에 자리하고 있다.

　우리가 루터와 칼뱅의 사상을 검토하고 그 근원들을 연구하려 할 때에 이미 어떤 학파의 입장에서 제시한 견해를 따르게 된다거나, 기존의 선입견을 그저 반복하는 경우를 많이 보게 된다. 로마 가톨릭에서는 한결같이 루터와 칼뱅에 대해서 비판하고 정죄하는 전제를 고수하고 있다. 그런가 하면, 수많은 박사 학위 논문과 연구서가 새로운 해석들을 내놓고 있는데, 그것들도 역시 주관적인 입장들을 반영하고 있다. 때문에 정확한 사실과 그 의미를 파악하는 데 충돌을 빚고 있다. 루터와 칼뱅의 신학사상을 연구하면서 무엇보다도 그들이 처해 있었던 실제 시대적 배경과 지성적인 상황을 면밀히 분석해야만 한다. 이 두 사람의 사상적인 특징들은 유럽 종교개혁의 정체성을 밝히는 작업이며, 그것은 각 개인의 기억과 국가적이고 종교적인 공동체의 역사 속에서 발견되는 것이기 때문이다. 이러한 신학적인 확신이 전혀 없이, 종교개혁의 신학사상에 대해서 "가치 중립적이며 객관적인 평가를 내리는 것은 불가능하다."[5]

　지금까지 로마 가톨릭에서는 개신교회를 두고 진정한 "형제와 자매" 교회가 아니라고 주장한다. 16세기에 내려진 로마 가톨릭의 정죄 선언에는 전혀 변함이 없다. 루터가 비텐베르크 성벽 교회당에 여러 조항을 게시하면서 최고의 권위에 도전한 결과, "의도하지 않은 종교개혁"이 초래되었고, 체계적이고 안정적인 성경해석이 무너지고 "가상적인 다원주의"가 들어왔다고 비난하고 있다.[6]

그러나 종교개혁자들이 "불경스러운 세속화"를 가속화시켰다는 것은 완전히 왜곡된 해석이다. 종교개혁자들은 로마 교회의 권위에 도전한 것이 아니라, 로마 가톨릭 내부의 반성하지 않은 권세자들이 하나님의 뜻에 불순종하고 있는 것에 의문을 제기한 것이다. 아담과 하와 이후로 하나님의 권위에 대한 반역과 불순종이 인류 역사 속에 지속되어 내려오고 있다.[7] 사람의 부패와 타락이 종교개혁자들로부터 시작되었다고 주장하는 것은 전혀 설득력이 없다!

루터의 신학사상에 근거가 된 요소들과 자료들을 찾아내는 것도 그리 어렵지 않다. 루터의 대학시절이나 수도원에서의 생활, 교수로서 강의하던 노트들이 그대로 남아 있다. 하지만 각자의 성품이 달라서, 칼뱅의 경우에는 거의 자기 자신에 관한 신변 이야기를 남기지 않아서 정확하게 추적하기가 어렵다. 프랑스 인문주의자들이나 법학자들에게서 얼마나 영향을 받았으며, 누가 그에게 결정적으로 방향을 선회하도록 이끌어 주었는지 알 수 없다.[8] 그의 사촌 올리베탕의 프랑스어판 번역 성경에 남긴 서문에는 피난자로서 겪는 압박감과 고초에 대해서 약간 언급되어 있을 뿐이다. 칼뱅이 남긴 첫 번째 저술, 『세네카의 관용론 주석』에 대한 조사와 연구들은 가능하지만, 이 책에는 초기 법학지식이 담겨 있을 뿐이다. 칼뱅이 종교개혁의 신앙으로 회심하기 이전에 쓴 글이기에 참고자료로 사용할 뿐이다. 칼뱅의 신학사상의 형성과정에 대해서는 소상히 알려지지 않은 부분들이 많다.

종교개혁의 선두에 섰던 루터와 칼뱅은 성경의 해석자로서 시대와 공간을 넘어서서 하나님의 말씀을 통해서 교회를 바로 세워 나가는 외로운 여정을 지속해 나갔다. 루터는 중세 말기 스콜라주의적 신학의 변화를 추구했던 에르푸르트 어거스틴파 수도원에서 매일 기도와 명상과 학습을 훈련받았다.

16세기 유럽의 종교개혁은 그 이전에 쌓아 온 기독교 교회를 총체적으로 개혁하였고, 그 여파로 거의 모든 부분에 걸쳐서 인류의 역사를 새롭게 바꿔 놓았다. 그러한 원동력을 제공한 루터와 칼뱅은 기독교 복음을 제시하여 각각 자신들이 살았던 지역과 시대를 이끌고 나갔다. 이들이 새로운 사회로의 변혁을 일구어 낸 종교개혁을 중단 없이 추진해 나갈 수 있었던 원천은 성경을 통해서 얻어 낸 진리와 지혜가 있었기 때문이다. 중세 말기 로마 가톨릭 교회에는 천오백여 년에 걸쳐서 흘러내려 오던 기독교 교회가 혼란에 빠져서 시민들에게 전혀 희망을 제시하지 못한 채 타락에 빠져 있었다. 그런 와중에 루터와 칼뱅이 제시한 성경에 기초한 새로운 신학사상들은 그토록 일반 성도들이 간절히 듣고 싶어 했던 해답이자 그들의 염원을 해결해 주는 하나님의 응답이었기에 성경에 기초한 시대로 나아가는 돌파구가 열리게 된 것이다.

루터와 칼뱅은 당대 유럽 최고의 학자들에게서 가르침을 받았고 하나님께서 준비시킨 사람들로서 성장하였다. 처음 진학한 에르푸르트 대학교에서 법학 수업을 마쳤더라면, 루터는 분명히 뛰어난 변호사가 되어서 군주들을 위해 일하는 관료가 되었을 터이다. 루터의 복음은 칼뱅에게 전수되어서 복합적으로 다중적으로 다층적으로 재구성되었고, 마침내 학문적으로 탁월한 종교개혁의 신학사상이 만들어졌다. 칼뱅은 루터의 충실한 후계자이자, 성실한 학도였으며, 출중한 창안자가 되었다. 루터와 칼뱅이 가졌던 근본적인 신앙의 내용은 큰 차이가 없다. 인간의 본질적인 상태를 다루면서 루터와 칼뱅은 오직 하나님의 은혜로만 죄와 구원의 문제가 해결되는 것이라고 가르쳤다. 사람이 스스로 성취하는 것이 아니라, 하나님의 은혜로 주어진 믿음을 가진 성도들에게 오직 예수 그리스도의 십자가로 인하여 주어지는 법정적이요 외부적인 칭의의 선포임을 철저히 강조했다.

루터와 칼뱅은 단순히 교회를 개혁하는 한 지역의 목회자로 그친 것이 아니라, 교육과 사회를 바꾸어 가면서 큰 영향을 끼쳤다. 루터와 칼뱅이 각각 변화시킨 비텐베르크와 제네바는 세계적인 학문의 중심지로 떠올랐다. 성경적인 교회를 회복하는 개혁운동의 중심지에 수많은 젊은이들이 몰려들었다. 독일 동북부 비텐베르크와 스위스 남서부 끝에 위치한 제네바는 한마디로 대학교를 중심으로 하는 도시가 되었다. 유럽 각 지역에서 최고의 학문과 경건을 연마하는 이들이 모이는 지성의 산실이 되었다.

1517년에 루터가 95개조항의 논제를 제시한 후로, 지금까지 오백 년이 흘러갔다. 그 사이에 유럽의 여러 지역에서 종교개혁에 참여한 사람들에게는 엄청난 탄압이 가해졌고, 때때로 강물처럼 많은 피를 흘리는 대량 학살이 발생했다. 탄압에 굴복하지 않은 성도들이 개혁된 교회를 세우고자 집중적으로 노력하여서 "저항자들의 교회"(프로테스탄트)가 탄생했다. 바른 신앙의 길을 찾는 데 동참하는 성도들이 확산되어 나가면서 정치·사회·경제·교육 등 인간의 삶에 관련된 모든 영역에서 엄청난 반향을 일으키게 되었다.

중세시대는 11세기 이후로 로마 교황청이 절대권위를 행사하고 있었다. 절대군주 제도 하에서 로마 가톨릭의 교황청 권력은 성직자 중심의 전통적인 제도와 사회를 고착시켰다. 사회적인 안정성을 침해받지 않으려 했던 군주들은 전통적인 가톨릭 제도가 위협받자, 자신들의 권세 유지를 위해서 종교개혁을 탄압하였다. 규격화된 사회제도와 시대정신으로 가톨릭 교회의 교리들이 확산되어 있었기에 그에 반대되거나 예외적인 주장은 받아들여지지 않았다. 하나님에 대한 믿음이 강요되던 세상에서 그것을 비판하는 것은 목숨을 걸어야만 하는 일이었다. 절대권력을 추구하는 군주들과 로마 가톨릭 교황청의 교리체계는 강력한 고정관념으로 다스리는 자들의 신념이었다.

그러나 절대 우상처럼 습관적으로 간주되었던 교황의 권위가 힘을 잃게 되고, 군주들이 서로 전쟁을 벌이는 상황이 전개되었다. 외형적으로는 교황을 비롯한 고위 성직자들의 타락으로 신뢰를 잃어버렸고, 내적으로는 스콜라주의 신학의 고착화에 대한 의구심이 제기되었던 것이다.

개신교 신학사상을 제시하여 삶의 전반에 영향을 끼치게 된 루터와 칼뱅의 신학사상들은 교회 내부적인 논쟁으로 그치지 않았다. 당시 유럽의 교육, 국가적 도덕과 사회 전반적인 윤리, 경제활동에 이르기까지 엄청난 영향을 끼쳤다. 오늘날까지도 각각 루터와 칼뱅을 따르는 교회들이 전 세계 개신교회의 모든 진영에 영향을 끼치고 있고, 누구도 부정할 수 없는 큰 산맥을 이루고 있다. 누구든지 기독교의 진리체계를 공부하려면, 루터와 칼뱅의 저술들과 가르침과 업적으로부터 영향을 받지 않을 수 없다. 루터와 칼뱅의 종교개혁이 세계 역사에 끼친 영향력은 엄청나기 이를 데 없는데, 과학과 의학 등을 비롯한 학문의 증진과 시민사회의 평등한 조항들도 모두 종교개혁자의 격려와 후원으로 진보를 이루게 되었다.

2

루터, 복음을 재발견하다

로마 가톨릭의 부패와 타락을 극복하고 새로운 시대를 열어 나가는 데 있어서 루터와 칼뱅이 결정적으로 중요한 역할을 감당했지만, 엄밀히 말하면 종교개혁의 신학사상은 오직 이 두 사람만이 만들어 낸 것은 아니다. 종교개혁은 순수한 신앙회복 운동이었으며, 이들 두 사람은 그 시대에 필요한 하나님의 메시지를 성경에서 찾아내어 새로운 교회를 형성하여 나가는 거대한 흐름 속에서 남달리 주목을 받는 무대 위에 올라가도록 부름을 받았을 뿐이다. 그들의 독특한 기여로 인해서 종교개혁의 수레바퀴가 앞으로 전진하게 되었던 것이 사실이지만, 하나님께서는 그 누구라도 준비시키셨을 것이다.

지금부터 오백 년 전에, 루터가 없었어도 종교개혁은 일어나게 되어 있었다. 루터가 중요하지 않다는 말이 아니라, 하나님께서는 누군가를 그 시대에 학문과 신앙을 갖추도록 준비시켜서 사용하셨을 것이라는 의미이다. 물론 루터가 가장 앞장서서 교황청과 낡은 전통의 문제점들을 파악하는 통찰력을 발휘하였고, 탄탄한 신학적 지식을 활용하여 자신의 성경적 관점을 제시하였다. 루터는 당대 최고의 실력을 갖춘 성경 교수로서, 아무것도 모르고 무지한 채로 연옥에서 벗어나기 위해 선행과 공로를 세우고자 노력하면서도, 온갖 두려움에 휩싸여 불행한 시대를 살아가던 성도들을 위해 목회적 열정을 발휘했다.

1517년 11월 1일, 매년 이날 만성절에 일어난다는 기적을 찾아 수많은 사람이 몰려들었기 때문에, 예배당은 발 디딜 틈도 없었다. 순간의 열심을 발휘하면 기적을 얻어 갈 수 있다고 믿었던 성도들을 향해서 "면죄부" 판매가 공공연하게 시행되자, 루터는 이것을 두고 비성경적으로 오염되었으며, 교황청이 돈을 모으고자 면죄부 판매를 남용하고 있음을 과감하게 공개적으로 지적했다. 과거 수도사 시절 고행과 금식의 규정을 철저히 수행했던 루터였기 때문에, 거짓된 가르침에서 벗어나야만 한다는 것을 깨우쳐 주려 했던 것이다. 그 시절 어거스틴파 은자 수도원에서 거룩한 규칙을 완벽하게 지켜 보려고 노력하던 청년 루터는 두려움과 염려와 불안을 결코 떨쳐 버릴 수 없었다. 그런데도 어떻게 해야만 구원을 얻을 수 있는지에 대해서 그 누구도 시원하게 대답을 해 주지 않았었다.

전쟁과 전염병으로 수많은 사람이 죽어 가던 시대의 아픔을 체험했던 루터는 믿음으로 구원을 얻는다는 성경적인 복음을 전파했다. 사람이 어떤 노력들을 해야만 한다거나, 얼마만큼 선행을 해야만 구원을 얻을 수 있느냐에 대해서 그 누구도 확실한 해답을 제시하지 못하고 있을 때에, 오직 은혜에 의해서 내려 주신 믿음으로 예수 그리스도의 십자가와 부활을 믿는 자에게 값없이 하나님께서는 의롭다고 선언하신다는 성경적 복음을 제시하였다. 로마서 1장 16-17절에서 루터는 영적인 위로와 확신을 주는 복음을 발견했던 것이다. 오직 하나님의 전적인 은혜에 근거하여서 성령께서 주시는 믿음을 통해서 예수 그리스도의 의로움과 공로로서 성취한 것들을 받아들이도록 부르심을 받은 자들에게는 하나님의 의롭다 하심이 주어진다. 이것은 중세 말기에 제시된 로마 가톨릭의 모호성을 돌파해 내는 새로운 패러다임이었다. 하나님의 은혜와 인간의 자발적인 의지가 협력해서 성취된다는 중세 말기 스콜라주의가 가르친 "신인협력설"을 넘어서는 새로운 소식이었다.

종교개혁의 신학사상들은 주요 지도자들의 광범위한 저술들, 특히 성경주석과 설교, 신학논문과 편지 속에 담겨져 있다. 정치적인 권세와 사회질서에 대해서 비교해 보면, 여전히 공통점과 차이점이 드러난다. 루터와 칼뱅은 로마 가톨릭 교회의 왜곡된 신학과 교리적인 문제점들을 파헤쳤다. 종교개혁자들은 초대 교회로 거슬러 올라가서 가장 순수한 기독교 신앙을 회복하려고 노력하였다. 종교개혁의 운동이 진행되던 역사의 소용돌이를 다시 되돌아보면, 루터와 칼뱅의 신학적 공통점들이 확연히 드러난다. 이 두 사람은 오직 예수 그리스도 안에서 나타난 하나님의 은혜를 근간으로 하는 구원의 교리를 정확하게 제시하였다. 거의 모든 종교개혁자의 신학은 출발점이 같았다. 즉, 초대 교회 아우구스티누스(354-430)의 저술로부터 영향을 받았던 것이다. 은총의 신학자로 알려진 아우구스티누스는 인간의 자유의지를 주장하던 펠라기우스에 맞서서 인간의 전적 부패와 하나님의 은혜를 강조하였다.

예수 그리스도는 어제나 오늘이나 영원토록 동일하신 분이다(요 1:1-3, 계 1:8). 따라서 그분의 말씀인 성경은 불변하는 진리이며, 최종 권위를 가진다. 루터와 칼뱅은 성경보다는 교회 전통과 로마 가톨릭의 교황에게 절대권위를 넘겨 주고, 교황권에만 의존하려는 왜곡된 관습을 과감하게 혁파하였다. 교황으로 선출된 사람은 그 누구도 자신의 인간적 권위를 주장할 수 없으며, 오류가 있을 수밖에 없는 사람이므로 그리스도의 대리자로서 행세할 수 없다. 종교개혁자들은 한결같이 교황제도란 성경에 위배되는 조직체라고 판단하여 거부감을 표명했다. 종교개혁자들은 로마 교황에게 주어진 것으로 주장되어 오던 그 어떤 종교적인 권위와 세속적 권세에 대해서도 단호히 거부하였다. 특히 각 지역의 교회를 치리하고 통괄하는 권위는 각기 그 지역의 교회지도자들에게 맡겨야 한다고 주장했다.

오직 성경에 따르고자 한다면 일반 성도들에게 성경을 읽고 해석할 수 있는 자율적인 신앙생활을 보장해야만 한다는 데 대하여 루터와 칼뱅은 공감했다. 루터는 하나님의 나라에서는 성직자와 일반 성도가 모두 만인제사장이라고 주장했다. 칼뱅은 성직자와 평신도 모두 다같이 택함받은 백성들이라고 강조했다. 루터와 칼뱅, 두 사람의 성경적 교리해설과 신학사상적인 차이는 종교개혁의 성숙과 발전으로 보아야 한다. 평생을 로마 가톨릭의 신부로 살았던 루터는 그가 속했었던 제도적 틀 안에서 제한적으로 가톨릭 신학을 개혁하였고, 그에게 부족했던 부분들이 후대에 등장한 칼뱅과 후진들에 의해서 보충되었던 것이다.

루터와 칼뱅의 신학적 교훈에는 오직 은총으로만, 오직 성경으로만, 오직 예수 그리스도를 중심으로 삼으려는 기조가 분명하게 흐르고 있다. 이런 종교개혁의 원리들은 이미 우리가 잃어버린 황금시대의 유물도 아니요, 특수한 문화적 사례라고 생각해서도 안 된다. 오늘날의 교회가 하나님 앞에서 생명력을 회복하도록 촉구하는 도전이자, 자극이며, 격려이기도 하다. 종교개혁은 루터와 칼뱅의 신학적 성취와 교회회복 운동으로 모두 다 완성되어서, 끝난 것이 아니다. 남은 과제가 오늘의 교회에 주어져 있다.

지금 포스트모더니즘이라고 말하는 우리의 시대는 한국이나 외국에서나 동일하게도, 신학자마다, 목회자마다, 선교사마다, 교계 단체의 지도자마다 자기 과대포장과 명예욕과 영향력 과시에 빠지고 말았다. 이것이 현대 신학과 기독교 교회에 제기된 현실적 '딜레마'이다. 어떻게 이렇게 되고 말았을까? 종교개혁의 시대에 루터와 칼뱅이 성경의 최고 권위를 강조하는 신학적 통일성을 보여 주었지만, 오늘날에는 성경비평학과 해석학적 차별성이 현격하게 달라짐으로써, 종교개혁의 전통과 유산이 거의 무시를 당하고 있는 실정에 이르고 말았기 때문이다. 그 어떤 신학적인 혜안을 제시하더라도 각 교단과 교파에 따라서, 개별교회의 목회자 자신만의 선호에 따라서, 자기 자신만의 과시와 영향력 확대에만 관심을 갖고 있다는 것은 결국 편협한 이기주의를 벗어나지 못한다는 사실을 우리 모두는 잘 파악해야만 한다.

루터는 개인적으로 중세 말기 교회에서 가르쳐 주던 진리체계에서 벗어나서 새로운 안목을 갖게 되었다. 그는 이러한 인식을 개인적인 체험으로 확실하게 간직하고 16세기 유럽의 종교개혁을 이끌었던 최고 지성적인 신학자로서 앞장을 섰다. 또한 성도들에게 성경을 가르치는 설교자이자, 로마 가톨릭에 맞서서 진리를 논증하던 저술가이며, 다른 목회자들과 신학생들을 교육하던 교수였기에 개혁을 주도해 나가는 역량을 겸비할 수 있었다. 루터는 자신에게 찾아온 신학적 인식의 총체적 변화를 다음과 같이 상세히 설명하였다.

비록 내가 아무런 비난도 받지 않을 만큼 살았던 수도사라 하더라도, 하나님 앞에서 극도로 양심의 자책을 받아야 하는 죄인이라는 것을 나는 느꼈다. 나의 만족감에 의해서 나 자신을 설득하고 있다는 것을 믿을 수 없었다. 나는 죄인들을 처벌하시는 의로우신 하나님을 사랑하지 않았고, 정말 싫어했다. 하나님에 대해서 모욕을 하지는 않았지만, 나는 아주 은밀하게 속으로 엄청나게 불평했으며, 하나님에 대해서 잔뜩 화가 났었다. 그리고 불쌍한 죄인이 아무리 노력해도 충분하지가 않다는 것, 원죄로 인하여 영원히 버림을 받았다는 것, 십계명에 따라서 모든 불행에 의하여 부서지고 말았으며, 하나님께서 추가로 주신 복음에 의하지 아니하고서는 고통에 고통을 더할 뿐이며, 하나님의 의와 진노가 복음에 의해서도 우리들에게 위협을 할 뿐이었다. 그리하여 나는 불편해진 양심과 격한 심정으로 분노하였다. 그럼에도 불구하고 나는 절박하게 바울이 원했던 것을 알고자 하는 열망으로 가득 차서 바울이 머물던 그 자리에서 두드렸다. 마침내, 하나님의 긍휼하심에 의해서, 밤낮으로 묵상을 하던 중에, 본문의 말씀의 맥락 속에 주목하게 되었다. 즉, 그 본문 안에서, 하나님의 의라고 하는 것은, 기록된 바와 같이, 계시되어 있으니, '믿음을 통해서 의인이 살리라'는 의미다. 거기서 나는 하나님의 의를 이해하기 시작했는데, 의인은 하나님의 선물에 의해서, 즉 믿음에 의해서 살리라는 것이다. 그리고 이것이 그 의미이다: 하나님의 의는 복음에 의해서 계시되었으니, 즉 수동적인 의라는 것이다. 이것은 자비로우신 하나님께서 믿음에 의해서 우리를 의롭다고 하시는 것인데, 믿음을 통해서 의롭다 하심을 받아서 살게 된다는 것이다. 여기서 나는 완전히 다시 태어났다고 느꼈으며, 열린 문들을 통과하여 천국으로 들어갔다.[9]

구원의 길을 찾았던 루터가 성경 연구를 통해서 깨달은 것이 기독교의 핵심에 해당하는 복음의 재발견이었다. 종교개혁의 근본 뿌리는 복음을 성경적으로 바르게 이해하는 데서 출발했다. 과연 사람이 어떻게 해야만 구원을 얻는 것인가에 대한 해답을 복음의 메시지에서 찾게 된 것이다. 종교개혁의 신학사상들은 그 이전에 세상에는 전혀 없던 것을 완전히 새로 개발하여 제시된 것들이 아니다. 기독교의 근간을 이루는 가르침들이 전혀 중요하게 취급하지 않고 묻혀 있었던 것들을 구별할 수 있게 되었는데, 이들은 모두 다 성경 원어에 능통한 학자들이었다. 중세 후기 스콜라주의 신학에서는 전혀 다루지 않았던 복음의 본질적인 것들을 새롭게 발견하여 제시한 것이다.

중세 로마 가톨릭의 목회사역에 따르면 미사와 고해성사를 드리면서도 구원을 받기에 충분한 사람은 아무도 없었다. 그런 상황 속에서 모든 사람이 교회의 성직자들에게 매달려서 살아가야만 하던 16세기 초반의 성도들은 죽음 후에 들어갈 곳이 천국인지, 지옥인지, 최소한 연옥인지 몰라서 두려워했다. 그런데 그 누구도 정확한 설명을 해 주지 않았다. 무지하고 가난한 성도들은 죽음과 심판에 대한 무서움과 공포에 휘감겨 있었다. 교황도, 성직자들도, 신학자들도 교회전통이라는 명분을 벗어나지 못한 채, 낡은 관행을 답습하고 있었다. 왜 면죄부를 사는 것이 정당한지에 대해서조차 정확한 해답을 제시하지 않고 있었다.

루터의 문제제기로 화산처럼 폭발하게 된 이러한 것들은 그 이전

약 1백여 년 전에 살면서 로마 가톨릭의 개혁과 갱신을 부르짖은 선구자들, 영국의 위클리프, 보헤미아의 후스, 이탈리아의 사보나롤라 등의 그것과는 달랐다. 그 이전의 선행적인 개혁자들은 교황청의 부패와 주요 성직자들에 대해서 윤리적인 갱신을 촉구했었다. 그리고 모두 다 교황의 권세에 의해 처절한 형벌을 받았다. 로마 가톨릭을 개혁하는 일에 앞장서서 교황청의 부패를 여지없이 비판했던 에라스무스(1466-1536)는 인문주의자로서 윤리적 갱신과 도덕적 반성에만 열을 올렸다. 그러나 에라스무스는 비평적인 글쓰기에 그쳤을 뿐 종교개혁에 참여하지도 않았고, 목숨을 내걸고 개혁교회를 세우지도 않았다.

종교개혁에 헌신했던 루터와 기독교 인문주의 운동을 펼친 에라스무스는 본질적으로 완전히 달랐다. 그것은 원래 출발점부터 완전히 달랐기 때문이다. 종교개혁자들은 일부분만을 개조하고 내부를 수리하는 수준에 머물지 않고, 완전히 새로운 집을 지은 것이다. 기독교 신앙을 가진 성도들의 인식과 삶에 복음의 역동성을 제시하여 활력이 넘치는 신앙생활의 순수함과 감격을 누리게 하였다. 루터는 오직 하나님의 은혜로만 이루어지는 기독교의 복음과 구원 교리를 확실하게 성경적으로 선포하였다. 루터는 무엇보다도 로마 가톨릭의 교황청에서 가르치는 기독교 교리가 성경의 가르침과는 다르다는 것을 철저한 연구를 통해서 깨닫게 되었다. 그래서 오직 믿음을 선물로 주시는 자들에게 베풀어 주시는 하나님의 은혜로만 구원을 얻는다는 것을 인식했다. 여러 차례 토론 주제로 루터가 제기한 문제들은 기독교 신앙의 본질적인 주제들이라기보다는 목회적인 실천의 문제들이었다.

비텐베르크 대학교에서 1512년에 신학박사 학위를 받은 후, 곧이어서 루터는 시편을 가르쳤다. 1515년에는 로마서, 갈라디아서를 차례로 강의했는데, 하나님 앞에서 의롭다고 여김을 받는 칭의에 관련된 기독교 교리가 왜곡되었고, 전체적으로 변질된 것을 발견하게 되었다. 로마 가톨릭의 변질된 교리를 오직 은혜로만 주어지는 복음으로 고쳐야만 한다고 루터가 거듭해서 논제를 제기하였다. 믿음을 통하여 죄인들은 오직 하나님의 값없이 베풀어 주시는 은혜로만 예수 그리스도의 의로움을 전가받는 것이라는 주장을 굽히지 않게 되자, 그의 신학사상을 받아들이는 자들이 곳곳에서 호응을 했다.

거대한 고딕식 예배당 안에 예수 그리스도를 믿는 신앙은 찾아볼 수조차 없고, 단지 인간의 공로주의, 스스로 노력하여 선행을 쌓아 나가는 체계가 구축되어 있었지만, 누구 한 사람 이런 것을 날카롭게 지적하지 않았던 것이다. 루터는 "오직 예수 그리스도의 십자가만이 나의 신학이다"라고 주장했다. 무시당하고 모욕을 받으며 죽임을 당하여 피를 흘리신 십자가의 희생과 죽으심 속에서 하나님의 은혜를 재발견하였다. 오직 예수 그리스도 안에 하나님의 은혜가 나타났으므로 이를 믿음으로 받아들이는 자들에게는 죄의 용서와 영생의 선물이 주어진다는 복음이었다. 이것은 중세 말기에 로마 가톨릭에서 가르치던 신학의 완전한 개혁이고, 성경의 전체 해석이 달라지는 것이었다. 루터의 주장들은 교리의 재구성이요, 설교의 내용을 바꿔 놓는 패러다임의 대전환이었다.

종교개혁은 잊힌 복음을 찾아내어 성도들에게 구원의 소망을 선포했다. 중세에 신학자들은 7성례를 강조하면서 공로주의를 벗어나지 못하였지만, 종교개혁자들은 올바른 교훈들을 찾아서 중심에 세우고, 새로운 강조를 합당하게 전개했다. 하나님의 은혜를 바르게 이해하도록 성자 예수 그리스도의 구속사역을 중심으로 제시했다. 그 일부분을 루터가 선구자들의 글에서 발견하게 되었고, 칼뱅은 더 정확하게 집약하였다. 루터는 하나님의 은혜를 근거로 삼아서 복음을 제시하였다. 칼뱅은 궁극적으로 하나님의 사역만이 복음의 근간이라는 것을 설교하였고, 그 밖의 것들을 제거하는 신학의 개혁 작업을 진행하였다.

또한 종교개혁자들은 교황의 권세에만 의존하여 묶여 있었던 낡은 전통 속에 왜곡되고 타락해 버린 교리의 모순을 밝혀냈다. 루터는 자신이 수도원에서 배워 온 것들이 모두 다 펠라기우스주의 혹은 유사 펠라기우스주의semi-Pelagianism라는 것을 간파했다. 독신주의, 금욕주의, 금식, 기도, 선행 등을 강조했던 중세 후기에 강력한 영향을 발휘하던 신학사상들은 모두 다 펠라기우스주의를 따르는 것이었는데, 하나님의 은혜와 인간의 노력을 결합시켜서 성경적인 복음과는 다르게 스스로 노력하여 성취하는 종교를 만들었던 것이다.

종교개혁의 첫 번째 본질적인 특징은 루터의 근본적인 확신에서 찾아볼 수 있다. 16세기의 유럽 교회가 여러 가지 다양한 형태의 펠라기우스주의 혹은 유사 펠라기우스주의와 혼합되어서 복음의 본질이 흐려지고 말았음을 루터와 칼뱅이 간파한 것이다. 기독교 교회가 처한 이런 혼돈된 상태에서 스스로 정화하거나 벗어날 준비가 전혀 없었다. 이러한 참담한 영적인 상태를 적나라하게 보여 주는 것이 바로 당시에 관행처럼 모이던 종교회의의 모습이다. 루터와 종교개혁자들에 대한 명백한 반응들 중에 하나로 소집된 트렌트 종교회의에서 로마 가톨릭 측 고위 성직자들은 종교개혁자들의 주장들에 대해서 직접적으로 "저주를 받을지어다"고 선포했음에서 알수 있다.

종교개혁자들은 과연 범죄한 인간의 본질이 무엇이냐에 대한 성찰과 하나님의 은혜로 인한 구원을 다룬 신학적 해답을 새롭게 제시하였다. 십자가를 통해서 베풀어 주신 하나님의 은총이 종교개혁의 핵심되는 본질이요 요점이다. 당시 사람들은 신앙적인 혼돈에 빠져 있었으나 그저 질문에 그칠 뿐이었다. 즉, 죄를 범한 사람의 구원을 누가 최종적으로 결정하는가? 하나님의 의로우심 앞에서 심판과 저주를 받아야 할 죄인들이 어떻게 구원을 얻을 수 있는가? 이미 죽은 사람들에게도 구원을 받는 방법이 있는가? 종교개혁자들이 제기한 깊이 있는 신학적인 제안들은 은혜로 주신 믿음을 통해서 예수 그리스도의 십자가와 부활을 고백하는 자에게 값없이 구원이 주어진다는 선포였다. 종교개혁자들은 성경에 근거하여 생명과 구원에 대한 바른 교리를 전파하였고, 새로운 해답에 호응하는 지도층들과 일반 서민들이 뜨거운 열정을 안고 동참하였다.

루터가 깨달은 문제점들은 대다수 지도층 지식인도 공감하던 것들이었다. 루터가 복음의 메시지를 확산시키자마자, 로마 가톨릭 사제들과 수도사들이 호응하면서 동참하였다. 북부 유럽 대륙에서 광범위하게 전개된 종교개혁은 어떤 특정한 주도적인 인물이 나타나서 이끌었던 운동이 아니다. 개혁을 성공으로 이끈 영웅으로서 추앙받을 자도 없었고, 정밀한 각본이 있었던 것도 아니다. 하나님의 섭리 가운데 독일과 북부 저지대 지역으로, 보헤미아와 헝가리 등 동부 지역으로, 스위스와 프랑스 등 중부지방으로, 영국 주변의 서쪽 지역으로 확산되어 나가면서 공감하는 군주들, 독립 자치 도시의 지도자들, 신흥 상공인들이 지원하고 성원하면서 확산되었다. 그 누구도 과거로 되돌려 놓을 수 없는 변화와 자각을 나누는 사람들이 많아졌고, 공감대가 형성되면서 더욱더 앞을 향해서 나아갔다.

종교개혁이 끼친 영향력이 막대하기 때문에, 정치적으로 사회적으로 경제적으로 연관된 탐구가 많이 나왔다. 종교개혁은 단순히 기독교 신앙을 신봉하는 로마 가톨릭의 조직과 목회를 개선하는 정도에서 그친 것이 아니요, 교회 내부의 체제와 예배의 형식만을 바꾼 것이 아니다. 유럽 사회의 근간이 되었던 진리체계, 대학교육과 학문의 증진, 정치조직과 국가별 민족주의 등장, 경제 체제와 직업윤리, 노동과 신분의 인식 등 다양한 분야에 막대한 영향을 끼쳤다. 그리하여 지금까지 신학대학에서 가장 많이 연구되는 책들은 모두 루터와 칼뱅의 저작물이다.

루터는 펠라기우스주의와 유사 펠라기우스주의가 마치 치명적인 흑사병처럼 중세 후반기 로마 가톨릭 교회에 속한 거의 모든 일반 성도들의 생활 속에 널리 퍼져 있다고 확신했다. 오직 하나님의 은혜에 의해서만, 그리고 오직 믿음으로만 칭의를 얻는다는 교리가 완전히 팽개쳐져 버리고 말았는데, 루터가 이에 맞서서 대립하면서 크나큰 반향을 불러일으키는 계기가 된 것이다. 마치 활화산이 폭발해서 주변으로 뜨거운 열기를 뿜어내듯이, 오직 믿음으로만 얻게 되는 칭의에 관련한 루터의 설교, 강의, 논문들은 널리 퍼져 나갔다.

스콜라주의 신학의 문제점이 표출되는 역사적 시발점은 루터가 비텐베르크 대학교의 교수로서 1515년을 전후로 하여 로마서와 갈라디아서를 가르칠 때에 표출되었다. "만일 칭의 교리가 상실되어 버린다면, 기독교 교리를 총체적으로 잃는 것과 같다. 만일 이 교리가 무참하게 짓밟히거나 폐기처분된다면, 그와 동시에 진리와 생명과 구원의 총체적 지식도 역시 짓밟히거나 폐기처분되는 것이다."[10] 루터가 확신을 갖게 된 것은 바로 성도들이 값없이 받게 된 믿음을 통해서 그리스도의 의로움을 전가받는다는 성경의 가르침이었다. 이것이 바로 종교개혁의 뿌리에 해당하는 복음이요, 구원에 대한 본질적인 가르침이다.

종교개혁에 선뜻 동의를 해 주지 않았던 스승 스타우피츠에게 보낸 편지에서, 루터는 스콜라주의에 반대하는 이유를 분명히 밝혔다.

"저는 성도들이 오직 예수 그리스도만을 붙잡고 신뢰하도록 해야 한다는 것을 가르치고 있습니다. 자신들이 드리는 기도라든지, 공로라든지, 그 어떤 선행들에 의지하지 말라는 것입니다."[11]

지난 오백 년 동안 루터와 칼뱅의 사상은 참된 교회를 추구하는 사람들에게 샘물과 같이 성경적 사상을 공급하여 왔다. 이들이 제시한 교회의 제도와 예배의 갱신에 따라서, 루터파 교회와 칼뱅주의 개혁교회와 장로교회가 건설되었다.

3
추방당한 칼뱅의 고난과 회심

사람에게 발생하는 모든 일은 합력하여 선을 이루게 하시는 하나님의 간섭과 배려가 보이지 않는 배면에 흐르고 있다. 사람은 자신에게 왜 지금 이런 일이 벌어졌는가를 완전히 다 알지는 못한다. 종교개혁의 소용돌이가 주로 독일과 교황청을 중심으로 진행되어 가던 중에, 프랑스 청년, 칼뱅에게도 개인적으로 급격한 변화가 일어났다. 칼뱅의 등장으로 말미암아 미처 준비하지 못했던 유럽에서는 전혀 예측하지 못한 상황이 전개되었다. 뛰어난 법학자로서 총명하고 영특하면서도 책임감이 강한 칼뱅은 종교개혁의 소용돌이에 홀연히 나타나서 엄청난 저술을 발표했다. 로마 가톨릭으로부터 쏟아지는 각종 비난과 핍박을 뚫고 나가면서, 무엇이 참된 기독교인가를 개진해 나갔다.

1) 고난 속에서 섭리를 인식하다

하나님께서 하시는 섭리에 따라서, 일생동안 가야 할 방향이 결정지어졌다고 믿었던 칼뱅이기에, 자신에 관한 이야기를 거의 남기지 않았다. 1539년에 추기경 사돌레에게 보낸 공개서신에서, 그리고 1555년 시편주석 서문에서나 극히 제한적으로 자신의 이야기를 설명했을 뿐이다.[12] 프랑스에서 변호사 자격을 취득하기까지 오를레앙 대학교와 부르주 대학교에서 공부하는 동안에 이미 칼뱅은 고대 법전과 당시 법률에 대한 탁월한 해석 능력을 갖추게 되었다. 그러나 아버지의 계획과는 달리 인생의 진로가 바뀌게 된다. 사람들앞에 서면 부끄러움을 많이 타는 성격임에도 불구하고, 하나님께서는 칼뱅으로 하여금 조명이 밝게 비치는 역사의 무대 위에 올라가도록 만들었다.

둘째 아들로 태어난 칼뱅은 원래 성당에서 일하던 아버지의 뜻에 따라서 신부가 되려 했으나, 지역 주교와 다툼을 벌인 뒤에, 아버지가 마음을 바꾸었다. 변호사가 되라는 지시에 따라서 오를레앙에서 법학을 공부하였다. 이러한 칼뱅의 생애는 완전히 다 바뀌어 버리고 말았다. 전혀 예상치 못한 순간에 벌어진 연설문 사건으로 도망자가 되었다. 그는 변호사가 되라는 아버지의 지시에 충실히 따라가던 중에, 하나님의 섭리로 인해서, 뜻밖의 사건에 연루되어서 신학을 연구하게 되었고 마침내 목회자가 되었다. 그리고 마침내 최고의 신학자, 제네바의 설교자로 성장하였다.

로마 가톨릭을 고치는 종교개혁의 작업을 진행시키고자 하나님께서는 독일에서 신부 한 사람과 프랑스에서 신부가 되려 했던 한 사람을 준비시키신 것이다.[13] 루터가 주장한 내용들 가운데 상당 부분은 이미 선구자들이 언급한 것들이고, 첫 출발부터 칼뱅은 선구자였던 분들에게서 영향을 받았고 착안점들을 얻어 낼 수 있었다. 엄청난 양에 이르는 칼뱅의 수많은 저술 속에는 선배 개혁자들의 저술들에서 영향을 받은 것들이 대부분이고, 남달리 종합적으로 재구성하는 능력을 발휘하여 담아 놓은 것들이다.

이처럼 루터와 칼뱅, 두 위대한 종교개혁 지도자들은 공통점이 많았고, 특히 칼뱅이 루터에게 깊은 존경심과 신뢰를 갖고 있었다. 하지만 독일과 프랑스의 경쟁과 대립처럼, 차이점과 대치되는 것도 상당히 많다. 두 사람은 로마 가톨릭으로부터 새롭게 교회를 세우는 일에 공감했지만, 각각 자신들이 살았던 지역을 근간으로 하여 루터파 교회와 칼뱅주의 진영을 이끄는 지도자가 되었다. 각자 자신의 이름을 앞세워서 따로 분열된 교회를 세우려 한 것이 아니라, 일치된 신앙의 공통분모를 더욱더 정리하고자 노력하였다.

칼뱅은 자기 자신을 부인하고 자기에게 주어진 십자가를 지고 가는 것이 예수 그리스도의 제자가 된 사람이 가야 할 길이라(마태복음

16장 24절)고 여러 차례 강조하였다. 칼뱅에게 그 길은 육체적으로는 한없이 고통스러운 고난의 길이었지만, 주 예수께서 가신 자취를 따라서 묵묵히 견디며 주어진 사명을 감당해 나갔다. 그가 고통스러운 일들을 감당해 나갈 때에 종교개혁의 놀라운 일들이 벌어졌다.

가장 위대한 종교개혁 신학자로 손꼽히는 칼뱅의 신학사상을 이해하기 위해서는 최소한 다음에 소개하려는 두 가지 상황에 대한 이해가 필수적이다. 누아용에서 태어난 이후로 로마 가톨릭 신부를 위해서 일하던 아버지의 뜻에 따르고 순종했던 칼뱅이 자신의 모든 기초를 허물고 변화해 나가는 과정을 이해해야만 하기 때문이다. 이들 두 가지가 칼뱅의 변환 과정에서 가장 중요한 사건들이다.[14] 첫째는, 그의 회심이라고 일컬어지는 일련의 학문적 성숙 과정들이고, 둘째는 프랑스에서 쫓겨나게 된 연설문 사건이다. 칼뱅이 종교개혁자로 전환하게 된 이 두 가지 중요한 사건은 거의 비슷한 시기에 일어났을 것으로 추정된다. 한순간에 도망자로 전락한 칼뱅은 하나님의 섭리 가운데서 제네바의 종교개혁자로, 가장 탁월한 저술을 남긴 신학자로 등장하게 되는 것이다.

먼저, 칼뱅의 생애와 사상 형성에서 가장 중요한 변화에 대해서 살펴보자. 과연 어떻게 해서 칼뱅이 로마 가톨릭에서 종교개혁으로 전향하게 되었나를 찾아보아야만 다음 단계의 진전을 이해할 수 있게 된다. 그가 프랑스 파리에서 공부를 하고 있던 시절은 감수성이 예민하던 청소년기였다. 칼뱅은 "매우 영특하고 뛰어난 학생"으로서 엄격하기로 소문난 로마 가톨릭 학교의 기숙학교에서도 부엉이처럼 밤을 지새우던 공부벌레였다. 그렇지만 점차 파리에서 벌어지는 엄청난 일들과 학교 주변에서 벌어지는 끔직한 소문들을 듣게 되었을 것이다.[15]

1521년 보름스 제국 의회에서 루터가 살아남아 비텐베르크로 돌아간 이후로, 프랑스 파리의 분위기는 뒤숭숭했는데, 죽음을 무릅쓴 종교개혁자들의 용감한 희생이 연속해서 일어났기 때문이다.[16] 1525년 종교개혁에 가담한 어거스틴파 수도사 장 샤트랭Jean Chatelain 이 처형당하고, 피에르 드 세빌리Pierre de Sébille가 화형당하고 말았다. 아마도 칼뱅은 프랑스 도처에서 들려오는 이런 이야기들을 인지할 수 있었을 것이다. 1526년 8월에는 파리에서는 루터의 개혁사상에 동조한 죄목으로 자크 포방Jacque Pauvan이 살해되었고, 개혁을 지지하는 플래카드와 격문이 나붙었다.

아버지의 뜻에 따라서, 앞서서 신부가 된 형 샤를처럼, 칼뱅도 역시 가야 할 길이 이미 정해져 있었다. 그러나 아버지는 갑자기 뜻을 바꿔서 둘째 아들 칼뱅을 더 많은 명예와 부요한 생활이 보장되는 법학을 공부하도록 당대 최고의 역사와 명성을 자랑하던 오를레앙 법과대학으로 진학시켰다.[17] 법학공부를 완전히 마치고, 1533년 4월 경에 파리로 돌아와서 진로를 모색하고 있었는데, 그해 11월 1일에 친구 연설문 사건에 연루되어서 인생의 진로가 바뀌고 말았다.

칼뱅이 조국 프랑스를 떠나서 피신하게 된 것은 소르본 신학자들의 비난과 국왕의 추포령 때문이었다. 참된 경건을 추구하려 했던 청년 칼뱅이 파리를 떠나야만 했던 것은 1533년 11월 1일에 친구 니콜라스 콥Nicolas Cop이 파리 대학에서 발표한 연설문 파동 때문이었다.[18] 전체 연설문의 내용을 읽어 보면, 오늘의 평가 기준에서 볼 때에는 파격적인 내용이란 전혀 찾아볼 수 없다. 그저 개신교회에서 복음에 대한 초급 수준의 설교라고 말할 수 있을 정도이다. 그러나 로마 가톨릭에서 절대 복종만을 가르치던 시대에 교황청에 맞서는 루터파 교리가 담겨 있었으니 확산을 저지시키고자 체포하려 했던 것이다.[19] 파리 대학의 신학교수들은 종교개혁의 확산에 대해서 매우 민감하게 반응을 하고 있었던 때였기에, 이 문서에 대해서 곧바로 정죄를 선언했다. 칼뱅이 머물고 있던 하숙방에 수사 당국자들이 들이닥쳤다. 가까스로 빠져나온 칼뱅은 절친한 친구들의 도움을 받아서 앙굴렘과 바젤 등지로 피신했다.[20] 그로부터 삼십여 년이 지난 뒤, 사무엘하 설교를 하면서 칼뱅은 그날 탈출하면서 죽음이 다가온 것과 같은 압박감을 느꼈다고 토로한 바 있다.[21]

칼뱅이 파리에서 수학하고 있을 무렵, 프랑스 여러 도시에서 종교개혁의 흐름이 나타났다. 국왕 프랑수아 1세는 미사 참여를 거부하는 복음적인 신학을 국가체제에 대한 위협으로 간주하였다. 파리에서는 1534년 10월 중순에 플래카드가 여러 곳에 걸렸는데, 이백여 명이 체포되었고 스물네 명이 사형을 당했다. 파리를 떠나 앙굴렘에 숨어 살던 칼뱅은 더 이상 친구 뒤 티에Du Tillet의 집에서 개혁신학을 연구하는 일을 할 수 없게 되었다. 전국적으로 개신교 진영에 대한 압박이 가해지고 있었기 때문에, 스위스 바젤로 숨어서 피신하게 되었다. 그 후로 다시는 고향에 돌아갈 수 없었다.

정확하게 언제 벌어진 일인가를 밝히지는 않았으나, 칼뱅은 "갑작스러운 회심"을 경험하였다는 것을 간략하게 언급하였다.[22] 그러한 심경들은 「샤돌레토에게 보내는 답변서」에 일부 언급되어 있다.[23] 칼뱅이 자신의 개인에 대해서 가장 자세하게 설명한 곳은 「시편주석」(1555) 서문에서다.

> 그러나 하나님께서는 그의 비밀스러운 섭리의 인도하심 가운데서, 나의 진로를 다른 방향으로 바꾸어 버렸다. 첫째로 그때에 내가 너무나 철저하게 교황의 미신에 사로잡혀 있어서, 그 구렁텅이에서 쉽사리 빠져나올 수 없었는데, 갑작스러운 회심에 의해서 하나님께서는 내 나이보다는 훨씬 더 완고한 나의 마음을 가르칠 수 있도록 만들어 놓으셨다. 그리하여 참된 경건의 지식과 맛을 본 후에, 나는 더 깊이 공부하려는 의욕으로 가득 차 올랐다. 아직 다른 과목들을 포기하지는 않았었지만, 이제는 더 이상 그것들에 대해서는 열정이 없어졌다. 그 후 일 년도 채 되지 않았는데, 더욱 순수한 교리를 찾고 있던 많은 사람이 내게로 찾아와서, 아직 나도 초보자요 신참인데도, 배워 가기에 이르렀다.[24]

칼뱅의 신학사상을 이해하기 위해서는 바로 이 "갑작스러운 회심"이 지니는 의미를 소홀히 해서는 안 된다. 그가 강조하려 한 것은 자신의 생애에 "예상치 못했던" 혹은 "전혀 기대하지 않았던" 하나님의 기적이 일어났었다는 신학적 해석을 펼치고 있는 것이다.[25] 칼뱅은 과거 자신에게 일어났던 "갑작스러운 회심"에 대해서 훗날 성숙한 신학자가 된 뒤에 재음미하였다. 로마 가톨릭에서 종교개혁으로, 신부가 되려다가 변호사의 길에 접어들었는데 다시 설교자가 되고 만 것이다. 이 모든 사건은 하나님의 인도하심이었다. 이처럼 중요한 사건에 대해서 역사적인 설명을 남기면서, 자신이 어떻게 해서 제네바의 종교개혁자로 참여하게 되었던가를 회고하는 고백이다. 젊은 날의 생애에서 가장 중요한 시점과 사건은 전혀 본인의 의도나 바람이 아니었다는 의미가 담겨 있다.[26]

칼뱅은 회심하기 이전에 "교황의 미신"에 깊이 빠져서 도저히 헤어 나올 수 없을 정도였다고 실토했다. 어떤 종류의 미신적인 신앙을 가리키는 것인지는 알 수 없지만, 기독교 진리의 왜곡과 중세 후기의 스콜라적인 것들에 대한 지적이다. 칼뱅에게 로마 가톨릭의 모순을 지적하면서 빨리 개혁사상을 받아들이라고 소개한 주변의 인물들이 많았다. 특히, 두 사람을 추정해 볼 수 있다. 부르주에서 헬라어를 가르쳐 주었던 볼마르Melchor Wolmar(1497-1560)와 칼뱅의 사촌으로 신약성경을 프랑스어로 번역한 피에르 올리베탕(1506-1538)이다.[27] 볼마르와 올리베탕을 비롯하여 대부분의 프랑스 개혁주의자들은 루터의 영향과 도전을 통해서 로마 가톨릭을 벗어나게 되었다.

칼뱅이 루터의 책들을 언제 읽었는지, 정확하게 어떤 책을 읽었는지에 대해서 토로한 적은 없지만, 그가 자신의 회심에서 언급한 대로 "가르칠 수 있도록" 변화가 일어나는 과정이 있었을 것이다. 특히 루터와 츠빙글리 등 종교개혁자들과 프랑스 인문주의자들과의 관련성을 무시할 수 없다. 루터가 교황의 권세에 맞서서 펴낸 저술들과 사건들은 너무나 유명해져서 칼뱅의 회심에 깊은 영향을 끼쳤으리라고 본다.[28] 루터는 교황의 권세와 맞서는 것으로 일관했었다.

2) "하나님께 심장을 드리나이다"

칼뱅의 회심은 방향전환의 의미를 가지고 있는데, "참된 경건의 맛과 지식을 접한 후에, 더 깊이 알고자 하는 열망으로 가득 차게 되었다"고 하였다. 법학도로서 칼뱅은 1532년에 『세네카의 관용론 주석』을 출판할 정도로 뛰어난 학문적 역량을 입증한 바 있었다. 회심한 이후로는 성경과 개혁신학을 향한 강력한 열망이 그의 마음을 지배하게 된 것이다. 단순히 지식을 추구하는 신학도가 된 것이 아니라, 살아 계신 하나님에 대한 전인격적인 헌신과 주저함 없는 결단을 굳게 하였다. 이런 불굴의 의지가 불꽃처럼 격정적으로 표현된 구절이 "나의 심장을 주님께 드리나이다. 즉시 그리고 신실하게 *cor meum tibi opero Domine prompte et sincere*"라는 표어이다.[29] 칼뱅은 삼위일체 신앙을 거부하는 세르베투스와 소시니언주의자들, 재세례파들, 로마 가톨릭과 개신교 사이에서 오락가락하던 회색분자들, 시의회의 권력자들과 대립하는 데 주저하지 않았다. 칼뱅이 해결해야 할 신학적인 문제들은 그 앞선 세대와 비교해 보면 훨씬 더 복잡해졌는데 묵묵히 성경적인 신학을 펼쳐 가면서 열정적으로 자신의 책무를 감당했다.

가장 순수하고 단순한 기독교의 진리를 찾기 위해서는, 요즈음 세계적으로 저명하다는 어떤 현대 신학자 한 사람에게 의존하기보다는, 엄청난 갈등 속에서 시대의 사상을 놓고서 고뇌하던 루터와 칼뱅이 남긴 종교개혁의 신학사상에서 단초를 찾아야만 한다. 이들의 시대는 고난 속에서 진리와 지혜를 찾아 목마른 투쟁을 전개하던 시기였고, 단 하루도 그저 무심하게 여유를 즐길 수 없었으며, 박해 속에서 죽음의 두려움을 안고 살아야만 했던 긴장의 연속이었다. 종교개혁자들의 신학에는 고난 가운데서 빚어진 믿음의 수고가 담겨 있다. 요즘 어떤 전문적인 신학자가 한가롭게 대학교 연구실에서 개발한 새 이론과는 비교할 수 없다. 요즘 어느 유명한 설교자가 목회 방법론으로 개발하는 프로그램과는 천지차이가 난다.

루터가 독일 지역을 벗어나게 된다거나, 칼뱅이 스위스를 벗어나서 프랑스 땅에서 체포된다면, 이들은 순식간에 목숨을 잃어버릴 처지였다. 개신교회에 가입했다는 죄목으로 목숨을 잃은 자들이 흘린 피가 강물처럼 흘러넘쳤다. 참으로 안타까운 일들이 수없이 발생했다. 종교개혁을 지지하고 열렬히 성원하던 무명의 성도들이 수없이 희생을 당했다. 프랑스, 영국, 이탈리아, 독일, 체코슬로바키아, 헝가리, 네덜란드 등 여러 나라에서 수십만 명, 수백만 명이 살해당하고 극심한 핍박과 고통을 당하였다.

지금 칼뱅의 고향 누아용에 있는 생가는 전 세계에 유명한 관광지가 되었다. 칼뱅 탄생 오백 주년(1509-2009)을 기념하여 개최된 국제적인 기념 세미나가 그의 탄생지에서도 열렸다. 그가 태어난 집은 프랑스 개신교회 역사박물관이 되었다. 사실 오백여 년 전에는 누아용 사람들이 칼뱅의 화형식을 거행하며 저주를 퍼부었었다. 그런데 지금은 누아용 사람들이 커다란 칼뱅의 초상화를 가로수마다 내다 걸고 성대한 축제를 개최하면서까지 관광객을 유치하고 방문객들을 맞이하고 있다. 꽃으로 장식된 칼뱅의 얼굴이 새겨져 있고, 곳곳에서 칼뱅의 출생지를 알리는 기념품을 판매하고 있으며, 마치 올림픽 금메달을 수상한 선수를 환영하듯 축제 분위기다. 세상의 민심이라는 게 이처럼 바뀔 수도 있을 것이다.

고향에 돌아갈 수 없도록 수배를 당한 사람이자, 한 사람의 피난민으로서 제네바에서 살아야만 했던 칼뱅이 그 후로도 감당해야 했던 임무는 결코 편안한 생활과는 거리가 멀었다. 그는 자신의 심경을 담아서 마태복음 8장 19절에 대한 주석을 남겼다. 엄청난 기적을 행하면서 유명해진 예수님의 주변에 사람들이 모여들 때에, 따라나섰던 한 서기관이 있었다. 그는 아마도 좀 더 유명해지고, 편안한 길을 찾으려고, 주님과 함께하려 했을 것이다. 칼뱅은 그 서기관이 알아야만 했던 것에 대해 다음과 같이 지적하였다.

그리스도의 길은 제자들에게 있어서는 가시밭길이다. 끝없는 고난을 거치면서 십자가로 가야만 하는 길이다. … 십자가와 고난들을 생각하지 않으면서, 그리스도의 제자들이 된다는 것이란 그저 거칠고 무책임한 사람이 되지 않도록 조심하는 것이라고 생각

해서는 안 된다. 도리어 어떤 종류의 삶이 우리를 기다리고 있는지
를 일찍부터 깊이 숙고하지 않으면 안 된다. 그리스도께서 이 학교
에서 우리를 받아들이는 가장 기본적인 훈련은 자기 자신을 부인
하는 것이요 우리들의 십자가를 지라는 것이다.[30]

하나님을 향한 참된 경건을 중요하게 생각했던 칼뱅의 신학이란
고난의 길에서 빚어진 것들이다. 하나님의 뜻에 따라서 살아가고
있다는 섭리인식을 갖고, 참을성 있게 순종하고 기다리며 따라가는
것이다.

1572년 8월 24일, 성 바르톨로메오 축일에 파리에서 '위그노들'(칼
뱅파 성도들)이 약 8만 명 이상 무참하게 학살당했고, 종교 간 전쟁이
벌어졌다. 영국에서도 개신교 성도들이 처참하게 당했다. 무엇 때
문에 이렇게 많은 사람이 희생을 당하면서까지 개혁신앙을 간직하
려고 했던 것일까? 진정 참된 진리가 아니었다면, 루터와 칼뱅의 개
혁사상은 잠시 빛을 발휘하다가 역사의 뒤안길로 사라졌을 것이다.
마치 짓밟히고 죽임을 당한 후에 다시 부활하여 살아나신 예수 그리
스도의 생명과 같이, 피를 강물같이 흘려 가면서도 개혁주의 신학사
상을 간직한 교회는 끈질기게 생명력을 유지하였고, 성령의 역사하
심과 충만하심 가운데 새로운 개신교가 열매를 맺으며 견실한 나무
로 자라나게 된 것이다.

스스로도 탁월하고 총명하면서도 초대 교회 교부들의 저서들을
파고들면서 끈질기게 연구를 거듭했던 칼뱅은 종교개혁의 진정한

원리들을 성경적으로 정리하여 제시하였다. 혼란스러운 시대라서 종교개혁자들 주변에는 여러 무리가 일어났었는데, 로마 가톨릭 교황주의자들이나 재세례파들과는 무엇이 다른가에 대해서 신학적 통찰력을 발휘했다.

칼뱅은 성도들을 왜곡된 길로 인도하여 파멸에 빠뜨리려는 거짓 선지자들을 향해서 공격을 멈추지 않았다(마 7:15). 그들은 회의주의자들이요, 분열주의자들이며, 하나님을 섬기는 자들이 아니기에 결코 현혹되어서는 안 되고, 철저히 성경적인 가르침만을 따라야만 한다고 강변했다. 로마 교황은 전체 교회의 머리라고 하는 권위를 자랑했고, 재세례파들은 그들 안에 성령의 직접적인 지시를 갖고 있다고 주장하던 신령주의자들이었다. 매우 즉흥적이고 열광적인 자들의 열정주의가 성령의 인도함을 받는 현상은 아니라는 것을 칼뱅은 성경 본문을 순서대로 강해하면서 역설했다.

4

맺는 말

우리가 유럽 역사와 신학을 새롭게 복구한 종교개혁을 연구하면서 반드시 기억해야만 할 사실은 복음의 재발견이라는 신학적인 관심과 신학사상이 본질에 담겨 있다는 점이다. 종교개혁자들이 기본적으로 세우고자 힘썼던 핵심적인 내용은 구원의 문제와 진리의 최종 근거에 관하여 신앙적인 회복이다. 종교개혁은 사회적인 갱신운동이라거나, 부패와 무능력에서 벗어나려는 윤리적인 활동의 산물이라고 해석하는 것은 매우 왜곡된 설명이다. 타락하고 방탕한 고위 성직자들과 거대한 조직체로 변질된 로마 가톨릭 집단의 구조적 범죄를 질타하는 것도 포함되었지만, 그런 것들을 갱신하는 운동이 아니었다.

희생과 순교를 마다하지 않았던 분들, 그들과 같은 선도적인 "종교개혁자들"이 없었다면, 순수한 것들을 회복하려는 시도조차 불가능한 시대였다. 그들이 없다면 그저 현실에 대해서 탄식하거나 불평에만 그쳤을 것이다. 종교개혁자들이 없었다면, 두려움을 이기고 직접 권세에 도전하지 않았다면, 아무것도 성취하지를 못했을 것이다. 그런 변화와 개혁을 이끌어 낸 사람들, 곧 수많은 종교개혁자가 없었다면 변화는 불가능했다. 변화를 열망하던 그 사람들의 사상이 가장 주도적인 요인이었다는 말이다.

종교개혁자들에게서 가장 주목해야 할 부분은 그들의 행동과 결단의 모태가 되는 "신학사상"이었다. 그들이 신앙의 원리로 간직하고 정리해 나간 신학사상을 간과하거나 소홀히 한다면 종교개혁의 핵심요소를 결코 파악할 수 없다.[31] 복음을 회복한 그들의 메시지가 없었다면, 종교개혁은 결코 성공할 수 없었다. 따라서 우리는 위대한 신학자 루터와 칼뱅이 자신들이 처한 상황들을 극복해 내면서 주도적으로 관철하려 했던 사상들의 흐름과 관련사항들을 찾아보아야만 한다.

먼저 루터는 종교개혁의 선구자가 되어 용감하게도 토론과 논쟁의 중심부에 서서, 오직 믿음으로 인하여 구원을 얻는다는 교리를 주장했다. 하나님의 말씀을 대변하는 선지자로서 루터가 제시한 신학적인 논제들은 긴급한 호소력을 갖게 되었다. 루터와는 전혀 다른 환경에서 성장한 칼뱅은 기독교 신학에 대해 성찰한 최고의 지성인이었다. 칼뱅은 쟁점으로 부상했던 고해성사와 미사가 하나님의 은혜를 받은 수단이라는 로마 가톨릭의 교리를 거부했다. 로마 교회의 신부들이 성례를 통해서 은혜를 공급할 수 있는 것이 아니라, 중보자로서 온전한 희생을 바친 분은 오직 예수 그리스도뿐이라는 점을 칼뱅은 확신하였다.

주석

|

1 Matthew Barrett, "The Crux of Genuine Reform," in *Reformation Thought* (Wheaton: Crossway, 2017), 47: "one word to characterize the Reformation, it might be rediscovery of the gospel"; 김재성, 「종교개혁의 신학사상」(서울: 기독교문서선교회, 2017), 17-20.

2 Kevin J. Vanhoozer, *Biblical Authority after Babel: Retrieving the Solas in the Spirit of Mere Protestant Christianity* (Grand Rapids: Brazos Press, 2016), 216.

3 Euan Cameron, *The European Reformation* (Oxford: Oxford University Press, 1991), 1.

4 김재성, 「종교개혁의 신학사상」, 17-28.

5 Carter Lindberg, *The European Reformations* (Chichester: John Wiley & Sons Ltd, 2010), 3-17.

6 Brad Gregory, *The Unintended Reformation: How a Religious Revolution Secularized Society* (Cambridge: Belknap Press of Harvard University, 2012), 327.

7 Kevin J. Vanhoozer, *Biblical Authority After Babel*, 88.

8 Heiko A. Oberman, *Initia Calvini: The Matrix of Calvin's Reformation* (Amsterdam: Koninklijke Nederlandse Akademie von Wetenschappen, 1991), 7-9.

9 Martin Luther, "Preface to the Complete Edition of Luther's Latin Writings," *Luther's Works*, ed. Jaroslav Pelikan & Helmut T. Lehmann (Philadelphia: Fortress; St. Louis: Concordia, 1955-), 34:336-337.

10 Martin Luther, *Lectures on Galatians* (1535), Luther's Works, 26:9.

11 Martin Luther, "Letters to Johann Staupitz" (March 31, 1518).

12 Calvin, *Reply to Sadoleto*, in Calvini Opera, 5:385-416; John C. Olin, ed., *A Reformation Debate: John Calvin and Jacopo Sadoleto* (1996; repr., Grand Rapids: Baker, 1976).

13 Mark A. Noll, *Protestantism: A Very Short Introduction* (Oxford: Oxford University Press, 2011), 1.

14 Alister E. McGrath, *The Intellectual Origins of the European Reformation*, 2nd

ed.(Oxford: Blackwell, 2004), 125-135; Paker, *John Calvin: A Biography*(London: J.M. Dent, 1975), 162.

15 Richard Stauffer, "Calvin," in *International Calvinism 1541-1715*, ed. Menna Prestwich(Oxford: Clarendon Press, 1985), 16; Hillerbrand, *Division of Christendom*, 314: "The second generation of the Reformation called for men of this type, brilliant, determined, cool."

16 Phillip E. Hughes, *Lefèvere: Pioneer of Ecclesiastical Renewal in France*(Grand Rapids: Eerdmans, 1984), 147-150; Alister E. McGrath,

17 Ford Lewis Battles, "Calvin's Humanistic Education," in *Interpreting John Calvin*, ed. Robert Benedetto(Grand Rapids: Baker, 1996), 17; Theodore Beza, *Life of John Calvin*, in *Tracts and Letters*, 1:11; Alister E. McGrath, *A Life of John Calvin*(Oxford: Blackwell, 1990), 27-31.

18 Joseph N. Tylenda, "Calvin's First Reformed Sermon? Nicholas Cop's Discourse-November 1533," *Westminster Theological Journal* 38, no.3(1975-1976): 300-318; Bernard Cottret, *Calvin: A Biography*, tr. M. Wallace McDonald(Grand Rapids: Eerdmans, 2000), 73-76.

19 김재성, 「칼빈과 개혁신학의 기초」, 14. "콥의 학장 취임 연설문".

20 Beza, *Life of John Calvin*, 13.

21 Oberman, *Initia Calvini*, 27-28.

22 Heiko A. Oberman, "Subita Conversio: The Conversion of John Calvin," in *Reformiertes Erbe : Festschrift für Gottfried W. Locher zur seinem 80*, Geburtstag, eds., Heiko A. Oberman, Ernst Saxer, Alfred Schindler und Heinzpeter Stucki(Zürich: Theologischer Verlag, 1992); *Zwingliana* 19, no.2(1993): François *Wendel, Calvin: Origins and Development of His Religious Thought* (London: Collins, 1963): 김재성 역, 「칼빈, 그의 신학사상의 근원과 발전」(크리스챤다이제스트, 1999), 45-57. T. H. L. Parker, *John Calvin: A Biography*, 162-165.

23 "Reply by John Calvin to Letter by Cardinal Sadolet to the senate and people of Geneva," in *Calvin's Selected Works*, ed. Bonnet, tr. M.R. Gilchrist(Grand Rapids; Baker, 1983): 23-68.

24 Calvin, "preface," tr. Joseph Haroutunian with Louise Pettibone Smith, Calvin Commentaries, Library of Christian Classics, vol. 23(Philadelphia: Westminster, n.d.), 51-

57. CO, 9:21-22.

25 김재성, 「칼빈과 개혁신학의 기초」(합동신학대학원 출판부, 1997), 제2장, "갑작스런 회심: 가톨릭 휴머니스트에서 프로테스탄트로," 39-83.

26 Parker, *John Calvin*, 163-164.

27 Graeme Murdock, *Beyond Calvin: The Intellectual, Political and Cultural World of Europe's Reformed Churches, c. 1540-1620* (N.Y.: Palgrave Macmillan, 2004), 8-15; McGrath, *Life of John Calvin*, 70.

28 Randall Zachman, *John Calvin as Teacher, Pastor and Theologian, The Shape of His Writings and Thought* (Grand Rapids: Baker, 2006), 17-19; John T. McNeill, *History and Character of Calvinism* (London: Oxford University Press, 1954), 109-110; Alexare Ganoczy, *The Young Calvin* (Philadelphia: Westminster Press, 1987), 137-145.

29 김재성, 「나의 심장을 드리나이다: 칼빈의 생애와 신학」(생명의 말씀사, 2001; 킹덤북스, 2013), 369-370; H. J. Selderhuis, "Calvin as an Asylum Seeker," in *Calvin's Books: Festschrift Dedicated to Peter De Klerk on the Occasion of His Seventieth Birthday*, eds., Wilhelm H. Neuser, Herman J. Selderhuis, and Willen van't Spijker (Heerenveen: Uitgeverij J.J. Groen en Zoon BV, 1997), 286.

30 Calvin, *Harmony of the Gospels*, Mt. 8:19.

31 David Bagchi & David C. Steinmetz, eds., *The Cambridge Companion to Reformation Theology* (Cambridge: Cambridge University Press, 2004), 2: "the rehabilitation of theology as an essential tool for the student of the Reformation."

제2장

교황의 종교로부터
개혁된 교회

나의 심장을 주님께 드리나이다.
즉시 그리고 신실하게.
cor meum tibi opero Domine prompte et sincere

종교개혁에 대한 전반적인 안목을 반영해서 판단할 때에, 루터와 칼뱅의 신학이 과연 완전히 혁신적인 것이냐innovation, 아니면 전통을 갱신한 것이냐renewal를 놓고 논의가 많다. 그 특성을 어떻게 평가할 수 있을 것인가? 루터와 칼뱅이 체계화한 기독교 신학은 거론된 주제들을 살펴볼 때에, 완전히 새로운 것이라고 평가할 것은 거의 없다. 루터와 칼뱅이 그 어디에서도 새로운 신학을 세우겠다고 의도적으로 강조한 적도 없었다. 종교개혁자들은 유럽 대학에 널리 퍼져 있던 인문주의 학문 방법을 터득했기에, 신학의 갱신을 위해서 일부 도구들로서 활용할 수 있었고, 기독교 교리의 목표, 그 교리가 성도들에게 유익을 줄 수 있도록 합당한 적용을 제시한 것이다. 기독교 교리의 목표는 그리스도의 제자들이 되도록 교육을 시키는 것이다. 그 교리 안으로 참여하는 청중들은 교회의 모든 성도들이다. 그 교리의 적용은 성경적 신앙의 수납과 성령의 깨우침이 있기에 가능하다.

루터와 칼뱅이 일평생 맞서야만 했던 최고의 권력자 교황의 권세들과 그것들을 뒷받침하던 로마 교회의 전통들에 대해서, 그 적나라한 실상에 대해서 검토를 하지 않을 수 없다.[1] 오랫동안 유럽을 주도하던 로마 가톨릭 교회는 교황과 그 주변 소수의 엘리트 성직자가 역사적 전통과 그 해석, 교회의 문화와 관습을 총체적으로 장악해 버렸다. 중세 후기 수세기 동안 "공식적인 기독교"는 성직자들의 체계였을 뿐이어서 보통 사람들에게 전혀 의미가 없었고 대중들의 생활과는 격리되어 있었다. 성직자들의 거룩한 세계(성당, 성지, 성물, 성체, 성자, 성소, 성례 등)와 세속사회는 서로 완전히 분리되어 있었다. 우리는 이것을 로마 가톨릭의 이원론이라고 부른다. 교황을 정점으로 해서 상하 조직체로 딱딱하게 계급화와 서열화가 정립되어 있었고, 평신도들은 도무지 접근할 수 없도록 굳어 있던 고위 성직자의 권력 중심주의였다.

이처럼 표면상 거룩한 것과 세상의 대립, 이원론적 사회 구조 속에서 권력을 행사하던 교황청 권세에 맞서서 종교개혁자들은 성경과 복음의 메시지를 불어넣었다. 파격적인 변혁의 메시지는 수많은 사람의 고결한 순교와 희생을 디디고 결코 무너지지 않는 기운으로 훨훨 타올라 사람들의 마음속에 위대한 신념을 불어넣었다.[2] 종교개혁은 새로운 기운이요, 창조적 발전이며, 총체적인 변혁이었다. 중세 말기에 살았던 거의 모든 사람은 로마 가톨릭에 속한 기독교인들이라고 생각하고 느끼고 판단하고 있었지만, 구원의 감격과 기쁨과 감사를 찾아보려는 역동적인 동기가 없었다.

1

교황의 종교적 권세가 무너지다

　루터을 파문하고, 칼뱅을 추포하려 했던 교황의 권세는 엄청나고 막강했다. 종교전쟁에서 수십만 명, 수백만 명을 죽이고 개혁자들을 반대파로 규정해서 탄압해 온 교황권 제도에 대한 이해가 필요하다. 전제군주들을 손바닥 위에 올려놓고 마음대로 조종할 정도로 막강한 권세를 가졌던 교황은 어떻게 해서 몰락하게 되었던가? 천년 이상 건재해 오던 교황의 권세와 신뢰에 금이 가고, 무너지게 되는 과정을 살펴보자. 교황과 황제와 군주들의 대립과 반목이 지속되면서 최고 권위에 대한 신뢰가 땅에 떨어지고 말았다.[3]

1) 교황권의 득세에서 몰락까지

　이 땅 위에 있는 그 어떤 사람도 완전한 자는 없다. 그 어떤 교황도 완벽한 인간이 아니다. 한 사람의 죄인이자 적나라한 인간일 뿐이며, 잠시 있다가 지나가는 나그네에 불과하다. 교황도 역시 한 사람으로서 제한된 생각을 벗어나지 못하는 불완전한 존재이다. 그의 권세와 통치도 역시 아주 잠시 동안이다. 최근의 예를 하나 들자면, 요한 바오로 1세는 단지 1978년 8월 한 달 동안 잠시 교황직에 머물다가 사망했다. 교황이라는 존재는 이처럼 유한한 인생일 뿐이다.

그런데 로마 가톨릭에서는 그 자리에 오른 사람이 전혀 오류가 없으신 그리스도의 대리자라고 떠받들어 오고 있다. 그래서 어떤 사람이 교황의 권좌에 올라가게 되면, 자신의 권세가 일시적이라는 점을 너무나 쉽게 잊어버리는 경우가 많았다. 중세 말기 교황이라는 직위에 올라서 막강한 권세에 취한 자들은 자신의 처지를 너무나 쉽게 잊어버리고 말았다. 지금도 엄청난 권력을 가진 자들은 천년만년 무소불위의 권세를 발휘할 수 있을 것으로 착각한다. 평범한 소시민의 눈으로 볼 때에는 엄청난 권세나 재물을 충분히 가지고 있다고 생각되는 사람들인데도, 그들은 여전히 더 큰 것들을 모두 다 손에 움켜쥐려고 눈에 핏발이 서려 있다.

더구나 사람은 자신의 시간과 시기를 인식하지 못한다. 각 사람마다 하나님이 맡기신 역할과 배역을 마칠 때까지 주신 기간에만 잠시 생존할 뿐이다. 요즘 백세 시대를 말하고 있지만, 사실은 각 사람에게 주어진 임무를 수행할 수 있는 기간은 그리 길지 않다. 무작정 오래 머무르고 싶다고 해서, 장수할 수는 없다. 교황이든 농부든, 가정주부든 정치가든, 마찬가지로 잠시 왔다가 가는 것이다. 하나님께로부터 각자 맡겨진 역할을 감당하다가 그 소임을 마치게 되면, 마치 바람처럼 일순간에 흔적도 없이, 그저 연기처럼 사라지는 것이 인생이다. 그 누구라도 자신이 태어나고 싶은 때에 세상에 오는 것도 아니듯이, 떠나는 것도 하나님의 섭리에 달려 있다. 사람은 창조주 하나님께서 내려 주시는 소명이 있기 때문에 이 땅에 태어난다. 그리고 그에게 주어진 시기에 역사의 무대 위로 등장하는 것이다.

우리도 역시 각각 살아가는 기간이 다르고, 주어진 직업과 책무도 다른 것이다.

오랫동안 유럽에서는 교황들이 주요 정치사항을 결정하는 자리에 올라서 있었다. 중세기 교회사는 교황권의 절대적인 우위 속에서 하나님에 대한 교리가 왜곡된 형태로 주입되었다. 교황의 권세에 모든 것이 따라가도록 고착화된 시대였다. 막강한 교황제도의 출현과 왜곡을 역사적으로 이해하기 위해서는 1054년에 유럽 교회가 서쪽 지방 로마 가톨릭 측과 동쪽 지방 헬라 정통교회 측으로 완전히 결별하게 되었던 사건으로 거슬러 올라가야만 한다. 동방과 서방, 양쪽 진영은 서로 기독교 세계를 지배하려는 정치적 대결을 벌인 끝에 갈라서게 되었다. 그후로 서방 로마 교회의 지도권은 로마 주교가 세력을 장악하고 교황권을 행사하기 시작하였다. 로마 교회의 수위권을 옹호하려는 자들에 의해서 자신들을 정당화하는 제도와 예식을 반포하였다. 동방교회는 무슬림에 의해서 지배를 받으면서 초토화되고 말았고, 타협하는 자들만 살아남았다.

교황제도는 왜곡된 기독교 전승들이 쌓여서 세속 정치에 관여하는 거대한 종교권력이 되었다. 모든 교회와 성직자들에게는 세금을 면제시킨다는 규정이 확산되었고, 로마 교황권의 무제한적인 권세는 정치, 경제, 외교, 군사 등 중요한 영역에 두루 망라하였다. 로마 가톨릭 교회에서는 그레고리오 7세(본명은 힐데브란트, 1073-1085, 재위)로부터 1303년까지를 교황의 황금시대라고 부르고 있다. 힐데브란트는 교황에 대한 절대적인 순종, 평신도에게 금지된 성직 서임권,

성직자의 독신생활을 강조하였다. 그는 "교황은 햇빛이요, 황제는 달빛이다"는 구호를 반포했다. 차츰 교황들은 강화시킨 권세를 바탕으로 해서 각 국왕들마저 동원해 가지고 십자군 전쟁을 감행하는 만용을 부렸다. 중세 말기에 이르러서는 기적신앙, 성상숭배, 마리아 찬가, 면죄부 판매 등이 자행되었다. 교황청이 추진하는 일들은 사도들이 강조한 것들과는 너무나 멀어져 버렸다.

중세 말기에 팽배해 있던 비극적인 모습은 크게 두 가지로 압축해 볼 수 있는데, 하나는 기독교 신앙의 타락상이고, 다른 하나는 세속 정치의 부패상이다. 일찍이 교황의 부패를 지적하고, 오직 성경의 권위만을 주장했던 옥스퍼드 대학교수 위클리프John Wyclif(1328-1384)는 성직자들의 독신주의와 교황의 최고권위라는 것들이 성경에서 발견되지 않는다고 가르쳤다. 잉글랜드의 리처드 2세Richard II (1377-1399, 재위)는 위클리프를 정죄하는 데 반대하여 생명을 보전해 주었으나, 그의 후계자 헨리 4세(1399-1413)는 자신의 치세를 정당화하는 데 교황의 인정이 필요했으므로, 이단 정죄의 권한을 갖고 명령을 내릴 수 있는 권세를 가지고 있던 로마 교회에서는 위클리프의 추종자들을 압박하도록 타협을 했다.

지구상의 국가들 가운데서 벌어진 일들이란 항상 그래 왔던 것처럼, 16세기 유럽에서도 힘 있는 자들 사이에는 더 큰 권세를 장악하려고 싸움이 극심했었다. 교황과 황제와 지방 제후들 사이의 정치적인 쟁투와 외교적 노력들이 치열했었다. 모든 제후들은 로마 교황청 소속 건물들에 대해서 후원과 도움을 주고 있었다. 만일 교황청 소속 재산들을 지역 군주나 제후가 갖게 된다면, 엄청난 재산이 늘어나게 된다. 로마 교황청과 신성로마제국은 상호의 이익을 위해서 공감대가 형성되어 있었으나, 각 지역주의를 표방하는 군주들과 독립적 도시들은 이들의 지배권에서 벗어나려고 했다. 1519년 선출된 스페인 출신의 찰스 5세가 통치하던 시기에 독일에서는 농민전쟁이 일어났고, 스위스와 독일에서 귀족정치 형태로 이루어진 독립도시들이 교황권에서 벗어나서 종교개혁에 가담하였다. 프랑스 국왕은 전쟁을 통해서 교황의 지배에서 벗어나 독립적인 교회제도를 유지할 수 있다고 판단했다. 대부분의 독일 사람은 그들의 헌금이 독일 교회를 위해서 사용되어야 한다고 주장했다.

루터와 칼뱅은 교황을 향해서 "적그리스도"라고 과감하게 선포했다. 하나님의 교회와 경건한 신앙의 타락을 초래했던 주된 범죄자들이라는 것이다. 마르틴 루터는 신앙적인 문제들을 결정하는 최종 권위가 누구에게 있느냐에 대한 논쟁을 구체적으로 거론했다. 루터는 성경만이 최종적인 권위를 가지고 있음을 강의를 통해서 학생들에게 가르쳤고, 저술로도 널리 확산시켰다. 14세기와 15세기, 쇠퇴의 길로 빠져들고 있었던 유럽사회에서 무기력하고 무능하던 교황의 악행들과 비참함이 연속적인 사건들 속에서 드러났다. 특히 15세기 초반에는 황제, 군주들, 귀족들과 결탁했던 로마 교황청에서는 누가 교황으로 선출되느냐를 놓고서 내부적인 권력쟁탈에 여념이 없었다. 교황의 권위가 실추되는 결정적인 날을 맞이하고 있던 중세 말기, 십자군 전쟁이 실패로 끝나자 이를 주도했던 교황에 대한 신뢰가 급속히 몰락하고 말았다.

바티칸의 교황과 프랑스 국왕 사이의 권력쟁투가 큰 소용돌이를 일으켰다. 최종 권력자가 누구냐를 놓고서 극한 대립이 드러난 것이다. 결국 교황권의 혼란과 유럽 교회의 비극으로 치달았다. 1303년 프랑스 국왕 필리프 4세가 전쟁 비용의 충당을 위해 교회에 세금을 부과하자 교황 보니페이스 8세(1294-1303, 재위)가 반발하였다. 1302년 교황은 교회 건물에 대해서 세금을 징수할 수 없다는 교서를 발표했다. 영적인 권위가 일시적인 세상의 권세보다 더 우위에 있다고 선포한 것이다. 1308년 프랑스 국왕은 교황의 별궁인 아나니를 습격하고 교황을 납치하였다. 프랑스 국왕의 간섭 하에 보르도의 추기경이 새 교황 클레멘스 5세(1305-1314, 재위)로 선출되었지만, 로마로 돌아가지 않고 아비뇽에 유폐되면서 힘을 잃어버렸다. 이것을 "아비뇽 유수"라고 부르고 있는데, 1377년까지 무려 70년 동안이나 지속되었다.[4] 교황의 권위는 세속 군주의 군대 앞에서 땅에 떨어지는 치욕을 당하고 말았다.

교황권의 추락은 더 심각한 상황으로 전개되고 말았다. 새 교황 그레고리오 11세가 프랑스 국왕의 힘이 약화되는 틈을 타서 1378년 로마로 다시 귀환하게 되었다. 프랑스 국왕의 감시 하에서 아비뇽에서 재위하던 상황은 종식되었다. 그러나 그의 후임자를 놓고서 벌인 쟁탈전 때문에 1415년까지 극심한 대립과 분열이 심화되었다. 우르바노 6세가 로마에서 선출되자, 프랑스인 추기경들이 이를 거부하고 1379년 아비뇽에 또 다른 교황을 세웠다. 로마와 아비뇽 두

곳에 각각의 교황이 각각 교서를 발표하는 극심한 혼란상이 빚어졌다. 두 교황은 서로를 파문하였고, 어느 쪽이 정당한 권리를 갖고 있는지 확인할 수 없었다. 결국, 유럽 각 지역 대표자들이 모여서 논의를 거듭한 끝에, 두 사람을 모두 취소하고 새로운 교황을 뽑았다. 그러나 모두 다 물러나지 않아서, 한동안 세 명의 교황이 재위하기도 했었다. 그들 중에서 1415년에 마지막 한 사람이 사망하면서 마르티노 5세(1417-1431, 재위)를 세우고 난 후에야 극렬한 혼돈 사태가 종결되었다.

새 교황을 선출한 콘스탄스 종교회의(1414-1418)는 위클리프와 얀 후스의 가르침을 이단적이라고 정죄하고, 얀 후스(1369-1415)에게 교리토론에 나올 것을 명령했다. 보헤미아 지방에서 설교로 참된 기독교를 호소하던 후스는 옥스퍼드 대학교수 위클리프의 영향을 받아서 성경적인 예배를 시행하라고 주장했다. 후스는 특히 성만찬에서 잔을 일반 성도들에게 나눠 주지 않는 것에 대해서 반대했다. 성만찬에서 포도주를 일반 성도들에게 금지한 것은 그 어떤 성경에서도 찾아볼 수 없었다. 그러나 로마 가톨릭 신학자들은 인간의 몸에는 이미 피가 들어 있으므로, 거룩한 피가 들어오면 더럽혀질 수밖에 없다는 희한한 교리를 발표했다. 후스는 신학토론을 하는 줄로 알고 나갔으나, 곧바로 체포되어서 화형을 당하고 말았다. 그가 화형당했던 프라하 광장에는 그의 동상이 세워져 있다.

14세기 백여 년 동안 로마 가톨릭 교회는 권력 쟁탈전에 몰두해 있었기에, 성도들에게 구원의 확실성을 제공하지 못하는 혼돈 속에 빠져 있었다.[5] 최고로 여겨지던 교황의 절대적인 권위가 상실되고 교황청에서 관할하는 행정력도 원활하지 못하게 되면서, 거의 모든 분야에서 로마 가톨릭의 무능함이 드러났다. 일반 시민들은 교회로부터 아무런 혜택을 받지 못하면서, 정치와 사회와 경제까지도 장악하여 지배하던 로마 가톨릭의 영향력 하에서 신음하고 있었다. 1494년 프랑스 왕 샤를 7세가 이탈리아 북부를 침공해 들어왔다. 로마 가톨릭 교황청이 이탈리아 주변의 거의 모든 유럽 국가의 군사문제까지도 영향력을 행사하고 있던 시대에, 이 사건은 유럽을 뒤흔든 엄청난 충격을 주었다. 밀라노의 교회를 이끌었던 사보나롤라는 부패한 교황청과 시정부 부유층에 대한 하나님의 심판이라고 질타하였다.

유럽 각 지역에서는 로마 가톨릭과 결탁해 있었던 합스부르크 왕가의 군림에 저항하는 민족주의가 등장하고 있었다. 프랑스, 독일, 스위스, 저지대 국가, 영국 등 국왕들과 군주들은 절대 권력을 행사하던 황제와의 군사외교를 통해서 각자의 재정적 이익을 추구하였다. 로마 가톨릭에 대한 반발이 크게 퍼져 있던 정치적 상황 속에서 종교개혁자들은 시민들의 사회적인 요구가 무엇이었던가를 민감하게 파악하였다. 영국, 독일, 스위스, 프랑스, 네덜란드, 북구 스칸디나비아 제국들 등 각 지역에 확산된 종교개혁은 개인의 자유를 향한 갈망이 서서히 퍼져 나가는 계기가 되었다. 주요 종교개혁자들은 새로운 정치적 질서를 제시하여 재세례파의 급진적이고 과격한 분리주의를 방지하는 데 앞장섰다.

교황권의 몰락을 재촉한 종교개혁 전야의 교황들은 르네상스 시대와 관련되어 있었다. 그중에서도 본명이 '로드리고'였던 알렉산데르 6세(1492-1503, 재위)는 가장 타락하고 교활하게 정복과 암살을 서슴지 않아서 악명이 높았다. 그는 자신의 부도덕을 비판하면서 하나님의 저주를 받아서 몰락할 것이라고 개혁적인 설교를 하던 피렌체의 사보나롤라(1452-1498)를 화형시켰다.

루터를 파문에 몰아넣으려 권력을 총동원했던 레오 10세(1513-1521, 재위)는 재위기간 중에 성 베드로 대성전의 건축 기금을 마련하기 위하여 면죄부 반포를 승인했다. 루터가 95개 조항에 걸쳐서 철저히 비판하는 반론을 게시하자 큰 호응이 일어나면서 종교개혁의 불꽃이 타올랐다. 레오 10세의 지위는, 이탈리아 북부 피렌체 공국을 장악하고 있던 로렌초 데 메디치 가문의 차남이었고, 그의 조카 줄리오 디 줄리아노 데 메디치가 클레멘스 7세로 그다음 교황직위를 계승했다. 이들을 르네상스 시대의 교황들이라고 부르는데, 거대한 문화 건설사업들과 음모와 악행들을 일삼기도 해서, 두 얼굴을 갖고 있다.

매우 간략하게 돌아보았지만, 과연 이러한 교황들의 생애와 행동들을 살펴볼 때에, 그 누구도 교황에 대해서 존경하기는커녕 아무런 신뢰를 하지 않았다. 막강한 권세와 재물을 갖고 세상을 호령하기도 하고 각 나라의 정치와 외교를 통제하고 조절했던 교황들이었지만, 도덕적이며 영적인 권위란 전혀 찾아볼 수 없었다.

2) 전쟁과 죽음의 공포가 확산되다

중세 말기에 유럽에서는 엄청난 전쟁들이 발생하여 사람들을 죽음으로 몰아넣었다. 가장 끔찍한 전쟁은 영국과 프랑스 사이에 벌어진 백년전쟁(1337-1453)이었다. 프랑스 국왕 필립 6세(1328-1350, 재위)가 영국이 지배하고 있던 아키텐 지역을 장악하려 하면서, 프랑스 전 지역에서 피나는 전투가 전개되었다. 프랑스는 전쟁비용을 마련하기 위해서 과도한 세금을 징수하였고, 농민들과 서민들의 불만이 고조되었다. 16세기에 농민들의 반란이 자주 일어났던 것은 귀족들의 억압과 큰 땅을 소유하고 있던 로마 가톨릭 교회의 귀족들에 대한 반감 때문이었다. 교황마저도 영토 확장 경쟁에 나서게 되어서, 로마 가톨릭의 권위가 땅에 떨어졌다.

로마 가톨릭의 지지를 받고 있던 합스부르크 왕가에서 스위스 땅을 침략해 들어오자, 칸톤들이 연합하면서 산악지대의 연맹체가 형성되었다. 1511년에 합스부르크 왕가의 후원을 받은 스위스 용병 부대가 영토 확장을 목적으로 이탈리아 북부 밀라노를 점령하였다. 이 사건은 1515년에 이탈리아 마리그나노에서 대대적인 전쟁으로 번지고 말았는데, 프랑스에서는 밀라노 지역을 남부의 관문으로 생각하여 장악하려고 했다. 스페인, 잉글랜드, 이탈리아 로마 교황의 군대까지 동원되어 스위스와 합스부르크 왕가의 연합군이 형성되었으나, 프랑스의 새 국왕 프랑수아 1세가 직접 지휘하는 군대가 스위스 부대를 전멸시켰다.[6] 프랑스는 오랫동안 교황과 이탈리아에 대해서 독립적인 지위를 확보하고자 방안을 강구해 왔었다. 스위스 등 연합 군대가 참패할 수밖에 없었던 것은 이들에게는 가공할 신무기로 무장된 프랑스군의 포병부대가 없었던 것이다.

츠빙글리는 전쟁의 비통함은 맛보지 않은 사람은 모른다고 하면서, 스위스 사람들이 참여하던 용병제도에 반대하였다. 이탈리아, 프랑스, 오스트리아, 독일 등 강대국 사이에 끼어서 살아가던 스위스 칸톤들의 연맹은 살아남기 위해서 결코 주변 국가들과 전쟁을 하지 않는다는 영구 중립을 선포해야만 했다. 스위스 인문주의자들은 그 지역 민족주의자로서의 이상을 갖게 하면서 국가로서의 정체성을 유지하기 위해서 14세기에 실존했었다고 알려진 "빌헬름 텔의 신화"를 만들어 냈을 정도였다. 합스부르크 왕가의 폭정을 거부하고 민족을 구원하려던 한 영웅의 이야기는 전쟁의 공포에 두려워하던 스위스 동맹들에게는 큰 위로였다.

독일에서는 1525년에서 1526년까지 진행된 토마스 뮌처의 농민혁명이 실패했다. 루터는 이런 정치적 불만 세력을 지지하지는 않았다. 그러나 루터가 정치적이고 폭력적인 혁명으로부터 과감하게 돌아섰다고 해서, 일반 시민들의 신앙적 갈망에 대해서 외면한 것은 아니다. 도리어 무정부주의에 휩쓸리지 않도록 목회적인 관심을 가지고 해결책을 모색했었다. 루터는 농민들에게 평화를 깨지 말고, 악한 폭동에 가담해서는 안 된다고 주장했다. 독일에서 뮌처의 농민혁명에 가담한 사람들은 10만 명에서 30만 명 가량 살해를 당했을 것이다.

일반 시민들이 군주들과 교황에 대해서 절대 충성하려는 마음을 갖고 있었던 것은 아니었다. 도리어 유럽에 몰아닥친 전쟁과 전염병은 중세 말기의 로마 가톨릭에 대한 신앙심을 흔들어 놓았다. 수많은 사람은 가족의 죽음 앞에서 아무런 힘을 발휘하지 못하던 종교에 대한 근본적인 신뢰를 저버리게 되었던 것이다. 새로운 자유에의 갈망과 근대적인 개인의 소중함을 터득하면서 새로운 방향을 만들어 낸 개신교회로 진행하게 한 것이다.

이탈리아 북부와 프랑스 남동부를 지배하던 사보이 공국은 수백 년 동안 인접 지역에 있는 스위스 제네바를 다스려 왔다. 인구 6천 명이 살던 교통의 요충지 제네바는 교황이 지명한 주교가 다스리던 독립 도시였다. 그래서 사보이 공작이 새로운 주교를 임명하고, 점령군을 통해서 지배를 강화하자 목숨을 걸고 싸웠다. 1525년에 주교와 모든 로마 가톨릭 신부가 두려움으로 피신해 버렸다. 이웃 도시 베른 등에서 온 스위스 동맹군의 도움으로 마침내 제네바는 독립을 하게 되었고, 1535년에 정치와 종교 양면에서 과거 체계를 무너뜨리고 새로운 종교개혁으로 가입하였으며, "어둠 후에 빛이 온다*post tenebras lux*"는 문구를 도시의 표어로 채택하였다. 1602년 11월에 다시 재침공을 가해 왔으나, 완전히 무찌르고 독립하였다.[1]

3) 흑사병이 참혹한 재앙을 초래하다

죽음에 대한 두려움과 강박관념은 중세 말 유럽 사람들에게 강하게 남아 있었다. 흑사병은 인간의 죄에 대한 하나님의 심판으로 간주되었다. 일반인들의 의식주 생활환경이 너무나 불결하고 위생상태가 열악했다. 보통 사람들은 대개 필요한 기본 영양분을 공급받지 못하였기 때문에, 면역력이 극히 저하되어 있었다. 여러 항구를 드나드는 이탈리아 상선들에 실린 짐들 속에는 벼룩과 쥐가 득실거리고 있었다. 1347년 10월 이탈리아 제노아 선박들이 시칠리에 당도하면서 흑사병이 창궐했고, 다음 해에는 남부 독일로 확산되어졌으며, 영국 전역으로 퍼져 나갔다. 지저분한 오물들이 뒤섞여 있는 더러운 거리와 습기에 가득 차 있는 건물의 음습한 곳에는 쥐와 벼룩들이 들끓었다. 일단 사람에게 감염이 되면, 기침과 재채기를 통해서 병균들이 다른 사람들에게로 옮겨졌다. 한번 감염이 되면 흑사병을 이겨 낼 방법이 없었다. 무시무시한 치사율을 기록하는 흑사병에 감염되면 림프선이 부어올랐고, 피부에 출혈이 있어서 검은 반점과 검은색 버짐이 나타났다. 그래서 흑사병이라고 불렸는데, 마지막 단계는 피를 토하고 고열을 이기지 못하다가 사망하였다. 몸속에서 나오는 물질들은 병균에 감염되어 부패했고 땀, 배설물, 침, 숨 등에 섞여서 몸으로부터 밖으로 나오는 순간에 악취가 진동했다. 소변의 색깔도 검은색이라서, 그야말로 지옥을 연상시켰다. 어떤 도시에는 인구의 절반이 죽기도 했다.

흑사병은 언제 어떻게 옮겨지는지도 모른 채 확산되었다. 건강한 사람이라도 박테리아에 감염이 되면 혈관 속에서 문제가 발생하여 패혈증으로 쓰러졌다. 1347년부터 1353년 사이에 퍼진 전염병으로 유럽 인구의 3분의 1에 해당하는 약 2천 5백만 명이 희생되었다. 공포스러운 죽음은 각 지역의 미풍양속을 바꿔 놓았다. 부모가 감염된 자녀를 내다 버렸고, 역시 자녀들도 병으로 죽은 부모를 버렸다. 심지어 교황의 경우에도 페스트에 감염될 경우에는 아무도 그에게 종부성사를 하려고 하지 않았다.

루터는 1505년 가족의 비극적 사망을 경험하게 되는데, 페스트로 인해서 동생 하인츠와 바이트를 잃게 되었다. 루터는 둘째 아들이었고, 네 명의 누이가 있었다. 자주 흑사병이 창궐해서, 유럽 전 지역에는 예기치 못한 희생자들이 나왔는데, 1505년 6월 13일, 에르푸르트 대학에서도 교수 세 명이 동시에 사망했고, 수많은 희생자에 대한 장례식이 거행되었다. 사람들은 차라리 수도사로서 죽게 된다면, 위대한 구원의 확신을 가지고 죽을 수 있을 것이라고 생각했다. 루터가 수도사의 길을 생각하게 된 계기가 바로 그런 상황에서, 집에서 에르푸르트 법과대학으로 돌아가던 길에, 7월 2일 벌어진 무시무시한 천둥번개 사건이 있었기 때문이다.[8]

루터가 법학도에서 돌이켜서 수도사가 된 것은 우연히 벌어진 낙뢰사건의 결과라기보다는 그 이전에 있었던 친동생들의 죽음에서부터 찾아야만 할 것이다. 흑사병은 유럽 사람들에게 엄청난 재앙이었고, 영적으로도 크나큰 공포심을 던졌다.

1519년 여름에도 유럽 전 지역에 흑사병이 확산되어서 인구의 삼분의 일, 혹은 사분의 일이 몰사하고 말았다. 유럽의 가정들은 엄청난 비극에 휩싸이고 말았다. 츠빙글리는 성도들을 방문하여 격려하고 돌보다가 자신도 감염되었다. 그는 죽음의 공포 속에서 하나님께 전적으로 의존하는 시를 남겼다. 다행히 은혜를 입고 회복되었다. 츠빙글리는 자신의 생애 속에 개입하여서 호의를 베풀어 주신 바에 따라서 살아난 것이 은혜라고 생각하게 되었다.

종교개혁의 시대에 접어들면서 크게 줄어들었지만, 비텐베르크에서는 또 다시 1527년에 흑사병이 창궐하여 수많은 사람이 피신했다. 루터의 집은 원래 수도원 건물이었기에 숙소로 사용되면서, 많은 환자들이 머물고 치료를 받았다. 루터가 「치명적인 흑사병으로부터 도망해야 하는가?」라는 논문을 발표하였을 정도였다. 여기에다가 매독도 널리 확산되어 있어서, 군인들, 성직자들, 농민들, 심지어 교황까지도 감염되었다.

이처럼 죽음은 멀리 있지 않다고 생각되었기에, 면죄부 판매가 상상치도 못할 만큼 성공적으로 판매되었던 것이다. 모든 사람에게는 죽음에 대한 두려움이 팽배해 있었다. 루터의 종교개혁은 로마 가톨릭 교회에 대한 옛 신앙이 무너져 내리던 시기에, 유럽인들에게 새로운 소망을 품게 하는 새 소식이 될 수 있었다. 제네바는 교통의 요지로 몰려드는 사람들의 유입으로 신속하게 기능적인 소상공인들과 상업이 발달하였다. 종교개혁을 받아들인 제네바는 새로운 정치적 희망을 꿈꾸고 있었다. 칼뱅은 이처럼 전쟁의 공포와 불신, 주교에 대한 불신과 외부인에 대한 거부감이 팽배한 도시에 설교자로 사역하면서, 불안하고 두려움에 빠진 원주민들과 각지에서 몰려온 종교 피난민들이 가담함으로써 도합 인구가 1만 2천 명에 이르게 된 도시의 문제들을 다뤄야만 했다. 칼뱅은 모든 노력 중에서 가장 빛나는 것은 도시에 만연된 불신앙과 신성모독을 고치고, 평범한 사람들의 생활을 경건하게 증진시키는 노력에 치중하였다는 점이다.

복음을 통하여 제시된 구원의 은총에 확신을 가지도록 선포하면서, 종교개혁자들은 은혜의 교리를 가장 중요한 핵심적인 가치로 선포하였다. 오직 은혜로만! 중세 말기와는 달리 은혜에 대해서 번잡한 신학적 이론만을 개발한 것이 아니다. 그들은 하나님의 은총에 기초하여 가장 순수한 복음적 사유방식과 행동양식을 제시하였다. 죄인을 향하여 값없이 주시는 은혜라는 것은 하나님의 호의가 역동적으로 나타나서 생명이 회복되도록 개입하는 것을 의미했다. 중세 말기의 쇠락해 가는 로마 가톨릭 교회에 던져진 은혜의 교리는 신선한 생명력을 불어넣었지만, 결국 루터와 칼뱅 등은 이단자들로 추방을 당하고 말았다.

2
"좋은 나무는 열매로 안다"

루터가 자주 인용하면서 좋아했던 성경 말씀은 "나무는 열매를 보아서 알 수 있다"(마 7:15-20)는 예수님의 가르침이었다. 열매 없는 나무는 쓸모가 없다. 좋은 나무에는 좋은 열매가 열린다. 나쁜 나무에게서는 아무런 유익을 얻을 수 없다. 좋은 나무가 될 수 있도록 지도해 주는 지혜와 교훈은 성경에 담겨 있었다. 인류 역사에서 루터가 최초로 좋은 열매를 만들어 낸 사람은 아니다. 종교개혁자들이 제시한 복음은 그 이전 기독교 교회에서 전혀 가르친 바 없었던 새로운 것이 아니다. 완벽한 신학을 고안해 내거나 완전히 새로 만들어 낸 것은 아니었다. 루터와 칼뱅은 로마 가톨릭이 변질시켜 버린 성경의 내용을 회복시켜서 정확하게 풀이했고, 성경 안에 계시된 기독교의 본질을 되찾아서 제시하였을 뿐이다. 사도들이 남겨 준 것들과 바울이 가르쳐 준 바에 따라서, 예수 그리스도의 구원 역사와 성취를 가장 기본적으로 세밀하게 재발견하였고, 하나님의 대한 지식을 다시 되찾아서 소개한 것이다.

종교개혁은 좋은 나무가 좋은 열매를 맺은 것이다. 수많은 열매를 맺었다. 결과부터 살펴보자. 2010년을 기준으로 볼 때에, 전 세계적으로 종교개혁을 계승한 개신교회가 약 4백만 개 세워졌으며, 3만 8천 개의 교단이 있어서 다양한 목회 사역과 복음적인 임무들을 추진하고 있다.[9] 유럽을 비롯하여 미국과 남아메리카, 아프리카, 동아시아 등으로 개신교회의 가르침이 각 나라와 지역으로 확산되어 나갔다.

먼저 독일과 북유럽에서는 루터를 따르는 루터파 교회가 국가교회로 자리를 잡았으며, 스위스와 영국과 유럽 저지대 지역에서 칼뱅주의 장로교회와 개혁교회, 스위스 북부 취리히 지역에서는 츠빙글리파 교회, 보헤미아 지방에서는 개혁교회, 저지대 국가에는 수많은 재세례파 교회(메노나이트, 후터라이트, 아미시 등), 영국에서는 침례교회와 감리교회, 독립적 회중교회 등으로 발전과 새로운 그룹의 형성이 이어졌다. 각 개신교회들의 집단 별로 주장하는 것들이 서로 차이가 있고, 다양성이 많아서 다소 분파적인 측면이 있긴 하지만, 그럼에도 불구하고 모든 개신교회는 성경 말씀에 근거하는 공통분모를 갖고 있다.

1) 연옥교리와 면죄부

중세 로마 가톨릭 교회에서는 충분하게 공로를 쌓아서 천국에 가도록 해야 하지만, 그렇지 못한 사람이 죽으면 연옥에 가서 형벌을 받아야 한다고 가르쳤다. 그러니 고백하지 못한 죄 때문에 고행을 당해야 한다는 형벌의 두려움에서 벗어나려고 고행과 순례를 마치려고 노력했었고, 그 후에도 충분하지 못하다는 판단에서 기여하는 마음으로 예물을 제공하고 면죄부를 얻었다. 돈이 필요했던 중세 말기 교회에서는 장래에 지은 죄에 대해서도 미리 면죄부를 주문하면 용서를 받을 수 있다는 식으로 길을 열어 주었다. 점차 하나님의 은혜를 근거로 한다는 취지는 사라지고, 면죄부 판매는 교회의 사업 수단으로 변질되었다.

루터는 하나님의 의로우신 심판 앞에서 금식하고 노력할 만큼 했지만, 두려움을 느꼈다고 토로한 바 있다. 하지만 일반 사람들의 관심은 어떻게 하면 지은 죄를 쉽게 용서받고, 형벌을 피할 수 있느냐에만 집중되어 있었다. 하나님의 은혜를 재발견하게 된 종교개혁자들은 사람의 노력과 선행과는 상관없이 구원의 선물이 값없이 주어지는 것임을 확신하게 되었다. 죄인들에게 주어지는 놀랍고도 엄청난 구원의 축복을 어찌 말로 다 표현할 수 있을 것인가! 평범한 사람의 일상생활로부터 거대한 공적인 국가의 중대사에 이르기까지, 죽음과 전쟁을 포함하여 거의 모든 분야의 문제를 새롭게 재설정하게 되었다. 중세시대에는 성직자들과 수도원에서만 하나님께 의미 있는 일들이 이루어진다고 가르쳤다. 종교개혁의 신학적 특징은 아주 사소하고 시시하게 여겨지는 구체적인 일상생활에 대해서 집중적으로 지도하여 하나님으로부터 주어지는 은혜와 그것을 아는 지식으로 파헤쳐 나가도록 광범위한 영향을 끼쳤다는 점이다.

성경적인 가르침이 전달되면서, 사람들은 천국의 희망을 발견했다. 루터를 비롯한 모든 종교개혁자는 한결같이 "오직 성경으로만 sola scriptura"을 가장 근간이 되는 기준으로 삼았고, 이것은 변하지 않는 신념이었다. 중세 말기에 혼재되어 있던 교리적 문제점들을 파악하게 된 루터는 1515년과 1516년에 비텐베르크 대학교에서 로마서를 강해하면서, 처음으로 자기에게 영향을 준 스콜라주의 신학과 via moderna의 지도자들에게 신랄한 비판을 제기하였다. 한걸음 더 나아가서, 1517년 9월에는 "스콜라주의에 반대하는 97개 논제"를 내놓았고, 11월 31일에는 면죄부 판매의 모순을 드러내는 "95개 조항"을 발표했다. 연이은 루터의 새로운 제안들이 의미하는 것은 하나님의 은총에 근거한 복음이었고 오직 성경에만 의존하는 것들이었다.

1520년 6월 15일, 교황청에서는 루터를 파문한다는 레오 10세의 칙서를 발행했다. 이것은 루터에게는 엄청난 충격이었고 고통의 시간들이었다. 때로는 두려움에 떨었고, 모든 노력을 포기하고 싶을 정도로 좌절을 겪었다. 그러나 루터는 12월 10일 파문장과 교회법 전들과 스콜라신학 서적들을 다같이 모아 놓고 엘스터게이트 밖에 있는 '거룩한 십자가 교회당' 앞에서 공개적으로 불태웠다. 그리고 곧바로 『왜 교황과 그의 제자들의 책들을 루터 박사가 불태웠는가』라는 소책자를 출간하여 자신의 입장을 옹호했다.[10] 이렇게까지 과격한 행동을 하게 된 이유는 자신에게 부과된 죄목이 부당하는 것을 공표하려 했던 것이다. 루터는 에크와 엠저 등 여러 신학자의 서적들과 교회 법령들이 교황을 지상의 하나님으로 둔갑시켰다고 비난했는데, 이것이 파문의 빌미가 되었다. 마침내 교황은 1521년 1월 3일, 루터를 파문했다.

2) 살아남은 루터

파문장을 받았음에도 물러나거나 후퇴하지 않고, 루터는 죽음의 공포를 느끼면서 1521년 4월 보름스 제국의회에 나갔다. 그는 여전히 성경에 의존해서 담대하게 외쳤고, 겨우 살아남게 되었다. 그동안 교회의 개혁을 토로했던 사람들, 사보나롤라, 위클리프, 후스 등 개혁을 외친 사람들은 죽임을 당했다.

—— 루터가 보름스 제국의회에서 증언하던 곳에 놓인 신발

그러나 루터가 살아남게 되면서, 도리어 확산되는 역사적 전기를 얻게 되었다. 하나님은 살아남은 자를 통해서 죽은 자들의 꿈을 실현시킨다. 보름스 의회에서 루터는 오직 성경에 입각해서 잘못을 지적해 준다면 자신의 오류를 철회하겠으나, 그렇지 않으면 결코 교황이나 권세의 강압에 물러나지 않겠다고 선포했다. 실제적으로 하나님의 말씀만이 성도들의 생활에 관해서 선포되어야 할 핵심 내용이라는 루터의 비전이 제시된 것인데, 이는 모든 종교개혁자가 신념으로 공유한 것이다.

작센의 선제후 프리드리히 3세가 교황청의 요청을 즉각 시행하지 않고, 루터의 노력을 후원하였다. 프리드리히는 교황 레오 10세와의 사이에 악연이 있었다. 프리드리히는 합스부르크 제국 황제이던 막시밀리안 1세의 딸 마가리타와 결혼을 하고 싶었는데, 교황이 두 번씩이나 거절했던 것이다. 마음에 두고 있던 여인과의 혼인이 성사되지 못하고 무시를 당하게 된 프리드리히는 더 이상 교황에게 충성을 바치고 싶지 않았다. 종교개혁의 요인들 가운데는 여러 가지 요소가 뒤섞여 있음을 부인할 수 없다. 이렇게 종교개혁의 배경에는 서구 유럽의 내적인 문제점이었던 교황권의 부패와 참혹한 몰락이 가장 직접적으로 원인을 제공하였으며, 외적으로는 오스만 투르크의 침략으로 서구 유럽의 총체적 긴장과 갈등이 지속되었던 것들도 작동하고 있었다.[11]

독일과 유럽 여러 곳에서는 이런 루터의 용감한 행동들과 수고에 대해서 격려를 보냈다. 루터의 저술들과 설교들을 통해서 많은 사람이 감동을 받았다. 여러 지역으로 확산된 종교개혁자들의 설교와 논문들을 통해서 수백 년에 걸쳐서 총체적으로 왜곡된 기독교가 회복되었다. 중세 로마 가톨릭 교회가 묻어 버린 복음을 재발견하여, 잊혀 있던 기독교의 교훈을 회복시켰다.

루터는 교황청으로부터 두 차례 파문을 당했다. 다행히 루터는 작센의 선제후 프리드리히 3세가 신변보호를 해 줘서 목숨을 보전했지만, 다른 지역에서 로마 교황의 권위와 교회 전통에 도전한 종교개혁자들이나 성도들은 거의 다 극형에 처해졌다. 그러나 교황청에서 어떤 죄를 범했는가를 따져서 규명해 보는 정당한 재판이나 토론이나 심의과정은 없었다. 지금도 로마 가톨릭의 규정에 따르자면, 루터는 여전히 정죄를 당해야 하고, 저주를 받아야 마땅한 이단으로 규정되어 있다. 종교개혁의 유산을 계승한 개신교 교회는 형제 교회로 받아들이지 않고 있다. 그러면 과연 루터와 칼뱅이 구원

을 받지 못할 기독교의 이단아들
이요 반역자들인가? 어디에 근
거해서 로마 가톨릭은 아직도 철
저히 종교개혁의 사상을 거부하
는 것인가?

루터는 자신의 생각과 주변 사
람들과의 관계에 대해서 자세히
설명을 남겨 놓았다. 우리는 루
터가 파문을 당하게 된 과정과
그의 생각과 그 주변에 누가 있
었던가를 소상히 알 수 있다. 그
는 대학시절에나 수도원 생활에

—— 보름스에 새겨진 루터의 활동들

서나, 그리고 대학교수로서 강의할 때에 만났던 사람들에 관한 강의
에서나 설교에서나 자세히 언급하였다. 반면에 칼뱅은 신학논문이
나 성경해석이나 설교에서나 그 밖에 어떤 저술에서든지 좀처럼 자
신에게 관련된 사항들에 대해서 언급하려 하지 않았고, 가족들에 대
한 이야기도 극히 제한적으로 남겨 놓았다.

종교개혁의 진행과정이 세계적으로 확산되어진 계기는 루터의
파문과 보름스 제국의회에서의 심문사건이다. 더 이상 조그만 대학
교의 수도사가 아니라, 전 유럽 종교개혁의 선도적 지도자로 루터가
등장하게 된 것이다. 그가 교황청으로부터 파문을 받고도 물러나지
않았기 때문에 종교개혁은 앞을 향해서 나아갈 수 있게 된 것이다.

루터를 심문하기 위해서 제국의회가 소집된 보름스 예배당

그가 받은 파문과 정죄로 인하여 개인적으로 당한 고통과 두려움은 상상할 수 없었지만, 결과적으로 종교개혁이 폭발적으로 확산되어 나가는 계기가 되었다.

3

|

전통에 숨겨진 허울을 벗기다

종교개혁에 대해서 저주하면서 정죄하는 로마 가톨릭의 판결은 "트렌트 종교회의"(1545-1563)에서 내려졌는데, 그 이후로도 지금까지 로마 가톨릭의 기본신학 사상에는 전혀 달라진 게 없다.[12] 지금도 여전히 로마 가톨릭 내부적으로는 교회의 최종 권위에 도전한 자들이 불안정하고 불건전한 혼란을 초래했다고 규정짓고 있다. 트렌트 회의는 반종교개혁의 대표적인 사례로서, 종교개혁자들을 이단으로 정죄하는 데에만 몰두하였을 뿐이다. 여전히 성경의 권위가 아니라, 로마 가톨릭 교회의 권위를 드러내고자 시도했다.

로마 가톨릭에 의하면, 참된 교리의 일부는 "문자로 기록된 책들"에 담겨 있고, 일부는 "기록되지 않은 전통들 속에" 들어 있다고 하여 두 가지 원천을 주장하고 있다.[13] 그러나 이것은 순전한 기독교가 아니라, 정체가 모호한 종교적 파생물이다. 기독교 전통이 굳어지면서 만들어 놓은 단체의 규정일 뿐이다. "기록되지 않은 전통"이라는 게 과연 무엇인지 아무도 알 수가 없는데도, 그런 모호한 비밀을 신비롭게 숭배하고 있는 것이다. 누가 언제 만들어 놓은 "교회 전통"이라는 것인지, 어떤 원리에 따라서 정해 놓은 것인지 도무지 아는 사람이 없다.

트렌트 종교회의가 반종교개혁의 기세를 올릴 수 있었던 것은 하나님께서 신비로운 지혜를 그 참석자들에게 내려 주셔서 진리를 깨우칠 만한 가르침을 내놓았기 때문이 아니다. 보이지 않는 권세가 고위 로마 교회 성직자들과 결탁해 있었기 때문이었는데, 당시 신성로마제국의 황제와 군사력이라는 든든한 배경들이 있었던 것이다. 루터를 지지하던 독일 군주들의 스말칼트 동맹The Schmalkaldic League군은 1546년 여름 합스부르크 왕가 찰스 5세가 이끄는 제국 군대에게 대패를 당하고 말았다. 로마 가톨릭을 지지하는 제국의 군대가 승리하여 독일과 프랑스 국경지대에 있던 스트라스부르를 점령하자, 개신교 설교자 마르틴 부서는 영국으로 피신해야만 했고, 신학자 제이콥 스투름은 황제 앞에서 무릎을 꿇었다. 이 해에 루터는 사망했고, 찰스 황제는 승리하였다. 독일 제후들은 사탄을 후원했다는 혹독한 대가를 지불해야만 했다. 새로운 복음에 대한 다짐을 철회하는 자들도 많았다.

이런 참혹한 상황 속에서 종교개혁이 풍전등화의 위경에 처해지고 말았을 때에, 칼뱅이 전면에 등장하여 트렌트 선언서를 강력하게 반박하는 글을 발표하였다. 가장 중요하고도 결정적인 상황에서 종교개혁의 참된 의미를 밝혀낸 중요한 문서가 칼뱅에 의해서 작성된 것에 대해서 그 의미를 높이 평가하지 않을 수 없다. 칼뱅은 「트렌트 회의 결정에 대한 반박서」에서 성경과 초대 교부들과 아우구스티누스의 사례를 들면서 참된 종교회의와 가짜 회의의 차이점을 밝혀냈다.

> 나는 동료 프랑스 사람들에게 그들이 회의에서 어떤 공헌을 했는가에 대해서 묻지 않을 수 없습니다. 그들은 교회의 지도적인 구성원들 중의 하나로서 프랑스 왕국을 지탱하고 있다고 의심하지 않을 것입니다. 그러면 어찌하여 단지 두 명의 주교만을, 그것도 한 사람은 낭트에서, 다른 한 명은 끌레몽에서 파송했습니까? 이들은 멍청하고 학식이란 전혀 없으며, 특히 끌레몽에서 온 주교는 믿을 수 없는 자로 마치 광대처럼 취급을 당하고 있는 자입니다. 그는 정말 호색적이어서, 한 마리의 사냥개가 후각을 가지고 악행의 소굴을 찾아다니는 것과 같습니다.[14]

칼뱅은 트렌트 선언의 신학적인 조항들을 체계적으로 반박하면서, 특히 칭의론에 관한 선언이 가장 왜곡되었음을 조목조목 비판하였다. 트렌트 선언에 대한 반박서는 칼뱅의 신학사상이 당대에 가장 중요한 공헌을 했음을 입증하는 상징적 문서이다.

종교개혁자들이 그렇게 종교회의가 잘못되었다고 비판하였고, 오직 성경으로만 돌아가야 한다고 개선책을 제시했음에도 불구하고, 로마 가톨릭에서는 여전히 성경보다는 교회전통, 즉 교황의 우위권을 강조하고 있다. 트렌트 종교회의 이후에, 매우 중요하게 간주하는 로마 가톨릭의 역사적 모임이 "제1차 바티칸 회의"(1869-1870)인데, 또 다시 교황 무오설의 교리와 최종 통치적 권위에 대한 강조가 그 어느 종교회의 결정보다도 훨씬 더 강화된 문서로 발표되었다. 교황 피우스 9세는 교황 수위권을 주장하면서, "내가 곧 전통이고, 내가 곧 교회다"("I, I am Tradition, I, I am the Church")라고 선포했다.[15] 이것은 오직 성경 말씀만이 진리라고 하는 것이 아니라, 오직 로마 교회만이 진리임을 주장하는 것이다.

종교개혁이 일어난 지 오백여 년이 되었지만, 로마 교회의 핵심 교리는 하나도 변화된 것이 없다. 그 후로 로마 가톨릭 교회는 거의 모든 서구 유럽 국가에서 왕성하던 교세를 점차 잃어버리고 말았다. 20세기에 또 다시 교황청에서는 비슷한 바티칸 회의(1962-1965)를 개최하였는데, 성경과 교회 전통 사이에 관계를 규정지었다. 이 두 가지 모두 다 하나님께서 세상에 맡겨 주신 것이라고 하였다. 마치 성직자와 평신도가 두 그룹으로 구별되지만, 하나님의 백성들이라고 말하는 것과 유사하다. 이때 발표된 내용에서 가장 중요한 부분이 제9항 하나님의 말씀에 대한 것이다. "하나님의 계시에 관한 헌장"이라는 부분인데, "오직 성경으로만"이라는 교리에서 너무나 멀리 벗어난 주장이 담겨 있다: "교회가 오직 거룩한 말씀에만 의존해서는 모든 계시된 진리들에 대해서 확실성을 장담할 수 없다. 거룩한 말씀과 거룩한 전통이 동일하게 존중을 받고 순복되는 가운데서 두 가지 모두가 받들어져야만 한다."[16]

교황 통치의 전성기 동안에 그러한 권세를 뒷받침하는 로마 교회 중심의 신학이 세워졌다. 강력한 로마 가톨릭 교회정치의 배경에 자리하고 있었던 것이 스콜라주의 신학이라는 사상체계이다. 스콜라주의는 기독교 신앙에다가 아리스토텔레스의 철학을 혼합시켜서 논리적인 구조화를 도모한 것이다. 12세부터 15세기까지 스콜라주의 신학은 모든 학문의 최고 권위로 군림하였다. 권세자들의 논리를 뒷받침하는 논리체계이다. 하나님에 대한 왜곡된 교리를 독점적으로 장악한 스콜라주의 신학자들로 인해서, 기독교의 기본 교훈들이 뒤틀렸다. 예수 그리스도의 속죄에 대한 가르침은 교회 안에서 거의 다 사라져 버렸고, 그 대신에 인간의 공로와 업적주의가 가장 핵심교리로 자리매김했다.

중세 말기 로마 가톨릭 교회에서 강압적으로 주입시킨 신학사상들은 성경적인 가르침을 왜곡한 나머지, 교회의 전통이라는 미명하에 유사 펠라기우스주의가 첨가된 것들이었다. 하나님의 은혜와 인간의 의지가 협력하여서 구원을 이루는 체계였다. 그런데 매우 모호한 부분이 남아 있었다. 사람의 의지적인 선행을 강조하였고 공로를 세우기 위한 행위를 하도록 강요하였으나, 교회가 가르치는 참된 진리라는 것들 중에는 구원에 이르는 길에 대해서 뚜렷한 기준을 가르쳐 주지 않았다. 무엇을 어떻게 해야만 만족되는지 아무도 가르쳐 주지 않았다.

4

맺는 말

기독교 신앙적인 갱신과 개혁을 주장한 사람들이 많았지만, 16세기 유럽의 종교개혁처럼 깊고 광범위하게 영향을 끼친 운동은 인류 역사 속에 찾아볼 수 없다. 그 이유는 종교개혁자들이 처절하게 짓밟히고 죽음의 두려움에 내몰렸음에도 불구하고, 왜곡된 복음을 온전히 성경에 근거하여 회복시킴으로써 구원의 소망을 주었기 때문이다. 복음이란 하나님의 은혜에 기초하여 십자가에서 죽으시고 부활하신 예수 그리스도를 믿는 자들에게는 죄사함과 영생을 주신다는 소망의 메시지이다. 히브리어와 헬라어로 기록된 성경의 원본을 심도 있게 연구하게 된 종교개혁자들이 하나님의 풍성한 은혜와 바른 교리의 체계를 전파해 나가자, 로마 가톨릭의 교황과 교회의 타락상과 부정부패가 드러나면서 엉터리 신앙의 체계가 허물어져 내렸다.

종교개혁에 참여한 지도자들이 수없이 많았고, 지역적으로 서로 차이가 나는 주장들을 내놓았지만, 전체적으로 공감하는 핵심적인 본질은 모두 다 같았다. 종교개혁자들은 성경의 최종 권위에 따라서 말씀대로 값없이 거저 주시는 은혜의 복음을 회복하려 했다.[17] 로마 가톨릭에서는 종교개혁이라는 용어 자체를 사용하지 않으려 한다. 나쁜 형태의 기독교가 준 부패와 오류를 시정하고, 성경에 근거한 좋은 기독교 신앙이 정착되었다는 이미지를 인정하고 싶지 않은 것이다.[18] 그러나 지난 오백 년 동안의 개신교회의 역사는 부인할 수 없으니, 그 수많은 열매와 종교개혁의 업적들이 인류 역사 속에서 확산되고 있다.

종교개혁 이전과 이후의 세계 역사는 엄청나게 달라졌다. 특히 개신교회가 새롭게 형성되면서 기독교는 현격하게 차이가 나는 여러 그룹으로 나뉘게 되었다. 종교개혁자들의 신앙유산을 물려받은 교회들은 하나님과 인간과의 관계를 재설정하였다. 지속적으로 갱신을 거듭하면서, 성경에 입각해서 자각하고 부흥하며, 근본적으로 바꿔 놓았기 때문이다. 종교개혁은 신앙적인 사건들이었고, 가장 깊은 관심사항은 복음의 본질에 대해서 신학적인 관심을 표명한 것들이었다.[19]

종교개혁을 이끌던 지도자들은 고답적인 학문탐구에 빠지지 않았고, 일상이라는 현실의 토양에서 자신들의 깨우친 하나님의 은혜와 교훈들이 견고히 뿌리내리기를 갈망했다.[20] 종교개혁자들은 당시 자신들이 처해 있던 시대적 상황에 깊이 관련을 맺은 사항들에 대해서 현실적이고 구체적인 대안을 제시했다. 새로운 서구문화의 출현을 갈망하던 시민들의 요구에 부응하여 적합한 새로운 삶의 양식을 제시했다.

각 지역에서 활동한 종교개혁자들은 수도원에 격리된 경건이 아니라, 시장터에서 살아가는 사람들의 일상을 중요시하여 복음을 선포했다. 루터와 칼뱅을 비롯한 종교개혁자들은 설교와 강의와 저술을 통해서 선행과 공로사상에 대해 냉철한 비판정신을 발휘하면서, 일상을 중시하는 성경적 사고방식과 행동양식을 제시했다. 칼뱅이 수도사들을 비판했는데, 그들의 게으름, 무지, 악폐를 비판한 것이 아니라, 수도사들에게 주어진 하나님의 소명에 대해 적합하게 순종하지 않는 것을 비판했다.

주석
|

1 스위스 로마 가톨릭 사제이자, 독일 튀빙겐에서 가톨릭 교리 신학을 가르쳤던 한스
 큉(1928-)이 교황의 무오설에 대해 거부하였다. 그로 인해서 그의 저술들은 금서
 조치되고, 1979년에 가톨릭 신학을 가르치던 지위에서 박탈되었으며, 에큐메니컬
 신학을 가르쳤다. Hans Küng, *Infallible? An Inquiry* (New York: Doubleday & Company,
 1971). idem, *The Catholic Church: A Short History* (New York: Modern Library. Random
 House, 2001), Introduction, p. xviii.

2 Steven Ozment, *The Age of Reform 1250-1550*. An Intellectual and Religious History of
 Late Medieval and Reformation Europe (New Haven: Yale University Press, 1980), 437.

3 유럽의 정치상황을 설명하는 책들을 참고할 것. Christopher W. Close, *The Negotiated
 Reformation: Imperial Cities and the Politics of Urban Reform, 1525–1550* (Cambridge,
 U.K.: Cambridge University Press, 2009); Thomas A. Brady Jr., *Protestant Politics: Jacob
 Sturm (1489–1553) and the German Reformation* (Atlantic Highlands, NJ: Humanities Press,
 1995).

4 Howard Kaminsky, "The Great Schism," in *The New Cambridge Medieval History*, ed.
 Michael Jones (Cambridge: Cambridge University Press, 2010), Vol. VI:674–698.

5 Joseph Cardinal Ratzinger, *Principles of Catholic Theology* (San Francisco: Ignatius, 1987),
 196.

6 Alfred S. Bradford, *War: Antiquity and Its Legacy* (London: I.B. Tauris, 2014), 61; 앙드레
 모로아, 『프랑스사』(서울: 홍성사, 1985).

7 Bruce Gordon, *The Swiss Reformation* (Manchester: Manchester University Press, 2002), 40–
 43, 119.

8 V. Leppin, *Martin Luther* (Darmstadt, 2010), 30–32.

9 Todd M. Johnson and Kenneth R. Ross, eds., *Atlas of Global Christianity* (Edinburgh:
 Edinburgh University Press, 2009).

10 M. Luther, *Werke Kritishce Geamtausgabe* (Weimar: Weimarer Ausgabe, 1883ff.). 루터 저

작 전접으로 여러 차례 출간되었는데, 아래와 같이 줄여서 표기한다. WA7, 161-182.

11 Hans Hillerbrand, *The Division of Christendom: Christianity in the Sixteenth Century* (Louisville: Westminster, 2007), 3; Stephen Fischer-Galati, *Ottoman Imperialism and German Protestantism, 1521-1555* (New York: 1959).

12 H. J. Schroeder, tr., *The Canons and Decrees of the Council of Trent* (Rockford: Tan Books, 1978); John W. O'Malley, *Trent: What Happened at the Council* (Cambridge: Belknap Press of Harvard University, 2013), 89-102.

13 Yves Congar, *Tradition and Traditions: An Historical and a Theological Essay* (New York: Macmillan, 1967), 167.

14 Beveridge, *Tracts and Treatises*, III:27.

15 Owen Chadwick, *A History of the Popes, 1830-1914, Oxford History of the Christian Church* (Oxford: Oxford University Press, 1998), 210.

16 Vatican II, Dei Verbum, 9항.

17 Carter Lindberg, *The European Reformations* (Oxford: Blackwell, 1996), 10.

18 John Bossy, *Christianity in the West, 1400-1700* (Oxford: Oxford University Press, 1985), 91.

19 Timothy George, *Theology of Reformers* (Nashville: Broadman, 1998), 18.

20 Alister Mcgrath, *Roots that Refresh: A Celebration of Reformation Spirituality* (London: Hodder & Stonghton, 1991), 24-31.

제3장

루터와 칼뱅의
상호관련성

어둠 후에 빛이 온다.

post tenebras lux.

기독교 사상의 금자탑을 세운 루터와 칼뱅의 신학세계를 이해하려면, 그저 한 사람씩 각자의 저술에 대해서만 집중하는 방식으로 연구해서는 가치와 의미를 충분히 파악하기에 한계가 있다. 나무한 그루 각각을 들여다볼 일이 아니라, 멀리서 큰 숲을 바라보아야한다. 그러면 유럽 사상의 전체 전경과 확장된 장면이 확연히 드러난다. 종교개혁자들의 신학사상을 이해하기 위해서는 큰 안목으로16세기 서구 유럽의 지식인들과 지도자들의 사상을 살펴보아야 하는 것이다. 각 지역에서 흩어져서 활약한 종교개혁자들은 내적으로신앙적 공감대를 나누고 있었기에, 그들 사이에 서로 교류한 입장들과 특성들을 큰 안목에서 살펴보아야 한다. 루터의 사건들은 츠빙글리, 부서, 버미글리, 멜란히톤, 불링거 등 수백 명의 개신교 목회자들을 통해서 확산되었고, 결정적으로 칼뱅에게 연계되었다. 이들 종교개혁자들은 각각 자신들이 담당한 교회와 지역사회에서 새로운 교회를 회복하는 데 드높은 금자탑을 이룩하였지만, 상호 간에깊은 연관성을 갖고 있다.

지금까지 거의 모든 신학서적이나 역사학자나 특히 지성사의 흐름과 연관성을 탐구하는 비기독교적 관점을 가진 일반 역사의 연구자들은 루터와 칼뱅을 각각 따로 분리해서 다뤄 왔었다. 다시 말하면, 수많은 루터 학자는, 특히 독일에서는 오직 루터 단 한 사람에게만 집중하여 연구하고 있고, 그 밖의 신학자들에 대해서는 크게 주목하지 않는다. 물론, 칼뱅 연구자들도 역시 그의 개인적 개혁사상이 끼친 영향력들과 역사적 탁월함에만 초점을 맞춰서 각기 따로 조명해 왔었다.

　　그러나 이 책에서는 이 두 사람의 신앙적인 마음과 생각 속에 깊은 상호관련을 맺는 것에 주목하고자 한다.[1] 각기 다른 과제를 품고서 전혀 다른 방향에서 살아갔던 것이 아니라는 점에 착안해서, 루터와 칼뱅의 사상들은 16세기 종교개혁이라는 커다란 범주 안에서 "상호관계"가 맺어 있음에 주목하자는 것이다. 이 두 사람은 "상호 간에 얽힌 깊은 연관성correlations"과 "공동체적 연대solidarity"를 구축하고 있었기 때문이다.[2] 루터의 모든 신학사상은 칼뱅의 저술 속에 녹아들어 가서 광범위하게 저변을 형성하고 있으며, 이를 토대로 하여 칼뱅은 성경적인 신학사상들을 보다 자신 있게 제시할 수 있었다. 루터와 칼뱅의 신학사상을 중심주제별로 서술하고자 하는데, 그 이전에 먼저 동지적 연대의식과 상호관련이 깊이 배어 있었다는 점을 충분히 파악해야만 종교개혁의 승리요인을 제대로 분석할 수 있을 것이다.

1

어떤 관련성이 있었는가?

　루터와 칼뱅 사이에, 그리고 칼뱅과 후대 계승자들 사이에는 상호존중과 신뢰를 바탕으로 하는 신학적인 상호연관성과 공동체의식이 깊이 스며들어 있다. 칼뱅이 루터에게 처음 편지를 보낸 것이 밝혀진 것은 1545년 1월, 멜란히톤에게 보내는 글에서인데, "한 주님 안에서 매우 학식이 높으신 아버지"라고 루터를 칭송했다. 루터가 칼뱅에게 끼친 영향이 너무나 분명하다. 칼뱅은 당장이라도 날아가서 몇 가지 문제에 대해서 오랫동안 함께 상의하고 싶다고 하였다. 그러나 이 땅에서 그런 날이 실현되지 못한다면, 머지않아 하나님의 나라에서 가능할 것이라는 희망을 피력했다. 칼뱅은 1544년 5월 8일, 몽펠리에 목회자들에게 보낸 편지에서, "복음이 비텐베르크로부터 나왔다"고 하면서, 루터의 선지자적인 업적을 칭송했다.

　칼뱅은 루터가 부서를 통해서 보내온 개인적인 인사를 전해 듣고서 매우 기뻐했다. 칼뱅이 파렐에게 보낸 1539년 11월 20일자 편지에 보면, 루터가 칼뱅의 저술들을 기쁘게 읽었다는 소식을 듣고서 기뻐했다고 언급하였다. 그래서 칼뱅은 로마서 주석 서문에서 루터에 대해서 상세히 언급하였던 것이다. 이처럼 이 두 사람은 하나님의 영광을 드러내고 교회를 회복시키기 위해서 살아 있는 순교자의 길을 걸어가고 있다는 동지의식이 확고하였다. 순수한 신앙에 대하여 상호 인정하는 공통점이 분명하였으며, 개혁신앙의 동질성에 대한 확신이 있었기에 종교개혁이라는 엄청난 변혁이 가능했던 것이다. 그 어떤 박해에도 부서지지 않은 상호적 신뢰관계와 공동체적인 연대의식은 성경 중심의 개혁주의 신학사상을 뿜어내는 견고한 결속력에 기초하여 발휘된 것이다.

여기서 필자가 제시하는 "상호관계" "상호연관성" 혹은 "공동체적 연대"라는 분석적 개념은 루터와 칼뱅 주위에서 함께 살았던 동지들의 모습 속에서 찾아볼 수 있다. 루터와 칼뱅이 주변 도시의 종교개혁자들과 긴밀히 협의하고 상의했음을 주목해야만 한다. 루터와 칼뱅은 마르틴 부서, 장 스투름, 필립 멜란히톤, 츠빙글리, 불링거, 테오도르 베자, 버미글리, 외콜람파디우스, 피에르 비레, 요한 낙스, 크랜머 등이 회의와 편지로 상호교류를 하면서 성경 연구와 교회의 개혁에 혼신의 힘을 쏟아부었다.[3]

상호연관성과 공동체적 연대의식의 또 다른 예를 들어 보자. 유대인들은 전 세계 어느 곳에 살든지 회당을 중심으로 민족문화의 공동체성을 지켜 오고 있다. 비록 나라는 작지만 유대주의라는 공동체 의식은 응집력이 강하여서 거의 모든 분야에서 엄청난 영향력을 발휘하고 있다. 한국에서도 씨족 공동체 의식이 사회를 유지하는 중심요소가 되어 왔고, 가문의 연대의식과 학파별 공동체성을 발휘해서 국가권력을 차지하여 왔다. 이씨 조선에서는 혈통적 공동체가 빚어낸 비극들도 많았다.

상호연관성에 대해 분명한 이해를 도모하기 위해서, 한 가지 예를 더 들어 보자. 오늘날 한국교회에서나 세계 기독교 단체들 가운데 상호의존관계와 공동체적 연대를 도모하여 강력한 조직을 운영하여 온 사례들이 많다. 기독교 교단들은 엘리트 신학자들에게 전수받은 학문을 바탕으로 하여 교단과 교파를 구성하고 있다. 각 신학대학의 동문회는 보이지 않는 공동체 의식을 집결하게 하면서 확산시키는 친목단체이다. 조금 양상은 다르지만 한때에 전세계 선교를 휩쓸었던 단체들, 영국의 위클리프 선교회, WECK 선교회, 한국의 각종 선교단체들(UBF, CMI, ESF, CCC, Joy Fellowship, IVF 등) 각각 그 조직체의 역사성과 특색을 갖고 있으면서도, 교회 밖에서 전개하는 선교적 말씀운동이라는 면에서는 내면적으로 공동체적 연대의식이 철저하다. 반면에 이단들과 사이비 유사 기독교 모임들에서도 특화된 동지적 일체감이 작동하고 있어서, 비정상적인 연대성도 역시 쉽사리 무너지지 않음을 볼 수 있다. 하나님께서 초자연적으로 일으키시는 신비적인 치유와 기적들이 있지만, 가짜 신비주의에서도 유사한 직통계시와 체험현상들을 펼치고 있어서 분별하기 어렵다. 그리하여 지금 이 시대에도 여전히 신학적 분별력이 강력히 요청되는 것이고, 그렇기 때문에 루터와 칼뱅의 신학사상에서 그러한 논쟁과 토론이 엄청나게 진리다툼을 벌였다는 점을 오늘의 성도들도 참고하지 않을 수 없는 것이다.

　루터가 긴 역사적 마라톤의 선두주자였다고 한다면, 칼뱅은 마지막 종결자로서 혁신을 구체화하는 역할을 감당했다. 두 사람을 연속선상에 올려놓고서 비교해서 살펴보면, 매우 흥미로운 관련성과 통일성과 연속성과 특별한 차이점들이 담겨 있음을 알 수 있다. 종교개혁이라는 험난한 소용돌이가 진행되는 동안에 루터와 칼뱅은 결코 따로 분리해서 생각할 수 없는 인물들이다. 우리가 생각하는 것 이상으로 이 두 사람은 깊은 상호관련을 맺고 있다.[4]

종교개혁의 역사에 등장하는 여러 가지 중요한 사건과 저술을 통해서 전체적으로 드러난 루터의 모습을 보면, 분명히 용감하고 강인한 의지의 소유자였음이 틀림없다. 칼뱅은 총명하고 박식하며 영특하고 뛰어난 저술가이자 설교자이며 신학자였다. 루터와 칼뱅은 각각 다른 곳에서 교회 개혁의 사역을 수행했지만, 학문적으로나 인간적으로는 서로 간에 밀접한 관계성과 동지적 공동체성이 있다. 극심한 종교적 격동기에 처했던 프랑스에서 성장한 칼뱅은 널리 확산된 루터의 영향 가운데서 새로운 토대를 구축하였다.

루터가 칼뱅보다 스물여섯 살이나 나이가 더 많다. 마치 아버지와 아들처럼 한 세대의 차이가 있다. 그러면서도, 종교개혁의 소용돌이 속에서 루터와 칼뱅은 각각 남다른 여정을 걸어가면서 선두에서 온몸으로 시대의 과제들을 떠안고 분투노력하였으며, 단순히 교회제도를 새롭게 개혁하는 것에 그치지 않고 거의 모든 분야를 망라해서 유럽 사회를 바꾸는 데 엄청난 공헌을 하였다. 각각 서로 다른 중심부에서 전체 종교개혁에 영향을 끼쳤고, 이끌어 나가는 힘을 발휘했다.

시대를 앞서서 살아간 루터가 모든 고초를 먼저 당했기에, 칼뱅은 선배 개혁자들의 지침을 새로운 교회의 근거로 삼을 수 있었다.

루터와 츠빙글리의 사상을 담은 저술들과 주변에서 활약하던 많은 개혁자의 가르침들이 유럽의 사회문제로 크게 대두되었기에, 칼뱅은 전체적인 종합을 이룰 수 있었다. 종교개혁의 첫 세대 지도자들이 남긴 저술들을 섭렵한 후에, 칼뱅이 가장 최고의 절정을 집대성하게 된 것이다.

칼뱅이 루터의 신학사상을 무작정 칭송하거나 혹은 모방한 것은 아니다. 때때로 칼뱅은 루터에 대해서 불편한 심기를 드러냈다. 1538년 1월 12일자, 부서에게 보낸 편지에서, 칼뱅은 루터의 경건함에 대해서는 확신하지만, 다른 것은 확신할 수 없다고 하였다. 특히 1539년 10월 14일자, 부서에게 보낸 편지에서는 거듭 루터의 완고한 성격 때문에 불편하다고 하였다. 칼뱅은 멜란히톤에게 보낸 편지에서, 루터가 자제력을 잃고 쉽게 화를 낸다고 지적하면서, 이런 것이 교회에 위협이 되기도 하고, 감히 아무도 반대하려고 나서지 않게 만드는 요인이라고 지적하였다. 이처럼 루터의 문제점을 파악했으면서도, 만일 루터가 칼뱅을 비판하면서 악마라고 하더라도, 기꺼이 칼뱅은 루터의 비판을 수용할 것이고 언제나 하나님의 종이라고 존중할 것이라고 하였다.

하지만 동시에 기억할 것은 루터에 대한 칼뱅의 공정한 평가방식이다. 칼뱅의 입장에서는 마땅히 비판할 부분들이 발견되면 그 누구에 대해서라도 지적하는 데 주저할 필요가 없었다. 하지만 칼뱅은 모든 사람이 지녀야 할 합당한 책임도 지적한다. 즉, 루터가 존경을 받아야만 할 공로들과 탁월한 재능들이 훨씬 더 크다는 사실을 잊지 말아야 한다는 것이다. 칼뱅에게 있어서 루터는 언제까지나 그리스도의 탁월한 종으로 남아 있었다. 물론 루터도 역시 칼뱅이 제네바에서 성취한 바를 전해 들으면서 좋은 인상을 가졌다. 루터는 1543년에 발표된 칼뱅의 성만찬에 대한 논문을 읽고서 매우 긍정적인 판단을 언급한 바 있다.

2

성경의 빛을 드러내다

루터와 칼뱅의 핵심 공통분모는 무엇인가? 루터는 신구약 성경을 독일어로 번역했고, 칼뱅은 거의 모든 성경에 대하여 가장 훌륭한 해석을 남겼다. 이 두 사람이 종교개혁 운동에서 최고의 지도자가 된 것은 무엇보다도 성경원전에 근거하여 기독교 체계를 제시하고 교회의 예배와 조직을 회복하는 공헌도가 남달랐기 때문이다. 에라스무스가 편집한 헬라어 신약성경은 1516년에 출판되었다. 모든 대학에서는 "고전으로 돌아가자*ad fontes*"라는 표어 아래서, 성경과 고전 철학, 문학서적들을 원서로 읽는 어학교육이 집중적으로 시행되었다.[5] 에르푸르트 대학에서 루터는 성경을 가르치다가 로마 가톨릭에서 벗어나는 방향전환을 하게 되었다. 다시 한 번 강조하지만, 루터가 최초로 독일어 성경을 번역했다는 것은 엄청난 사건이었다. 그 영향이 유럽에 퍼져 나가면서, 칼뱅도 역시 로마 가톨릭과 루터파의 소용돌이 속에서 무엇이 참된 것인가를 알아보려고 성경을 연구하게 되었고, 가장 명쾌하고 일관성이 있는 성경해석을 남겼다. 칼뱅의 저술들은 지금까지 최고의 경건 서적으로 손꼽히는바, 인간을 향한 하나님의 계시 속에 담겨 있는 진리와 사랑을 가장 적합하게 파악하여 독자들로 하여금 영감을 얻도록 자극하기 때문이다.

모든 종교개혁은 성경을 통해서 터득한 진리를 전파하였고, 결코 부패한 인간들의 이야기를 퍼뜨린 것이 아니다. 성경은 하나님의 뜻을 선포하는 생명의 양식이다. 사람의 이성에서 나오는 논리체계를 비판하는 계시이기에, 종교개혁자들은 자신들의 뜻과 비전을 주장하지 않았다.[6]

성경은 방대한 하나님의 계시이다. 오늘날에도 많은 성도가 성경 본문에서 잘 이해가 되지 않아서, 해석을 두고 고민하는 난해한 구절이 있다. 성경 본문이나 주제에 대한 해석상의 대립과 신학적인 주제에 대한 상호비판적 해석들이 많아서, 완전한 해석의 합의를 제시한다는 것은 거의 불가능하게 되고 말았다. 하나의 조직에 속해 있다고 말하는 로마 가톨릭 내부에서도 편차가 크고, 개신교 진영에서도 서로 다른 해석을 제시하고 있다.

현대 신학자들에 이르게 되면, 성경의 권위에 대한 형식적인 원리마저도 다르다. 오직 은혜로 인하여 믿음으로 구원을 얻는다는 실제적 원리도 다르게 설정되어 있어서, 기독교 공동체가 공유하는 견고한 기초를 건설하는 것이 어렵게 되고 말았다. 후기 현대주의 시대라고 말하는 오늘날에는 다원주의, 다중적 관점주의, 다면적 관점들이 쏟아져 나와서, 과연 우리가 어느 날 성경이 무엇을 말하는지에 대해서 모두 다 일치하는 날이 과연 올 것인가에 대해서 회의적인 생각을 지울 수 없다. 이기주의와 자만심에 근거한 성경해석들이 쏟아져 나와서, 똑같은 성경을 사용하면서도 너무나 다른 목소리가 서로 엇갈리는 경우도 있다.

종교개혁자들이 제시한 성경해석의 원리는 "오직 성경으로만" 성경을 해석한다는 것이었다. 성경해석에서 과연 최종 결정을 내리는 해석적인 권위를 누가 가지고 있다고 할 것인가? 어떤 한 사람만이 성경의 비밀을 풀어 줄 수 있다고 주장하는 자들이 있는데, 주로 이단들이거나 사이비 유사 기독교에서 나오는 목소리들이다. 이런 입장은 계몽주의 이후에 개인적 자율성을 신봉하게 되면서 최근에 더욱 극단화되었다. 중세시대를 거치면서, 유럽 가톨릭 교회의 일반 성도들은 이런 것을 전혀 알지 못했었다. 적어도 한 교회에 소속하고 있는 한, 신앙의 문제에 대해서는 교단적인 토론을 거치게 되었고, 교회의 통일성은 하나의 신앙고백서에 객관적으로 기준이 제시되었기 때문이다.

그러나 탁월한 원어실력을 겸비한 종교개혁자들이 등장하면서, 교회에서 설교가 회복되었다. 종교개혁을 한 교회의 모든 회중은 매주 성경에 근거하여 제공되는 영적인 메시지를 받아들이게 되었다. 하나님께서는 교회에 "목사들과 교사들"(에베소서 4:11)을 세워 주셨는데, 이들은 설교자이자 신학자이다. 종교개혁자는 모두 다 출중한 어학실력을 갖추었다. 그리고 좀 더 성숙한 후에는 대학에서 학생들을 가르치는 당대 최고의 석학이 되었다. 루터와 칼뱅은 각각 당대 최고의 어학자들, 인문주의 교수들에게서 수준 높은 지성을 섭렵하였다. 이들 두 사람을 비롯해서, 모든 종교개혁자는 각각 대학교육을 받으면서 15세기 말과 16세기 초엽, 르네상스 인문주의를 호흡했다는 공통점이 있다. 루터와 칼뱅은 종교개혁이라는 새 물결을 이끌어 나가는 선두 주자가 되어서 저술활동에도 남다른 역량을 발휘했다. 유럽 전 지역에 자신들의 실력과 영향력을 유감없이 전파하였다.[7]

독일에서는 "북부 르네상스"라고 불리는 인문주의 학풍이 대학 사회에서 강하게 영향을 끼치고 있었는데, 고전의 가치를 재발견하여 기독교의 갱신을 도모하는 것이다. 에라스무스가 주도하는 가운데 국가와 교회를 새롭게 하기 위해서 신약성경을 헬라어로 공부하는 작업이 폴란드에서 영국에 이르기까지 확산되어 갔다. 문학적 탐구와 기교적인 수사학, 고전연구와 글쓰기 등이 대학에서 새롭게 자라나는 세대에 영향을 주었다.

루터는 독일 동북부에서 비교적 넉넉한 가정에서 성장하여, 훌륭한 인문주의 대학교육을 받았고, 수도사요 신부이자 대학 교수로서 당대 최고의 학자로 성숙했다. 루터에게는 비텐베르크 대학교의 신학 교수들과 에르푸르트 대학에서의 인문주의가 배경을 이루고 있다. 거침없고 담대한 믿음을 갖추게 되면서, 루터는 여러 차례 중세 말기의 로마 가톨릭 교회에서 주장하던 교황의 절대권위에 맞서서 오직 성경적 회복만을 역설하였다.

독일어 사용을 하던 지역들을 근거지로 하여 영국에 이르기까지 루터의 가르침은 "루터파 교회"를 정착시켰고, 종교개혁 시대 최고의 신학자로 성장한 칼뱅은 종교개혁의 신학을 창조적으로 종합하여 "칼뱅주의Calvinism"라고 불리는 개혁주의 신학체계와 장로교회를 정착시켰다.

종교개혁의 시대에 최고의 영향을 남긴 두 지도자는 개인적으로나 공식적으로나 만날 기회가 없었다. 하지만 칼뱅은 루터의 주변 사람들과 교분을 나누었고, 간접적으로 루터의 사상과 공헌에 대해서 높이 평가하였다. 특히 루터는 충실한 조력자 필립 멜란히톤을 통해서 칼뱅의 주장들을 잘 이해하고 있었다. 두 사람은 공통적으로 인간에게 깊이 스며들어 있는 본질적인 죄악상을 성경에 비춰 비판하면서, 종교개혁의 사상을 선포하고 정립하는 데 앞장을 섰다. 이들은 공통적으로 로마 가톨릭의 신학체계가 이원론이라는 구조로 체계화되어 있어서, 순수한 기독교와 헬라 철학이 혼합되어 있음으로 인해서 왜곡되어 있다는 것을 성경에 비춰 끊임없이 비판하였다.

칼뱅이 프랑스와 독일의 국경지대로 피신하여 스트라스부르에서 약 3년간 살던 기간에 마르틴 부서의 노력으로 독일의 많은 신학자를 만났고 회의에 참석하여 교제했으며 여행을 했었다. 칼뱅이 라틴어를 능숙하게 구사했던 까닭에 충분히 의사소통을 할 수 있었다. 칼뱅은 종교개혁을 주도해 나가던 루터와 그의 동료들이 남긴 예배와 신앙의 개혁들이 독립적인 자치도시에서 진행되던 것들을 잘 파악하게 되었고, 루터의 공헌을 충분히 이해할 수 있었다. 하지만, 칼뱅은 독일어를 완전히 구사하던 것은 아니었기에 독일 귀족 출신의 여성과의 혼담이 있었으나 성사되지 못했고, 프랑스어를 사용하는 지역에 살다가 스트라스부르에 피난 온 한 미망인과 결혼하였다.[8]

루터와 칼뱅은 대학과정에서 기본적으로 인문주의 학문을 공유하고 있다. 이들은 인문주의 학습을 통해서 고전원문을 완벽하게 소화해 내는 어학지식과 이를 해석하는 능력을 갖추게 되었다. 그러나 더욱 중요한 것은 단순히 인문주의 고전연구에 그치지 않고, 기독교 신앙을 확고히 파악하기 위해서 오직 성경의 권위에만 의존한다는 점이다. 이들은 성경을 넘어서는 인간의 권위, 교황이나 종교회의나, 성자들의 가르침에는 얼마든지 오류가 있다고 보았다.

오직 하나님의 말씀이 기록된 성경에만 의존하려 했던 종교개혁자들은 중세 말기에 가르쳐지던 공로사상과는 달리, 새롭게 구원의 교리를 정립하게 되었다. 복음에는 하나님의 의가 나타나서, 예수 그리스도의 십자가를 통해서 온전한 구원의 근거가 제공되어 있으므로, 사람이 성취하여 의롭게 되는 것이 아니라고 주장했다. 오직 하나님의 전적인 은혜로 주어진 것임을 확고히 제시함으로써, 혼란과 혼돈의 시대에 유럽 성도들의 마음속에 평안과 희망을 불어넣었다.

종교개혁의 선구자들 중에는 많은 이가 먼저 새로운 뜻을 펴냈으나 성취하지 못했다. 영국의 위클리프는 성경을 영어로 번역했으나 빛을 발휘하지 못하고 사망했다. 위클리프의 성경적 개혁사상에 깊은 영향을 받은 보헤미아의 후스는 로마 교황청의 모순과 부조리를 비판하다가 화형을 당했다. 하지만, 이들의 노력은 헛되지 않았고, 루터의 교수생활과 투쟁 속에서 큰 운동으로 확산되었고, 칼뱅의 저술과 제네바 교회에서 시행하게 된 여러 가지 목회적 업적들과 학문적 성취들을 통해서 최고의 빛을 발휘했다. 종교개혁의 두 거목, 루터와 칼뱅을 대조적으로 분석하게 되면, 종교개혁의 역사와 지성의 흐름을 선명하게 파악할 수 있다.

3
|
낡은 관행을 깨뜨리다

중세시대에는 교황청의 지침에 따라서 수많은 사람은 구원에 이르는 길을 답습했다. 구원의 길은 처음에 세례로 시작하여서, 각종 교회에서 시행하는 성례들을 통해서 은혜를 주입받아서 하나님의 사랑을 받기에 합당한 자로 변화되어야만 한다. 각종 성례들에 참가함으로써 하나님의 은혜를 받은 후에는 스스로 사람이 노력해서 선한 행동으로 인정을 받는 것이다. 수많은 성도는 가정과 결혼생활을 포기하는 것만이 더 나은 구원의 길을 가는 것이라고 받아들였다. 독신과 수도원의 삶은 하나님을 기쁘게 해 드리는 최고의 삶이라고 높임을 받았다. 로마 가톨릭에서 제공하는 기독교는 결국 은혜로만 축복을 받는다고 하면서도, 오히려 갈수록 많은 선행을 강조했고, 하나님의 보상을 받으려고 자신들의 의지를 발동하도록 노력해 나가라는 것이었다. 은혜로 주신 믿음으로만 의롭다 하심을 받는다는 것이 아니었다. 이것은 지금도 로마 가톨릭에서 강조하는 교리체계이다.

그러나 그 어떤 성직자도, 심지어 교황까지라도, 그 어느 누구라도, 구원에 이르는 노력과 선행과 행동의 기준과 조건을 확실하게 제시하지 않았다. 과연 며칠 동안이나 금식해야만 하는가? 몇 해 동안이나 탁발 수도사로서 순례의 기간을 채워야만 할 것인가? 얼마나 기도해야만 하는가? 결국 로마 가톨릭에서는 하나님의 은혜가 주어진 후에, 스스로 노력하게 되는 것이라고 말하지만, 각자 성도들 한 사람 한 사람이 스스로 선한 행동을 통해서 하나님의 의롭다 하심에 이르도록 해야 한다고 말할 뿐이어서, 결코 구원의 확신을 제공하지 않는다. 그 누구도 안심하고 '나는 구원받았다'고 장담할 수 없다. 더구나 중세 말기에는 교황들 사이의 싸움, 전쟁, 전염병, 기근이 뒤엉키면서 세상이 불안정하게 되면서, 16세기 사람들은 구원에 대해서 점점 더 확신을 가질 수 없게 되었다.

루터는 고정관념으로 굳어진 로마 가톨릭의 신학체계를 구체적으로 혁파하는 데 가장 적격자였다.[9] 그는 철저히 수도원에서 성장하면서 모든 단계를 체험했기 때문에 모순된 교리체계와 철저한 권력구조를 꿰뚫어 볼 수 있었던 것이다. 1483년 아이스레벤에서 광산업을 하던 가정에서 출생한 루터는 죽음의 공포를 경험하고 난 후, 신부가 되었다. 법학을 공부하다가 신학으로 돌아서게 되었는데, 아버지의 기대를 저버린 행위였다. 1505년 에르푸르트 어거스틴파 은자수도원에 가입했다. 법률가에게 주어지는 명예와 재물을 택하기보다는 경건한 성직자로서 살아가는 쪽을 선택하였다. 청년루터는 에르푸르트 수도원에서 신부가 되어서 철저히 규칙을 준수했었지만 여전히 죄의 문제를 해결하지도 못했고, 만족할 만한 구원의 확신을 갖지도 못하였다. 사람은 언제 죽을지 모르며, 그 후에는어디로 갈지 모른다는 것으로부터 영혼의 고통과 불안을 느꼈다.

루터는 1509년에 비텐베르크 대학으로 옮겨서 대학생들을 지도하는 교수가 되었다. 텟젤(1465-1519)이 면죄부를 판매하는 것을 제지시키고자 1517년 10월 말에 95개 조항을 발표하면서, 일약 태풍의 눈으로 등장하게 되었다. 루터가 제기한 문제는 로마 가톨릭에서 완고하게 주장하여 왔던 낡은 교리 체계와 고정관념을 성경적으로 개혁하려는 것이었다.

루터와 칼뱅의 시대는 신학적인 혼란만이 아니라, 정치적으로 전유럽 사회가 중세 말기의 극심한 혼란상에 빠져 있던 시대였다. 종교개혁자들은 두려움과 혼란에 빠진 사람들을 올바른 신앙으로 인도하는 대안을 제시하여 탈출구를 열어 준 것이다. 15세기 유럽에서는 여러 가지 고통이 중첩되었는데, 수차례의 전쟁과 흑사병으로수많은 사람이 죽어 나갔다. 결국 중세 말기 사회가 극심한 혼란 속에서 정치와 군사적 대결로 균열하기 시작했다. 로마제국의 후예를자처하던 신성로마제국의 통치가 종결되었고, 각 지역에서는 막강한 독립 군주들이 등장하였다. 프랑스가 가장 먼저 독립 통치권을 확보했고, 이어서 영국, 독일, 스위스, 스코틀랜드, 네덜란드, 벨기에, 헝가리, 체코슬로바키아 따로 독립적인 군주제로 재편되었다. 스페인에 기반을 두고 오스트리아 왕궁에서 신성로마제국의 막강한 영향력을 행사하던 합스부르크 왕가가 쇠퇴하고, 각 지역의 제후들과 영주들이 연합하여 새로운 세력을 형성하게 되는 정치적인 대변혁의 근저에는 종교개혁자들의 신학과 성도들의 성원이 자리하게 되었던 것이다.

루터보다 한 세대 후에 출생한 칼뱅은, 루터가 사라지고 있던 시기에 등장하여 유럽 전 지역에 새로운 영향력을 발휘하는 지위에 오르게 되었다. 서른세 살의 루터가 유럽 교회의 주목을 받은 것은 1517년이었는데, 그 당시 칼뱅은 아홉 살이었다. 루터는 1546년에 사망하였으므로, 칼뱅의 초기 사역에서부터 계산하면 약 십여 년간 활동 시기가 중복된다. 하지만 루터는 독일 동북부 산간 지방에 살았고, 칼뱅은 프랑스의 남동부와 이탈리아 북부 지방에 연계된 스위스 제네바에서 활동했기에, 서로 만나서 대화할 수 있는 기회가 없었다. 루터와 츠빙글리는 1529년 마르부르크 종교개혁자들의 회합에서 서로 만났다. 루터는 프랑스와 독일의 경계 지방에 있는 스트라스부르의 종교개혁자 마르틴 부서와는 여러 차례 만났다.

루터가 칼뱅에 대해서 언급한 내용들은 그리 심각하게 대립적인 것은 아니다. 루터는 칼뱅에 대해서 "잘 교육을 받은 사람이지만, 성례주의자들의 실수를 답습하고 있는지 매우 의심스러운 사람이다"고 지적한 적이 있다.[10] 그라스의 연구에 의하면, 루터가 여러 차례 칼뱅에 대해서 언급하였다. 루터는 칼뱅에 대해서 두 가지 마음을 갖고 있었던 것으로 보인다. 하나는 성만찬 신학이 자신의 견해와 다른 부분에 대해서 우려하고 걱정하는 평가였다. 다른 하나는 매우 훌륭한 신학자라고 긍정적으로 생각한 점이다. 루터의 이러한 두 가지 평가가 담긴 문장을 몇 곳에서 찾아볼 수 있다. 루터는 츠빙글리를 비롯한 스위스 종교개혁자들과의 사이에 성만찬 논쟁을 하고 있었고, 깊은 관심을 갖고서 성만찬 신학을 다루고 있었다. 그래서 자신의 견해와 다른 주장을 펴내는 스위스 종교개혁자들에 대해서, 칼뱅의 성만찬 해설에 대해서도 매우 불편하게 생각했던 것이다. 칼뱅에 대한 루터의 평가를 종합하자면, 긍정적인 평가와 부정적인 염려가 동시에 담겨 있다고 볼 수 있다.

1539년에 루터가 마르틴 부서에게 보낸 편지에 보면, 칼뱅의 뛰어난 책에 대해서 인식을 하고 있었고, 칭송을 한 바 있다. 하지만 루터가 자신의 학생들과 저녁 식사 후에 강의한 것에는, 개혁진영에서 활약하고 있는 젊은 신진 학자에 대해서 따로 주목을 한다거나, 긍정적으로 평가하는 언급을 남긴 것을 거의 찾아볼 수 없다. 루터는 칼뱅에 대해서 다소 유보적인 입장이었다. 루터의 생애에 등장하는 많은 사건과 인물 가운데, 젊은 개혁자 칼뱅의 사역과 저술들은 몇 곳에서 간접적으로 나타난다. 그러나 칼뱅의 생애에 등장하는 루터와의 관련성은 매우 큰 부분을 차지하고 있다. 루터에 대한 칼뱅의 존경심과 그것을 표현하는 언급들이 매우 큰 비중을 차지하고 있다.

4

"나의 신앙의 아버지, 루터"

미사를 거부하면 무조건 잡아 가두거나, 처형하던 시대에 살았기에, 종교개혁자들에게는 순교자들의 피흘림과 박해당하는 자들의 동지로서 강력한 유대감이 있었다. 루터와 선배 종교개혁자들이 성취한 개혁운동들은 칼뱅의 마음속에 서서히 녹아들어 갔다. 선각자와 후계자들에게 깊은 감동과 공통점을 형성하게 만든 역사적 전개 과정이 있었다. 프랑스 주요 도시에 루터의 소식이 전파되면서 1518년에 이후로 큰 소동이 일어나게 되었고, 많은 동조자가 가톨릭에 저항한다는 이유로 처형을 당했다. 곧바로 로마의 신학자들, 스페인 통치하에 있던 루뱅과 독일 콜론의 신학자들이 루터를 비난하는 저서들을 발표했다. 프랑스에서도 루터의 책이 수백 권 회람되었는데, 1520년대 파리에서는 긴장과 대립이 확산되었다. 루터가 논쟁적으로 발표한 논문들은 교황청을 공격하는 것들이었는데, 프랑스에서는 루터를 따르는 자들이라면 국가 체제를 거부하는 자들로 단죄하였다. 루터는 독일에서는 영웅처럼 추앙을 받고 있었으나, 1520년대 프랑스에서는 경계대상이었다.

프랑스에서는 르페브르 Jaques Lefèvre d'Etaples가 영향력이 큰 인문주의 학자였다.[11] 르페브르는 교회 개혁과 성경의 원어 연구를 격려하면서 루터와 츠빙글리의 주장들을 수용하였다. 그러나 노엘 베다

—— 젊은 날의 칼뱅 (제네바 대학 고문서실 소장)

를 중심으로 하는 파리 소르본 신학자들은 루터, 에라스무스, 멜란 히톤, 르페브르, 카롤리 등의 저술들에 대해서 이단적이라고 정죄 하였다. 강경한 스콜라주의 신학자 베다는 인문주의에 대해서 "트 로이의 목마"라고 경계심을 토로했다. 프랑스 사회에서는 독일과 스위스에서 교회가 분리되고, 1525년 농민 전쟁이 일어나고, 정치 적으로 격렬한 토론과 논쟁이 일어나는 것에 대해서 엄청난 충격을 받았다. 이 시기에 프랑스 파리에서 성장하던 청년 칼뱅에게도 종교개혁의 흐름들이 어느 정도는 관심의 대상이 되었을 것이다. 하지만 상당한 기간에 걸쳐서 칼뱅은 인문주의 학습에만 집중하고자 했었다.[12]

프랑스 파리에서 북쪽으로 약 120km 떨어진 누아용에서 둘째 아들로 출생한 칼뱅은 아버지가 가톨릭 교회의 주교 밑에서 일하던 혜택으로 파리에 유학할 수 있었다. 또한 아버지의 뜻에 따라서 로마 가톨릭 신부가 되려던 길을 접고, 오를레앙과 부르주 법과대학원을 졸업하였다. 칼뱅은 프랑스 전체에서 손꼽히는 수재에 속했다. 칼뱅과 함께 대학에서 공부를 할 수 있었던 청년들은 귀족집안의 자제들로서, 파리에 있는 학생을 다 합해도 사백여 명에 불과했었다.

법과대학원을 졸업한 후, 칼뱅은 파리에서 당대 최고의 인문주의 학자들에게서 학문의 기초를 쌓았다. 그러한 토대 위에서 당대 저명한 학자들의 글과 초대교부들의 저술들을 읽은 후에, 단순히 편집하는 것으로 그친 것이 아니라, 성경적인 안목을 갖고서 다시 재결합하고 종합적으로 평가하는 능력을 발휘했다. 청년 칼뱅에게는 르페브르가 추진하는 개혁운동이 위태롭기도 하고, 흥미롭기도 했을 터이다. 루터의 『그리스도인의 자유』와 『교회의 바빌론 유수』를 읽으면서, 칼뱅은 개혁신앙에의 확신을 가지게 된 것으로 보인다.

칼뱅은 첫 번째 저술을 1532년에 펴냈는데, 『세네카의 관용론에 대한 주석』이었다. 또한 첫 번째 칼뱅의 신학논문은 1534년 「영혼의 잠에 관하여」에서 재세례파의 종말 사상에 오해를 시정하려는 비판이었다. 칼뱅의 저술들은 신선한 영향력을 발휘하였다. 칼뱅은 스물일곱 살에 펴낸 『기독교 강요_the Institutes of the Christian Religion_』라는 책을 통해서 높은 평가를 받으면서 등장했다. 칼뱅은 이 책을 계속해서 증보했고, 수정판을 거듭하여 1559년에는 방대한 책으로 구성했다. 프랑스어 번역판도 초기 저작을 1543년에 출간했고, 최종본의 번역서는 1560년에 나왔다. 칼뱅이 1536년에 처음 펴낸 『기독교 강요』의 마지막 부분에 보면, 루터의 논문에서 영향을 받은 부분들이 많이 나온다. 젊은 날의 칼뱅이 정리한 기본적인 기독교 체계는 전체적으로는 루터의 「소교리문답_Small Catechism_」(1529)에서 다루어진 주제들에 관련된 해설들이었다. 종교개혁의 신학사상은 깊은 연대의식을 가진 루터와 그 시대의 동역자들, 그리고 앞 세대의 신학유산을 계승하여 발전시키고자 노력한 칼뱅에 의해서 견고한 반석 위에 놓이게 되었다.[13]

유럽 각 지역에서, 잉글랜드, 스코틀랜드, 프랑스, 저지대 국가들에서 박해를 피해서 몰려든 난민들이 제네바에서 개혁신학을 배웠다. 칼뱅의 문하에서 새로운 신학적 전망을 품고, 제네바에서 체험적으로 터득한 신학체계를 갖고 자신들의 고향으로 되돌아갔다. 물론, 각각 하나님을 경외하는 사상체계가 완전히 동일할 수는 없다.

특히 스위스는 각 지역별로 특성이 있었고, 정치적 이해관계가 달라서 종교개혁이 매우 복잡하게 전개되었다. 취리히의 최초 개혁자 츠빙글리가 사망한 후, 불링거는 1536년에 각 도시의 종교개혁자들을 초대해서 화합과 통일을 도모하면서 '제1차 스위스 고백서'

를 작성하였다. 각 도시 사이의 지도자들은 기본적으로는 동의하는 부분들도 있었지만, 완전히 통일되지는 못하였다. 바젤에서는 외콜람파디우스, 오스왈드 미코니우스, 시몬 슐처가 개혁사상을 설파하였다. 베른에서는 볼프강 무스쿨루스와 피터 마터 버미글리가 피난민으로 정착해서 교회 개혁을 이끌었다.

제네바는 교황청의 직접 통치를 받는 주교가 관장하면서, 사보이의 군주가 다스리고 있었다. 칼뱅은 1536년에 기욤 파렐의 간청에 따라서 제네바 교회의 설교자로 정착하게 되었다. 강력하게 교회 권징을 실행하려던 젊은 목회자 칼뱅의 계획은 1538년 봄에 성만찬을 시행하는 방식을 놓고서 격돌하였다. 칼뱅이 로마 가톨릭처럼 하지 않고 완전히 개혁된 형식으로 시행하려고 하자, 시의회에서 반발하여 결국 추방당하고 말았다.

스트라스부르에서 칼뱅은 프랑스 난민교회를 목회하도록 초청하는 마르틴 부서(1491-1551)에게 도움을 받아서 새로운 도약을 하게 된다. 성경 주석을 새롭게 시작했고, 여러 논문을 발표했으며, 『기독교 강요』를 전면적으로 보완하였다. 개혁교회의 예배 방식, 직분제도, 교육체계 등 훗날 칼뱅이 제네바에서 시행한 것들은 거의 다 스트라스부르에서 경험한 것들이다. 스트라스부르에 머무는 3년 동안, 칼뱅은 마틴 부서의 지도하에서 독일 루터파 신학자들을 만났고, 많은 부분을 공유하였다. 하지만 칼뱅은 독일 사람도 아니고, 스위스 사람도 아니므로, 중간자의 입장에 서서 프랑스 사람이 나서서 서로 일치를 이룩하도록 설득할 수 있다고 생각했다.

하지만 격렬하게 논쟁적이던 문제를 내려놓고 서로 타협하도록 이끌어 나가는 것은 당시 젊은 칼뱅의 능력을 넘어서는 일이었다. 계속해서 대립적인 관계가 악화되어 가고 있었기에 각자 자신들의 입장에서 한걸음도 물러서려 하지 않았다. 도리어 반대파든지 지지자든지 간에 칼뱅의 주장을 면밀하게 분석하고 비판의 대상으로 삼았다. 결국 칼뱅은 양쪽 진영에서 자신에 대해 불만족스럽다는 평가를 하고 있다는 사실을 알아차리게 되었다. 루터파의 멜란히톤과 츠빙글리 쪽의 불링거와 많은 편지를 주고받으면서 화해의 노력을 지속했던 칼뱅은 양 진영의 극단적인 자들과는 대립을 피할 수 없었다.

종교개혁의 정신을 밝혀 주는 주요한 지도자로 칼뱅이 자리매김하게 된 것은 시의 적절하게 발표된 그의 탁월한 저술이 돋보였기 때문이다. 추기경 야고보 사돌레토가 1539년 제네바 시의회에 보낸 편지에서 다시 로마 가톨릭으로 돌아오라고 하는 공개적인 도전을 하자, 칼뱅이 이에 대답하는 글을 발표했다. 『샤돌레에게 보내는 답변서』에서, 칼뱅은 루터를 비롯한 종교개혁자들이 추진해 온 일들이 결코 야심에서 나온 것이 아니라고 옹호했다.[14] 이 글은 매우 중요한 시기에 작성된 것으로, 칼뱅은 종교개혁자들이 교회의 통일과 평화를 깨뜨리는 자들이 아니라고 반박하였다. 도리어 참된 교회의 통일을 위해서 불타는 심정을 갖고 있다고 호소하였다. 오직 진리만이 참된 합의와 통일에 이르게 하기 때문이다. 교회는 성령의 공동체이기도 하지만, 말씀의 공동체이므로 교리적인 차이점들을 논의하기 위해서는 성경에 근거해서 주장해야 하는데, 쓸데없이 공허

한 전통의 권위에만 의존해서 핍박을 가하고 있으니 미친 자들이나 다를 바 없다고 반격했다. 만일 전통을 잘 지키면 하나님의 심판을 피할 수 있게 된다고 한다면, 유대인들이나 터키의 무슬림 사람들이나 사라센족들이 구원을 받게 될 것이냐고 반문하였다.

이러한 답변서를 작성할 수밖에 없도록 자신이 확신에 이르게 되었던 사실들에 대해서 칼뱅은 자서전적인 내용으로 제시하였다. 그는 교회개혁에 나설 수밖에 없도록 만들어 버린 교회의 상태에 대해서 통곡한다고 토로했다. 로마 교회에 소속된 자로서 어린 시절부터 살아왔지만, "참된 예배의 방식은 전혀 나에게 알려 준 바 없었기에 … 오랜 기간 무지와 오류 속에서 버려진 자와 같았다"고 증언했다. 이런 단어들은 그가 영적인 고통 속에서 힘든 시기를 보냈었다는 암시들이다. 로마 교회가 제공한 구원의 방법들은 "참된 양심의 평안으로부터는 거리가 멀었고, 도리어 하나님의 거룩하심과 자신의 죄악에 대한 극도의 공포심으로 가득 채웠다."[15] 로마 가톨릭의 교황들, 추기경들, 주교들이 하는 일이 과연 무엇이냐를 비판하면서, 구원은 루터의 사역을 통해서 온전히 소개되고 있음을 옹호하였다. 루터야말로 교회를 교황의 지배로부터 해방시키기 위해서 하나님이 기적적으로 예배하신 사도라고 칭송했다.

칼뱅은 루터에 대해서 존경하는 마음이 점차 더 깊어졌다. 스트라스부르에서 목회하는 3년 동안 칼뱅은 독일 지역 루터파 종교개혁자들과 여러 차례 만남을 가졌다. 특히 필립 멜란히톤과는 1541년에 만나서 성만찬에 대한 의견을 조율하기도 했었다. 이후로 두 사람은 우호적으로 상호 존중을 하면서 깊은 우정과 친교를 나누었다. 훗날 칼뱅은 멜란히톤의 『신학총론』을 제네바에서 출판하도록 추천했을 정도였다.

1542년 칼뱅은 멜란히톤에게 서신을 보내서, 루터에게 전달하도록 시도했다. 그런데, 칼뱅의 편지가 도착한 시기가 별로 좋지 못했다. 그 무렵에 루터는 자신의 성만찬 신학을 비판하는 스위스 신학자들에 대해서 격분해 있었던 때였다. 결국 멜란히톤은 칼뱅의 편지를 루터에게 보여 주지 못하고 말았다. 개혁주의 신학의 형성기에 서로 깊은 대화를 나눌 수 있었던 기회가 두 사람에게 주어지지 못하였다. 참으로 아쉬운 일이다. 루터는 독일 종교개혁 진영에서 가장 선두에 서서 이끌어 가던 위치였고, 칼뱅은 스위스 종교개혁자들 사이에 연합과 일치를 위해서 누구보다도 힘쓰고 있었다. 비록 거리상으로는 멀리 떨어져 있었지만, 이 두 사람이 만날 기회를 가지고 상호 신뢰와 우정을 나눴더라면, 그래서 자주 서신왕래를 통해서 신학을 나눌 수 있었다고 한다면, 차이점을 좁혀 볼 수 있었을 것이다.

칼뱅이 직접적으로 루터에 대해서 존경하는 언급들을 많이 남겼는데, 『의지의 노예됨과 자유함』에서도 매우 극찬을 했다. "루터와 관련하여 … 조금도 의심할 바 없이 … 우리는 그를 그리스도의 탁월한 사도요, 복음의 순수함을 회복하기 위해서 이 시대에 가장 열심히 일한 사역자로 간주한다."[16] 자주 루터파 신학자들과 유쾌하지 않은 논쟁을 했는데, 그들은 루터의 신학을 충실하게 따르는 자들이 아니라고 칼뱅은 확신하고 있었다.[17] 스위스 신학자들에 대해서 면밀하게 검토하지 않았던 루터파 학자들은 칼뱅마저도 '츠빙글리파'라고 간주해 버렸다. 반면에, 루터를 존경하는 칼뱅의 일관된 태도는 지속되었다.

1545년 1월 21일에 보낸 편지에 보면, 칼뱅은 루터를 "교회의 탁월한 목사요, 깊이 존경하는 아버지"라고 경의를 표했다.[18] 그러나 칼뱅은 루터의 맹목적 추종자들에 대해서 비판하는 것도 주저하지 않았다. 칼뱅은 루터, 츠빙글리, 부서 등 선배 종교개혁자들을 참고하면서도, 어느 한 사람의 신학노선을 무조건 맹종하지는 않았다. 기독교 신학을 가장 탁월하게 재구성한 칼뱅의 저서들은 로마 가톨릭의 오류들을 지적하는 것만으로 그치지 않았고, 광범위한 주제들을 다루었다는 면에서 엄청난 영향력을 발휘했다. 루터와 츠빙글리의 저술을 통해서 개혁운동을 파악하면서 성장하게 된 칼뱅은 점차 이들 사이의 공헌들과 상호 경쟁적 갈등에 대해서도 알게 되었다. 이것은 종교개혁의 신학적 공통점이 형성되던 초기였기 때문에 서로 다른 의견들의 표출이 있었고, 차이점이 불가피하게 드러났다. 물론 로마 가톨릭의 문제점들을 수정하기 위해서 더욱더 신학적 성숙을 기해야 할 필요성이 있었다. 칼뱅은 교회의 연합을 중요하게 생각하면서 양 진영을 결합시키는 일에 대해서 중요하게 생각하였다. 칼뱅은 루터에 대해서 존중하는 마음을 여러 번 피력하였는데, 이것은 프랑스 수사학적인 기법을 사용하여 비텐베르크와 취리히가 반목하지 않기를 바라는 마음에서였을 것이다.

필자가 주목하는 것은 루터에 대한 칼뱅의 존경심이다. 다른 사람을 의식하거나, 어떤 의도된 결과를 예상하면서, 또는 외교적으로 부드러운 관계를 유지해 나가기 위해서 그저 예의상 언급하는 정도가 아니었다. 칼뱅은 앞장서서 양 진영의 대립과 갈등을 목격하고 어떻게든지 지역주의에 사로잡히지 않을 방법을 모색하였다. 루터와 칼뱅을 양쪽에 세워 놓고 비교 연구를 하는 것은 이 두 사람이 종교개혁의 가장 큰 의미를 남긴 실질적인 지도자들이었기 때문이다. 필자는 두 신학자에 대해 연구한 수많은 박사학위 논문들과 개별적인 저술들과 학술지에 실린 소논문들을 연구하여 왔다. 두 사람이 주도적으로 당대에 제기된 문제들에 대해서 논쟁하고 저술하면서, 또한 목회에도 진력하였기에, 기독교 신앙의 정착을 위해서 제시한 것들은 거의 대부분 서로가 공감하는 부분들이 많았다. 종교개혁은 로마 가톨릭의 비성경적인 내용을 개혁하되, 초대 교회의 신앙유산을 공유하는 가운데 교회의 사도적 전통에 따라서 본질적인 재구성을 시도한 것임을 새롭게 주목하게 된 것이다.

다시 한 번 강조하지만, 종교개혁자들 사이에 연합과 일치를 염두에 둔 칼뱅의 노력은 매우 절실했었다. 또한 많은 성과와 좌절이 함께하고 있는데, 너무나 낮게 평가되고 있다. 칼뱅을 포함한 종교개혁자들은, 기본적으로 동질성에 공감하고 상호연관성을 공유하는 부분들이 많았다. 하지만, 공통을 이루는 부분들은 서서히 감춰지고, 자신들의 제한성과 부족함에 대해서 잘 파악하고 있었음에도 불구하고 각자의 성향과 방향에 따라서 소속된 지역의 특수성을 드러내게 되어서 서로 크게 차이가 나는 것처럼 평가되었다.

그리고 루터와 칼뱅, 이 두 사람 사이에만 상호관련성만이 있는 것이 아니라, 이분들의 생애와 사건들 속에서는 가족들, 제후들, 귀족들, 다른 종교개혁자들 등 수많은 사람이 연관되어져 있다. 특히 칼뱅은 부서를 신앙의 조언자이자, 멘토로 삼았고, 학문적 탁월함을 존중하던 멜란히톤과 불링거 등이 깊은 연관을 맺고 있었다. 이들은 동시대를 살아가면서 각 지역에서 최고로 중요한 지도자들로서 개혁운동을 이끌었기 때문이다. 하지만 이들 중에서 가장 마지막에 등장한 칼뱅이 보다 종합적으로 신학체계를 정립하고 성경을 해석함으로써 종교개혁의 신학사상을 탁월하게 정립하였다.

루터가 칼뱅을 얼마만큼이나 중요한 개혁자로 생각했는가에 대해서는 자료상에 나타나지 않는다. 루터의 저술에서는 거의 칼뱅의 이름이 직접적으로 언급된 적이 없다. 루터가 마틴 부서에게 보낸 편지에 표명한 것을 보면, 추기경 사톨레에게 보낸 칼뱅의 답변서가 매우 잘 쓰여진 응답이라고 하는 언급이 나온다. 칼뱅은 아마도 부서로부터 이런 소식을 들으면서 큰 기쁨을 맛보았을 것이다.

칼뱅이 제네바의 첫 사역에서 실패하고 스트라스부르에 와서 마르틴 부서를 의지하여 3년 동안 프랑스 피난민 교회를 목회하는 동안 매우 중요한 종교개혁 진영의 지도자들을 거의 모두 다 만났다. 부서는 항상 젊고 총명하며 고전적인 지식을 충분하게 피력하여 도움을 주는 칼뱅을 대동하려고 하였다. 부서의 추천과 권고에 따라서, 칼뱅은 독일어 사용권 여러 지도자의 회합과 모임에 참석하게 되었으니, 하게나우(1540), 보름스(1541), 레겐스부르크(1541)에서 개최된 종교개혁자들의 회의에 참석하였다. 여러 도시에서 참여한 종교개혁자들은 이해관계가 서로 달랐기에 각각 서로에 대해서 비판적이었고, 논쟁도 많았다.

칼뱅은 다시는 이런 종류의 회의에 참석하고 싶지 않다고 편지에 언급한 적도 있었다. 어떤 때는 겨울철에 모였는데, 독일 산간 지방에 엄청나게 눈이 많이 쌓여서 무려 석 달 동안이나 꼼짝하지 못하고 한곳에만 머물러야만 했었으니, 그 답답함을 이루 말할 수 없었을 것이다. 게다가 종교개혁자들의 회합이 항상 즐겁게 유쾌했던 것만은 아니었다. 이처럼 독일 여러 도시에서 열린 회의에 참석하여 열심히 자신의 신학적 안목을 제공하였고, 동시에 칼뱅도 큰 소득을 거두었는데 필립 멜란히톤과 만나게 된 것이 그것이다. 그 외에도 당대에 활약하던 종교개혁자들 사이에서 탁월한 안목을 제시하여 긍정적인 인정을 받았다는 점을 들 수 있을 것이다. 그들과 많은 편지를 주고받았는데, 특히 멜란히톤과는 매우 긴밀하게 우정을 쌓을 수 있었다.

제네바에서 종교개혁이 시작된 다음 해, 1536년 설교자의 한 사람으로 부름을 받아서 정착하게 된 칼뱅은 만 2년을 채우지 못하고 사임을 당했다. 제네바는 오랫동안 로마 가톨릭의 전통과 습관에 젖어 있었고, 교황청에서 파견한 주교가 신앙적인 문제를 다스려 왔었기에, 시의회는 대부분 종교개혁의 원리와 시행에 익숙하지 않았다. 결국, 갈등이 심화되어서 파렐과 칼뱅 등이 떠나야만 했었다. 그러나 설교자들이 떠난 직후, 제네바는 어느 방향으로 갈 것인가를 놓고서 혼돈에 빠지고 말았다. 더 종교개혁을 추진할 것인지, 다시 로마 가톨릭으로 돌아갈 것인지, 혼란에 빠진 제네바에서는 결국 다시 칼뱅을 초대하기로 결정하였다. 1538년 부활절에는 문제아로 낙인 찍혀서 쫓겨났으나, 1541년에는 종교개혁 진영의 지도자가 되어서 돌아온 것이다. 그 후로도 시련이 없었던 것은 아니지만, 칼뱅은 제네바 교회의 재건을 위해서 모든 노력을 기울였다.

루터는 노년기에 건강이 나빠져서 장거리 여행을 해야만 하는 회의에는 참석할 수 없었다. 반면에 칼뱅은 여러 회의에 참석해서 종교개혁의 시대적 현황을 파악할 수 있었다. 종교개혁은 기본적으로는 교회에 관련한 사항으로서 교황청과의 문제였을 뿐만이 아니라, 각 지역에서는 정치적인 권세자들의 이해관계와 맞물려 있었다. 카를 5세의 합스부르크 왕가에 맞서서 싸우던 독일의 루터파 제후들이 시도한 스말칼트 동맹은 1531년부터 1545년까지 점차 강화되었다. 각기 국가들과 종교개혁을 지키기 위해서 결속을 다졌다. 카를 5세는 1544년 "크레피 조약"을 맺고, 독일 제후들을 견제하기 위해서 프랑스 국왕 프랑수아 1세와의 오래된 불화를 종결지었다. 이탈리아에서는 로마 가톨릭 진영 내부의 성찰이 진행되었다.

칼뱅의 학문적인 지평이 확산되면서, 제네바에서 감당하고 있는 자신의 역할이 유럽 종교개혁에서 매우 중요하다는 것을 인식하게 되었다. 칼뱅은 멜란히톤과의 친교를 다지면서, 동료들과의 연대가 매우 중요하다는 점을 제네바와 비텐베르크 사람들에게 전파시켰다. 또한 루터와는 거의 상관도 없이, 각자 노력하고 있었던 스위스 종교개혁자들에게도 역시 이런 입장을 널리 알렸다. 동료들의 성원과 동의가 없이는 아무것도 이룰 수 없음을 깊이 깨달았고, 칼뱅은 성실하게 수많은 편지들을 통해서 개혁사상을 영국, 헝가리, 이탈리아 등 유럽의 지도자들과 함께 나누었다.

5

교회 개혁의 필요성을 확신하다

루터와 칼뱅은 지상에 세워진 교회를 개혁해야 한다는 중요성과 필요성에 공감했고, 각각 교회의 갱신과 예배의 회복을 위해서 진력했다. 두 사람은 로마 가톨릭 교회의 심각한 문제점들을 철저히 성경적으로 교회를 개혁하려는 공통점을 갖고 있었다. 한마디로 당대 시대적 과제를 새롭게 갱신하는 업적을 남기게 되었다. 이 두 사람은 설교를 회복시키고, 교회의 치리와 독립권을 정착시켰으니, 하나님의 정교하신 인도하심과 예비하심이 함께하였다.

1543년 10월 25일 마르틴 부서로부터 한 통의 긴급한 편지가 칼뱅에게 전달되었다. 다음 해, 1544년 2월에 신성로마제국 황제 카를 5세가 로마 가톨릭과 개신교 측의 충돌을 해결하기 위하여 스파이어에서 제국의회를 소집하게 된다는 전갈이었다. 부서는 이러한 중요한 모임을 앞두고 개신교 측에서 대응하는 교회회복의 원칙들을 제안해야만 하니, 신속히 준비해 달라고 간청을 하였다. 칼뱅은 서둘러서 『교회 개혁의 필요성 *Supplex exhortatio ad Caesarem*』(1543)을 라틴어로 작성했고, 다음 해 프랑스어판 번역서를 출간했다. 칼뱅이 남긴 탁월한 명문 중에서도 가장 으뜸으로 손꼽히는 이 「교회 개혁의 필요성」이라는 논문에서 종교개혁자들의 기본 원리를 확인해 볼 수 있다. 또한 그러한 확신들은 루터와의 연대의식에서 비롯된 것임도 함께 살펴볼 수 있다.[19] 이 글에 담긴 핵심 내용은 당대 로마 교회의 오류들을 신랄하게 지적하는 것들로서, 대부분의 내용들은 루터가 그동안 제기해 온 여러 논제들을 계승한 것이었다. 칼뱅은 가장 절실한 로마 가톨릭 교회의 문제점들이 무엇이었던가를 정확하게 비판하였다. 16세기 초엽 로마 가톨릭 교회의 영적인 자화상을 그려낸 칼뱅의 사실적인 호소문이다.

「교회 개혁의 필요성」을 칼뱅은 신성로마제국의 황제 카를 5세에게 헌정하였다.[20] 80쪽에 달하는 소책자를 황제가 읽었는지는 알 수 없다. 로마 가톨릭의 지원을 통해서 황제의 지위를 유지하던 황제가 개혁주의 신앙을 받아들이는 쪽으로 마음을 바꾸게 되리라는 것은 전혀 불가능하였을 터이지만, 적어도 종교개혁의 사상이 무엇인가를 널리 알리는 면에서는 성공적인 작품이었다.

이 논문으로 인해서, 칼뱅의 명성은 전 유럽에 확산되었다고 말할 수 있다. 칼뱅의 신학사상을 보여 주는 탁월한 작품인데, 문장력이나 내용에서나 가장 위대한 저술로 평가받고 있다. 첫 번째 부분은 개혁이 요청되는 교회 내부의 사악함을 열거하는 데 집중되었다. 둘째 부분에서는 종교개혁자들이 집중적으로 개선하고자 노력한 내용들을 다루었다. 셋째 부분에서는 왜 종교개혁을 지체할 수 없는가에 대한 호소와 함께, 긴급하게 추가되어야 할 내용들을 거론하였다.

필자가 읽으면서 지금도 공감하는 부분은 칼뱅이 교회의 "영혼과 몸"이라고 표현하는 내용이다. 교회의 영혼은 예배와 구원이요, 성례와 교회치리 조직은 교회의 몸이라고 규정했다. 이들 네 가지 주제들이 가장 중요하기 때문에, 종교개혁의 필요성이 있음을 설명하였다.

첫째로, 칼뱅은 개혁이 가장 필요한 부분이 바로 예배라고 지적한다. 인간은 하나님을 향해서 예배를 드린다고 말하면서도, 자기 자신의 지혜를 따라서 예배하려는 습성을 갖고 있기 때문이다. 그래서 칼뱅은 예배는 오직 하나님의 말씀에 의해서만 규정되어져야 한다고 강조했다. 순종이 제사보다 더 낫다는 말씀에 따라갈 것을 촉구했다. 로마 가톨릭 교회가 개발한 예배는 모두 다 열매 없는 것들이요, 타락한 것들이기 때문에, 교회 개혁이 필요하다고 강변했다. 중세 교회의 예배는 거의 다 우상 숭배에 해당하는 것들이다. 사람들의 지혜를 가지고 하나님의 계시를 대체시킨 방법론들이며, 하나님을 기쁘게 해 드리거나 순종하려 하지 않는 기질과 성향에서 나온 것들이다. 마치 구약시대에 선지자들이 꾸짖은 것처럼, 베델에 올라가 하나님께 희생제사와 기도를 올린다고 말하면서 그저 보여 주는 종교행위에 그친 것과 다를 바 없다고 칼뱅은 비판했다. 그가 제네바에서 심혈을 기울인 참된 예배의 요소는 한 치의 소홀함도 없이 자신의 마음과 몸을 하나님께 드리도록 하려는 것이었다.

그다음으로 칼뱅이 집중한 주제는 오직 믿음으로만 주어지는 칭의 교리이다. 사람의 선행이나 공로와는 전혀 상관없이 오직 그리스도 안에서 자녀로 받아 주시는바, 이는 값없이 하사하신 믿음을 통해서 그리스도의 의로움을 전가시켜 주시는 방식으로 죄인들에게 베풀어 주신다. 인간의 부패와 무능력에도 불구하고, 그리스도인의 체험과 삶에서 깊은 영향을 끼치고 있는 교리이다. 정말 모든 기독교인은 자신들을 완전히 내어 버리고 오직 하나님의 자비하심에게만 의존하게 된다.

칼뱅의 세 번째 주제는 성례들이었는데, 가장 세부적인 것까지 다루고 있다. 칼뱅이 비판하는 핵심요지는 성례가 하나님의 말씀에 근거해서 풀이되지 않고, 그저 사람에게 보여 주고자 시행되고 있다는 점이다. 참여하는 성도들로 하여금 하늘의 향해서 거룩한 마음을 갖도록 만들어야 하는데도, 그저 빵과 포도주가 신성한 물건으로 변화한다는 화채설은 성경의 가르침을 파괴하는 것이다. 로마 가톨릭에서 가르치는 바에 의하면, 아직도 예수님께서 우리를 위해서 완전한 속죄를 드리지 못했다고 한다면, 결국 하루에도 수천 번이나 십자가에서 죽으신다는 말이 되는 것이다. 이미 완전히 성취되어서 영원토록 효력을 발휘하는 그리스도의 속죄 사역을 파괴하는 행위가 되고 만다. 그러나 참된 믿음으로 나아가는 자들에게는 완전한 그리스도의 보혈로부터 혜택이 주어진다.

마지막으로 칼뱅은 교회의 통치에 대해서 거론했다. 목회적 직분의 핵심은 가르치는 책임과 특권을 핵심으로 부여받았다. 그런데 로마 가톨릭에서 지도력을 발휘하여야 할 고위 성직자들은 이런 설교와 가르치는 사역에 집중하지 않아서 거의 사라져 버렸고, 가장 잔인하고 두려운 권세를 행사하고 있을 뿐이다고 칼뱅은 비판했다. 로마 가톨릭 교회는 안수를 받는다는 면에서 사도적인 계승자라고 주장하고 있으나, 칼뱅은 개혁교회가 그리스도의 참된 가르침과 목양사역들을 수행하고 있다고 주장했다. "교회의 통일성을 보전하고, 교리의 순수함을 지킴으로써 안수의 정당성이 유지되는 것이지, 그저 주장만 한다고 주어지는 것은 아니다."

칼뱅은 종교개혁의 과정에 대해서 언급하면서 루터가 "부드러운 손"으로 개혁을 시작했다고 하면서 높이 평가하였다. 기독교 신앙의 총체적 본질이 문제가 되고 있을 시점에, 종교개혁자들은 성경에 순종하면서 실행에 옮기고 있으므로 결코 분파행위를 하는 것이 아니라고 칼뱅은 옹호했다. 교회의 머리가 되시는 그리스도로부터 분열되는 것을 경계해야만 할 것이다. 교회가 통일성을 유지한다는 것은 그저 명분에 그치는 것이고, 사실은 하나님의 말씀 안에서 머무는 참된 교회의 실체에 달려 있다.

교황이 교회를 이끌어 나가야 하고 개혁해야만 한다는 개념에 대해서 칼뱅은 단호히 거절했다. 교황은 그리스도의 대행권자도 아니요, 대리자도 아니다. 오히려 그가 행동으로 나타내는 것을 보면 탄압과 정죄만을 일삼고 있는바, 교회를 헐어 내리고 있는 자이다. 그의 배도는 충격적이며, 머리가 되신 주님에게서 교회를 분리시키고 있는 적그리스도일 뿐이라고 칼뱅은 비판했다. 많은 사람은 종교회의가 문제를 해결하는 보편적 교회라고 주장하지만, 하나님 앞에서 아무런 두려움을 느끼지 않는 교황이 조종하고 있다. 교회는 초대교회에서 실행하던 것들을 따라가야만 하며, 각 지역별로, 지방별로, 권역별로 실제 문제를 토의해야만 한다.

우리가 오늘날 이 논문에 주목하는 또 다른 이유는 루터와 칼뱅의 관련성, 다른 종교개혁자들에 대한 언급이 아주 구체적으로 담겨 있기 때문이다. 이 논문에서 칼뱅은 루터의 놀라운 업적에 대해서 찬사를 바쳤다. 종교개혁의 성공을 위해서 비텐베르크에서 기여한 것들을 눈부신 성과라고 극찬하면서, 모두 다 수용하고자 하는 마음을 피력했다. 이 논문에서 칼뱅은 종교개혁이라는 것은 신학적인 운동이자 역사적인 사건이라고 규정짓고, 루터가 생애 동안 이룩한 것들이 모두 다 소중한 유산임을 분명히 인정하였다. 칼뱅은 비텐베르크의 교수로서 루터를 최초 선임자이자, 최고의 개혁자로 높이 치켜세웠고, 하나님께서 분명히 준비한 사람이라고 평가했다.

우리는 시작할 때에 하나님께서 높이 들어서 세우신 루터와 다른 사람들이, 구원으로 우리를 인도하도록 햇불을 밝혀 주었음을 인정한다. 그들의 사역에 의해서, 우리들 교회가 우리 종교의 진리들에 담긴 중요 교리들을 발견하고 인지하게 되었다. 하나님을 예

배하는 가장 순수하고 합법적인 것과 사람의 구원이 이해되기 위
해서 알아야 할 것들 중에서 엄청난 분량이 쓸모없이 폐기된 것임
을 알려 주었다.[21]

칼뱅이 종교개혁자들 가운데서 누구보다도 루터를 가장 선두주
자의 반열에 올려놓았다는 점에서, 상당히 심중 깊은 곳에서 존중하
려는 의도가 내포되어 있는 진술이다. 이름을 언급하지 않은 "다른
지도자들" 중에는, 칼뱅의 마음에 있었던 분들이 아마도 츠빙글리
와 외콜람파디우스라고 추측되는데 이 글이 작성될 시점에는 이미
사망한 지도자들이었다. 칼뱅은 이런 지도자들 중에서 루터만을 실
명으로 언급하였고, 가장 손꼽는 종교개혁자의 선두로 인정하면서
도, 다른 분들도 함께 성취하여 나가는 운동이라는 것도 분명히 밝
히고자 했다.

종교개혁의 기원과 초기에 일어난 일에 대한 인식에서 칼뱅은 루
터의 공헌을 다시 한 번 인정하고 있음을 분명히 피력하였다.

그리하여 루터가 일어나고 그리고 그의 뒤를 따라서 다른 사람
들이 일어났는데, 모든 더럽혀진 것들로부터 기독교를 깨끗이 씻
어 내기 위해서, 경건의 교리가 순수하게 회복되도록 하기 위해서,
그리고 교회가 재난에서 벗어나서 관용하는 상황이 허용될 정도
로 다시 세워질 수 있도록, 여러 수단들과 방법들을 연합하여 찾으
려 노력하였다. 그 동일한 과정들 속에서 우리들도 여전히 오늘날

도 노력하고 있는 중이다.[22]

칼뱅은 여러 차례 루터의 뛰어난 역할을 높이 평가하고 있으며, 교회를 개혁하도록 하나님의 부름을 받은 같은 시대의 지도자들 중에서 가장 선도적인 위치에 있음을 높이 평가하였다. 칼뱅이 루터의 공로에 대해 설명할 때 사용하는 용어들을 보면, 매우 온화하고 경건한 사람으로 묘사했으며, 종교개혁의 이상들을 구체적으로 여러 가지를 실현하였다고 높이 칭찬했다.

루터가 처음 등장하여 횃불을 들었을 때에는, 단지 자기 혼자만의 확신에 근거하여 수많은 로마 가톨릭 교회의 오류들과 왜곡들에 대하여 지적하였지만, 점차 종교개혁을 지지하는 세력이 크게 확산되자 교황청 권세자들은 그들을 확실히 제거하려 나섰다. 루터 자신은 왜곡된 것들을 시정하는 정도로만 노력하면서 소박하게 그치려 했는데, 권세자들은 겁을 먹고 당황한 나머지 짓밟으려 했던 것이다. 결국 그가 자신의 목숨을 던져서 노력하지 않으면 아무것도 바뀌지 않는 상황으로 돌변해 버렸던 것이다.

> 어떻게 루터와 다른 종교개혁자들이 처음에 시작했는가에 대해서 그리고 그분들이 그 후에 어떻게 진행해 왔는가에 대해서 생각하려는 사람이라면, 옹호하려는 호소를 하는 것이 당연하다고 생각한다. 문제들이 전체적으로 아직도 지속되고 있었을 때에, 루터 혼자서 겸손하게 교황에게 호소하였는데, 교회의 비참한 무질서들

을 고치는 데 기꺼이 나설 것이라고 생각했던 것이다. 그의 탄원이 성공했던가? 사악함은 오히려 지금도 확산되고 있어서, 비록 루터가 잠잠히 지내고 있었을지라도, 그 필요성은 절박했었기에, 더 이상 지체하지 않도록 교황을 설득하기에 충분하리 만큼 자극적이었던 것이다.[23]

칼뱅은 루터가 종교개혁의 선두주자였다는 사실을 확실하게 인식하고 있음을 보여 준다. 또한 루터는 겸손하게 자신의 덕을 보여 주었다고 평가했다. 그는 무작정 반항한 사람이 아니었고, 먼저 교황의 권위를 인정하고, 복종하는 자세로 시작하였다는 것이다. 그러니, 칼뱅의 논지에 따르면, 종교개혁 초기에 루터가 반역을 한 것이 아니라, 공손하게 왜곡된 것들을 시정해 보려고 노력했던 것뿐이다. 루터의 모든 호소들은 충분히 인정을 받을 만한 것이다. 다만 교황이 이렇게 호소하는 루터를 무시해 버리고, 자신의 책임을 잘 감당하지 않았으며 개혁적인 조치들을 취하는 데 실패하고 말았다. 이것이 칼뱅이 주장하는 종교개혁의 초기 역사이고 루터의 성과에 대한 평가다. 칼뱅이 이러한 설명을 하는 이유는 카를 5세를 설득해 보려 하는 것이 아니라, 아마도 동료 종교개혁자들에게 종교개혁의 기본 원리들을 인식시키고자 했던 의도가 담겨 있는 것으로 보여진다.

6

간격을 좁히려 노력하다

우리는 지금의 기준으로 옛 시대와 인물들을 평가하고 있기에, 그 당시 동시대를 함께 살아갔던 동료 종교개혁자들 사이의 일치노력을 과소평가하거나, 간과해 버리는 경우가 많다. 첨예한 갈등의 시대였던 16세기, 각 지역마다 자체 시민들의 신학적 통일성이 요청되었기에 신앙고백서들이 따로 제정되었는데, 각기 자기들만의 것을 공적인 신앙고백의 기준 문서로 채택한 각 지역교회들은 다른 고백서들에 대한 우호적 평가를 하지 않았다. 그러나 처음부터 루터파와 칼뱅주의자들이 갈려 있었던 것은 아니다.[24] 후대 연구자들에 의해서 루터와 칼뱅은 너무나 서로 떨어진 신학을 구축한 것으로 해석되고 있을 뿐이다. 사실은 정반대로 종교개혁자들은 상호 교류하면서 발표하는 서적들을 깊이 있게 검토하였다. 특히 루터의 주요 사상들은 칼뱅에게 계승되었고, 칭의론의 일치는 말할 것도 없거니와 거의 주요 주제들에 대한 언급이 칼뱅의 저서 전반에서 발견되고 있다.[25]

종교개혁자들 사이에 약간 서로 다른 신학적인 의견 차이가 나타나는 것은 불가피한 이유들이 있었다. 로마 가톨릭과의 관계에서 각 지역 간에 차이가 있었다. 또한 정치상황의 차이가 컸기에 군주제도를 인정하려는 루터파와 독립자치 도시에서 살던 칼뱅주의자들은 이해관계가 달랐다. 성만찬 신학은 매우 중요한 쟁점으로 등장했는데, 같은 성경의 문자와 예수 그리스도의 교훈이지만 이를 해석하고 다루는 지역 언어가 다르고, 살아가는 모습이나 지역의 특성이 달랐다. 이럴 때에도 칼뱅의 마음속에는 상호존중과 동지적 일체성이 우선시되었다. 칼뱅은 성만찬 신학에서 첨예하게 대립하고 있었던 루터와 츠빙글리가 가능한 공동분모를 유지하도록 간격을 좁히려는 노력을 지속했다.[26] 루터는 건강악화로 1546년에 사망하기까지 최종 십여 년 동안에는 활발하게 활동을 하지 못했다. 그 무렵 칼뱅은 제네바 내부적인 목회활동에서 왕성하고도 의욕적으로 교회의 개혁에 박차를 가하는 한편, 밖으로는 많은 대적자와 신학적인 논쟁에 가담하고 있었다. 전체 유럽의 종교개혁 진영에서는 안타깝게도 성만찬에 관한 신학적 합의에 이르지 못하고 있었다. 각 지역 지도자들의 학문적 기초가 다르고, 추구하는 강조점들이 차이가 나면서 개혁자들 사이에 내적인 불일치가 크게 벌어진 것이다.

1529년 마르부르크 종교화의와 1540년대 초반에 여러 차례 개최된 성만찬 논쟁에서도 모든 참석자가 체험한 것은 지독한 실패감이었다. 루터파와 츠빙글리의 스위스 쪽을 연합하게 하려던 노력이 실패로 돌아간 것은 결코 칼뱅의 잘못이 아니었다. 분열과 대립적 경쟁은 종교개혁자들 사이에 남겨진 과제이자 비극이었고, 이런 경쟁적 대립은 지금도 여전히 어느 교회 안에서나 계속되고 있다. 성만찬에 관한 논쟁이 지속된 것은 정치적인 고려사항들이나 개인적인 편리성에 따른 것은 아니었다. 단순히 각자의 신념에 담긴 매우 심각한 신학적인 중요성과 성경해석의 차이에 따라서 각각 정립된 것들이었다.

　루터 쪽에서는 거의 이십 년 동안 예수 그리스도의 두 가지 본성이 각각 분리되어 한 몸 안에 들어 있다고 주장하여 이단으로 정죄를 당한 네스토리우스처럼 취급되고 있음에 불만이 컸다. 반면에, 스위스 진영에서는 성경의 참된 해석을 내놓은 츠빙글리가 카펠 전투에서 로마 가톨릭 군인에 의해서 순교를 당했는데도, 그에 대한 루터의 평가가 부당하다고 생각하였다.

　한편 마르부르크 종교회의에서 1540년대 중반까지 있었던 여러 사람의 화해 노력이 모두 실패로 돌아갔지만, 전혀 소득이 없었던 것은 아니었다. 성만찬 논쟁은 성경해석의 발전과 교회론의 정립 그리고 교회의 예배에 큰 영향을 끼쳤다. 스위스 쪽에서는 성만찬에 임재하는 그리스도의 몸과 피에 대한 루터의 공재설은 결코 칼뱅이 받아들일 수 없었다. 루터의 오류에 대하여 칼뱅은 얼마든지 논박할 수 있었으며, 증오할 만한 오류라고 생각하였다. 그렇다면, 반대로 츠빙글리와 스위스 종교개혁자들이 보여 준 해석이 가장 유익한 것이라고 할 수 있을까? 칼뱅은 이것도 역시 성경적인 해답이라고 볼 수 없다고 보았다. 그렇지만 루터와 츠빙글리 이 두 사람 사이에서 어느 한쪽을 택해야만 한다면, 당연히 칼뱅은 루터 편에 속할 것이다. 칼뱅은 부서가 스위스 쪽을 설득하는 데 더 노력을 해야만 한다고 생각하였다.

　지금까지 연구되고 조사된 바에 의하면, 칼뱅이 직접적으로 루터와 만나서 서로의 의견을 교환하거나, 편지를 왕래한 기록은 없다. 활동했던 지역과 시대가 달랐고, 나이 차이가 많았으며, 각자 맡은 사역에 집중하느라고 접촉점이 없었기 때문이다. 당시의 형편에서 볼 때에, 비텐베르크와 제네바는 거리상으로 너무나 멀리 떨어져 있었다. 하지만 두 사람 사이의 견고한 동지적 연대의식과 상호관계성은 칼뱅의 글 속에 언급되어 있으며, 그 숫자도 이루 다 헤아릴 수 없을 정도로 자주 발견된다.

칼뱅이 루터에 대해서 최초로 언급한 것은 1538년 1월에 스트라스부르의 부서에게 쓴 편지에서인데, 베른에서 개최된 신학회의와 관련해서 보낸 것이다. 여기서 간략하게나마 루터를 지지하는 마음을 피력했는데, 특히 그의 경건한 신앙으로부터 깊은 감동을 받았다고 술회하였다. 이 편지를 보면, 처음에는 루터를 지지했던 부서가 다소 애매모호한 입장을 취하고 있는 것처럼 보였다. 칼뱅은 다른 사람들이 루터에 대해서 평가할 때에, 마치 하나님의 집에서 어리석은 행동을 한 것처럼 취급해서도 안 된다고 옹호했다. 그리고 루터가 외롭게 자기 혼자만 버려져 있다고 생각되어서는 안된다고 생각하였다. 좋은 일을 하고서도, 다른 사람들의 입방아에 오르게 되면 마치 그 사람의 인격이 문제가 많다는 식으로 비난하기 쉽다. 논의 대상으로 오르는 사람들에 대해서 뾰족하게 튀어나온 돌멩이와 같다고 비난하는 경우가 많기 때문이다.

루터에 대해서 의구심을 가진 자들에게 칼뱅은 힘주어서 옹호했다. 누구도 루터에 종교개혁 사상에 대해서 의심하지 말라는 것인데, 이미 그가 여러 가지를 입증했기 때문이다. 루터는 로마서 1장 16-17절에서 믿음으로 의롭다 하심을 얻게 되는 것이므로, 면죄부를 사는 것은 헛된 일이라고 명쾌하게 선언했다. 그는 교황에게서 파문장을 받았고, 황제의 소환명령에 따라서 목숨을 걸고 증언을 했다. 온갖 비난과 위협과 갈등 속에서도, 성경을 독일어로 번역하고 예배와 신학의 개혁운동을 전개하여 왔다.

루터와 칼뱅은 엄청난 일을 성취하였다. 교회를 개혁한다는 것은 거의 성공하기 어려운 일이었다. 모든 정치권력과 군사력, 심지어 재정 수입원까지 기존의 이익집단들이 장악하고 있었기 때문에 그 누구도 기득권을 포기하려 하지 않았다. 그러나 루터와 칼뱅에게는 하나님의 은혜가 함께했었기에 지혜로운 대안들을 제공할 수 있었고 마침내 그들의 염원을 역사 속에 반영하는 승리자들이 될 수 있었다. 그 성공요인들 중에 하나가 종교개혁자들 사이에 맺어진 깊은 상호관련성이다. 앞선 세대의 선각자 루터와 칼뱅이 상호연대성을 가졌을 뿐만 아니라, 칼뱅과 그 후 시대 사이에도 긴밀한 상호관계성이 형성되었다. 이것을 필자는 종교개혁의 성공 요인이라는 점을 강조하고자 한다.

칼뱅은 종교개혁의 원리를 이해하지 못한 제네바 시의회로부터 추방을 당한 1538년 부활절 이후에 치욕스럽고 고통스러운 시간을 보냈다. 칼뱅도 루터처럼 제네바 시의회와 기존 교회의 제반 사항들을 근본적으로 바꿔 보고 싶었지만 결코 가능하지 않았다. 제네바와 같은 스위스 자치적인 독립 도시에서는 매년 2월에 시의회 의

원들을 투표로 결정했었다. 종교개혁이 성공하는 길은 결국 전통을 고수하는 로마 가톨릭의 기존 세력들과 투표로 대결하여 주민들의 성원을 근간으로 하여 승리하는 길밖에는 없었다. 그러나 1536년 칼뱅이 처음 제네바에 설교자로 부름을 받아서 사역할 때에는 아직 제네바 지도층이나 시민들이 종교개혁을 이해하지 못하고 있었다. 오랫동안 로마 가톨릭의 관행에 익숙하던 시민들이라서 종교개혁 자들의 설교와 예배방식이 낯설었기 때문이다. 시의회는 여러 파로 나뉘어서 혼란스러울 때였다. 물론 젊은 설교자 칼뱅도 역시 개혁 의 이상과 목표는 고상하고 훌륭하였지만 목회적으로 적용시키는 데 있어서는 경험과 지혜가 부족하였다.

이미 다른 지역에서는 종교개혁이 거의 한 세대 앞장서서 진행되 고 있었다. 칼뱅은 다른 종교개혁자들의 글을 많이 읽고 참고할 수 있었다. 종교개혁자들은 거의 예외 없이 성경을 풀이하는 강해설교 자들이었는데, 이로 인해서 개신교 전체는 성경에만 집중하는 예배 방식을 정착시켰다. 로마서를 연구하면서 칼뱅은 "간단하고 명료하 게"라는 해석방법론을 제안하였고, 성경에서 찾아낸 자신의 성경해 석 방법론으로 더욱 활용하여 광대한 성경주석서를 출판하였다. 그 의 성경주석서들은 종교개혁의 꽃이다. 개혁주의 성경해석이 정착 된 것이다. 루터는 다소 장황하게 많은 내용을 언급하여서, 그의 창 세기 주석은 칼뱅보다 무려 여섯 배나 두꺼운 책으로 나와 있다. 칼 뱅의 종교개혁은 탁월한 성경해석으로 성공의 토대를 마련하였다.

스위스 베른의 목회자 피에르 비레Pierre Viret는 칼뱅보다 두 살 아래이지만, 칼뱅과 같이 프랑스 출신이고, 법학을 전공한 것도 동일하여서, 일생동안 가장 많은 편지를 주고받은 친구관계였다. 칼뱅이 스트라스부르의 신학자 볼프강 카피토의 이사야서 강해를 검토한 후 비레에게 보낸 편지에서 루터에 대해서 훌륭한 성경해석자라고 칭송을 하였다. 그러나 칼뱅은 츠빙글리가 너무나 본문과는 거리가 멀고 다른 이야기를 많이 하였다고 비판하면서, 외콜람파디우스에 대해서는 존중하는 평가를 내렸다.

칼뱅은 취리히의 불링거에게 보낸 편지에서도, 루터의 종교개혁이 적그리스도를 무너뜨리는 데 있어서 탁월하였고 구원의 교리를 가장 뛰어나게 제시했다고 상기시켰다. 동시에 "가장 뛰어난 그리스도의 종"이라고 하더라도, 약간의 실수와 오류들도 찾아낼 수 있음을 상기시켰다.[27] 비록 자신의 중재노력이 효력을 발휘하지 못하였음에도, 이 편지에서나 칼뱅의 다른 글에서도 루터에 대한 깊은 존경심을 충분히 찾아볼 수 있다. 열심히 노력했는데도 아무런 성과가 나타나지 않으면 낙심하기 쉽지만, 한결같은 마음을 여러 곳에서 발견할 수 있다.

칼뱅이 멜란히톤을 중간 전달자로 삼아서 루터와 츠빙글리 사이에 화해를 모색하려 했던 노력들은 그리 잘 알려져 있지 않다.[28] 결과가 신통치 않았기 때문이다. 1544년에 칼뱅은 비텐베르크와 평화를 추구하고자 하였다. 이것은 거의 마지막 기회였다. 1월 25일, 칼뱅은 멜란히톤에게 편지를 보내서 서로 의견 차이를 드러낸 부분들에 있어서 가능한 타협방안을 모색할 수 있지 않겠느냐는 제안을 했다. "루터 박사님과 관련해서는, 다소 더욱 어려움이 크다고 봅니다. 제가 보고서를 읽고서 이해할 수 있는 범위 내에서, 그리고 다른 사람들로부터 온 편지들에 의하면, 아주 사소한 것에서 화가 발산되는 그분의 기질을 순화시킬 수 있기란 거의 불가능하게 보이기 때문입니다." 칼뱅은 이미 루터의 중요성과 권위와 탁월함을 인정하고 있었기에 이런 편지를 보냈던 것이다. 그러나 멜란히톤은 칼뱅의 편지를 루터에게 보여 주지 않았다. 격한 거부 반응이 나올까 봐 두려웠기 때문이다.[29]

루터가 서거한 후, 종교개혁 진영 내에서 칼뱅의 중요성은 더욱 더 부각되었다. 스위스 츠빙글리파 교회 내에서는 여전히 성만찬 이해가 다르다는 이유로 루터에 대한 반감이 상당히 컸다. 1549년, 칼뱅은 매우 중요한 중재노력을 기울였다. 그는 온화한 논조로 성만찬에 대해서 작성한 26개 항목의 「합의서The Consensus Tigurinus」를 만들었다. 양측을 결속시키려 하였으나, 불렁거를 비롯한 취리히 신학자들은 채택하였던 반면에, 과격주의자 요아킴 베스트팔을 선두로 하여 루터의 후계자들은 격렬히 반대하였다. 취리히 개혁자들도 역시 문장마다 혹시라도 루터파에게 호의적인 내용이 들어 있지는 않은지 촉각을 곤두세우고 있었기에 칼뱅은 단어 하나라도 신중을 기하지 않을 수 없었다. 스위스 진영의 개혁자들은 칼뱅이 루터에 대해서 결코 비판하려 하지 않고 있음을 잘 알고 있었다. 마르틴 루터의 생애와 업적을 부정해 버리는 과오를 범하지 않도록 칼뱅은 동료 개혁자들에게 설득하고자 했다.

칼뱅은 1554년 스위스 목회자들에게 루터를 옹호하면서 평화를 도모하자고 간청하였다. 오히려 칼뱅은 스위스 신앙고백서에 서명하기보다는 루터파 아우크스부르크 신앙고백서의 개정판에 서명했음을 상기시켰다.[30] 칼뱅의 사상에 담겨 있는 루터의 위치는 매우 중요하였던 것이다. 이러한 진지한 노력들에 대해서 우리가 결코 과소평가해서는 안 된다. 서로 다른 입장에 대해서 연구하고, 당대 저술들에 대해서 서로 살펴보면서 영향을 주고 받았다는 사실을 기억해야만 한다. 오직 성경으로만, 오직 믿음으로만, 오직 은혜로만 등에 대해서 해설한 루터의 교리에 대해서 종교개혁자들은 상호관심을 표명했고, 각자 지역에서 활용하였다. 칼뱅은 멜란히톤과의 서신 교류를 통해서 실질적인 연대의식을 표명했다.

7
맺는 말

개혁사상은 하루아침에 갑자기 진공상태에서 땅 위로 솟아오른 것이 아니다. 기독교 진리의 체계는 루터와 칼뱅이 주도한 종교개혁을 거치면서 성경적인 내용으로 재구성되었고, 그 바탕 위에서 오늘까지 성숙과 혁신을 거듭하고 있다. 칼뱅이 루터의 열정과 분투노력을 높이 평가하고 본질적으로 계승 발전하였듯이, 상호연관성을 존중하는 종교개혁자들의 신학사상이 상호작용을 하고 있다. 이들은 동일한 성경중심의 진리와 복음에 입각한 구원의 교리를 제공하여 성도들에게 천국을 향한 안목을 열어 주었다.

이와 같이, 한국 기독교 교계에서도 신학자와 목회자, 교단과 교파가 다른 목회자들 사이에, 교회의 담당 교역자들과 일반 성도들 사이에 상호관계성과 공동체적 연대의식이 새롭게 살아나야만 한다. 사분오열된 개신교회의 각종 단체들이 겸허하게 서로간의 경쟁적 소모전을 마감하여야만 예수 그리스도의 몸된 교회가 하나 되어 빛과 소금의 역할을 감당할 수 있을 터이다.

루터와 칼뱅은 하나님을 아는 지식이란 사람이 연구하거나 명상한다거나 의구심을 갖고 찾아서 발견해 낼 수 없다는 점에 확고히 동의하였다. 중세 말 스콜라주의 신학에 반대하여서, 종교개혁자들은 오직 하나님의 계시에 의해서만 알 수 있을 뿐이며, 이러한 계시야말로 모든 신학의 기초가 된다는 점에 확고하게 동의하였다. 칼뱅은 하나님의 뜻에 대해서 강조했는데, 그 뜻에 따라서 만물이 결정된다는 것을 의미심장하게 취급했다.

하나님께서는 성육신을 하신 그리스도 안에서 나타났으며, 갈보리 십자가 위에서 속죄 제물로 자신을 바치셨다. 루터는 죽기까지 자신을 희생하신 사랑을 통해서 죄인을 구원하시는 하나님의 지혜와 비밀이야말로 "십자가의 신학"에 담긴 가장 최고의 기독교 신학이자 계시의 내용으로 강조하였다. 칼뱅은 기독교의 모든 복음을 예수 그리스도의 구속사역 단계들 속에 나타났음에 주목하였다. 성자 예수 그리스도의 성육신, 갈릴리에서 가르침과 예루살렘 골고다 십자가의 죽으심, 부활, 승천, 그리고 재림이다. 특히 성도의 구원을 위해서 제공해 주신 칭의, 성화, 그리스도와의 연합은 루터와 칼뱅의 신학에서 거의 차이점을 찾아볼 수 없을 정도로 유사성이 드러난다.

루터는 로마 가톨릭의 선행교리와 공로사상을 거부하기 위해서 율법과 복음의 대립적 구조를 제시했다. 여기서 율법과 복음은 구약과 신약으로 대체해서는 안 되는 개념이다. 루터와 개혁주의 신학에서는 율법은 정죄를 명령하지만 복음은 믿음을 가진 성도들에게 자유를 제공한다. 루터는 율법과 복음이 상호 대립구조를 이루고 있다고 풀이했지만, 칼뱅은 이 두 가지 모두 다 긍정적인 의미가 있음을 설명했다. 율법과 복음에는 하나님께서 죄의 문제를 어떻게 다루시느냐가 담겨 있는데, 두 가지가 확정적인 신학적 차이가 있다기보다는 여전히 기독교인의 생활 속에서 교육적인 의미를 갖고 있다. 루터가 율법의 교육적 기능을 언급했는데, 멜란히톤이 이를 계승해서 여러 글에서 언급했고, 칼뱅과 개혁주의 신학자들도 역시 그 영향을 입어서 율법의 세 가지 기능(제사법, 시민법, 교육인 의미의 도덕법)이 있음을 강조했다.

하나님에 관한 교리에 있어서, 루터와 칼뱅은 엄격한 예정의 교리를 가르쳤다. 아우구스티누스의 신학에서 설명된 바와 같이, 하나님께서는 어떤 사람들은 영원한 축복에, 거기서 제외된 자들에게는 멸망하도록 정죄하셨다. 이에 동의하면서, 하나님의 영원한 작정 교리를 철저히 옹호하려는 칼뱅은 인간의 타락에 대해서 미리 알고서 대처하였다는 예지에 기초한 예정은 반대하였다. 인간의 제한된 논리구조에 따르게 되면, 하나님께서는 장차 인간이 어떤 행동을 하게 되리라고 미리 예측하는 지식을 갖고 있다. 그리고 그 지식에 따라서 실제로 사건들이 발생한다. 최초의 불순종은 이 지식에 포함된다. 그러하다면, 결국 인간의 타락은 하나님께 궁극적 책임이 있다는 논리구조가 형성될 수 있는 것이다. 루터가 하나님의 은혜와 사랑을 강조하였다고 한다면, 칼뱅은 하나님의 주권과 뜻을 더욱더 기초적인 교리로 제시했다. 하나님께서는 택함을 받은 자들에게나 유기된 자들에게나 동일하게 성령의 도구인 말씀을 통해서 회개하기에 이르도록 촉구하신다.

종교개혁자들이 남긴 성경의 해석과 설교를 살펴보면, 루터와 츠빙글리, 그리고 칼뱅 사이에 상당히 차별화되는 내용들이 드러난다. 구약 선지자들은 이스라엘 백성들에게 우상숭배와 타락과 부정함에 빠져 있지 말고, 하나님에게로 돌이켜서 순종하도록 촉구하였다. 이런 구약의 가르침을 해석할 때에, 루터는 항상 믿음과 행함에 대한 대조적 인식이 우선적이었다고 한다면, 칼뱅은 율법의 해석과 함께 불순종을 벗어나야 할 것을 강조하였다. 칼뱅은 선지자들의 우선적인 책무가 율법을 해석하는 것이라고 생각하였고, 그리하여 하나님의 통치와 권위를 드러내고자 하였다. 칼뱅의 설교나 성경주석에는 루터의 해석이나 츠빙글리를 비롯한 다른 앞 세대 종교개혁자들의 이름들이 언급되지 않았는데, 종교개혁자들 사이의 연합이 깨뜨려지지 않으려 하여 비판을 삼갔던 것이다.

1   Robert Kolb & Carl R. Trueman, *Between Wittenberg and Geneva: Lutheran and Reformed Theology in Conversation* (Grand Rapids: Baker, 2017), x–xiii.

2   Carl Truman, *Luther's Legacy: Salvation and English Reformers, 1525-1556* (Oxford: Oxford University Press, 1994); R. Ward Holder, "Calvin and Luther: The Relationship that Still Echoes," in *Calvin and Luther: The Continuing Relationship*, ed. R. Ward Holder (Göttingen: Vandenhoeck & Ruprecht, 2013), 7; "Calvin spoke of Luther as an apostle, and always refused the chances to criticize him openly"; Randall Zachman, *John Calvin as Teacher, Pastor, and Theologian*, 17-19.

3   Machiel A. van den Berg, *Friends of Calvin*, tr. Reinder Bruinsma (Grand Rapids: Eerdmans, 2009).

4   "Calvin and Wittenberg," in *The Calvin Handbook*, ed., Herman Selderhuis (Grand Rapids: Eerdmans, 2009), 57.

5   Ford Lewis Battles, "Calvin's Humanistic Education, in *Interpreting John Calvin*, ed. Robert Benedetto (Grand Rapids: Baker, 1996), 11.

6   Carl R. Trueman, *Reformation: Yesterday, Today and Tomorrow* (Ross–Shire: Christian Focus Publication, 2011).

7   Alister E. McGrath, *The Intellectual Origins of the European Reformation*, 2nd ed. (Oxford: Blackwell, 2004), 125-130.

8   Joel R. Beeke, "Practical Lessons from the Life of Idelette Calvin," in *Theology Made Practical, New Studies on John Calvin and His Legacy* (Grand Rapids: Reformation Heritage Books, 2017), 31.

9   김재성, 「종교개혁의 신학사상」(서울: 기독교문서선교회, 2017), 제6장, "루터의 95개 조항".

10   Hans Graß, *Die Abendmahlslehre bei Luther und Calvin: Eine Kritische Untersuchung* (Gütersloh: Bertelsmann, 1954), 193-194.

11 Philip Edgcumbe Hughes, *Lefévre: Pioneer of Ecclesiastical Renewal in France* (Grand Rapids: Eerdmans, 1984), 147-150.

12 François Wendel: *Calvin*; 김재성 역, 「칼빈: 그의 신학사상의 기원과 발전」, 37-45.

13 Alexandre Ganoczy, *The Young Calvin*, tr. David Foxgrover and Wade Provo (Philadelphia: Westminster, 1987), 137-145; John T. McNeill, *History and Character of Calvinism* (1954 repr; Oxford: Oxford University Press, 1967), 109-110.

14 John. C. Olin, (ed.), *A Reformation Debate: John Calvin and Jacopo Sadoleto* (Grand Rapids: Baker, 2000).

15 *Ibid.*, 88.

16 Calvin, *The Bondage and Liberation of the Will*, tr. A.N.S. Lane (Grand Rapids: Baker, 1996), 28.

17 R. Ward Holder, ed., *Calvin and Luther: The Continuing Relationship* (Göttingen: Vandenhoeck & Ruprecht, 2013), 7-8.

18 *The Letters of John Calvin*, tr. Jules Bonnet, 4 vols. (N.Y.: Burt Franklin, 1972), 1:440.

19 CO VI:453-534. *Calvin's Theological Treaties*, ed. Reid, 183-216; Joachim Staedtke, *Johannes Calvin: Erkenntnis und Gestaltung* (Göttingen: 1969), 56: "a detailed and brilliantly written justification of the Reformation, for which Calvin earned high praise."

20 John Calvin, *Selected Works of John Calvin: Tracts and Letters* (Grand Rapids: Baker, 1983).

21 John Calvin, "The Necessity of Reforming the Church," in *Selected Works of John Calvin: Tracts and Letters,* eds. H. Beveridge and J. Bonnet, vol. 1 (Grand Rapids, MI: Baker, 1958), 125.

22 *Ibid.*, 183.

23 *Ibid.*, 220.

24 Robert Kolb, *Martin Luther as Prophet, Teacher, Hero: Images of the Reformer, 1520-1620* (Grand Rapids, MI: Baker Books, 1999); Johan de Niet, Herman Paul, and Bart Wallet, eds., *Sober, Strict, and Scriptural: Collective Memories of John Calvin 1800-2000* (Leiden: Brill, 2009).

25 J. V. Fesko, *Beyond Calvin: Union with Christ and Justification in Early Modern Reformed theology (1517-1700)* (Bristol, CT: Vandenhoeck & Ruprecht, 2012), 122.

26 Herman J. Selderhuis, "Historical Connections: Calvin and Wittenberg," in *The Calvin Handbook,* ed. Herman J. Selderhuis (Grand Rapids: Eerdmans, 2009), 57-60.

27 *The Letters of John Calvin*, ed. Jules Bonnet, 4 vols. (New York: Franklin, 1972), 1:433.

28 Gordon, *Calvin*, 160-164.

29 T. Wengert, "We Will Feast Together in Heaven Forever': The Epistolary Friendship of John Calvin and Philp Melanchthon," in *Melanchthon in Europe: His Work and Influence beyond Wittenberg*, ed. K. Maag (Grand Rapids: Baker, 1999), 19-44.

30 *The Letters of John Calvin*, 3:91.

제4장

루터가 회복한
기독교 신학

좋은 나무는 열매로 안다.

모든 사람이 따라가고 있다고 생각되었던 시대의 흐름들과 관행들을 혼자의 힘으로 전면 거부하는 일이란 정말로 어려운 일이 아닐 수 없다. 루터는 로마 교회의 신부가 되고 난 후, 기존 신학을 열심히 연구하여 교수가 되었다. 그는 대학교에서 성경을 가르치는 자리에 취임한 후, 성경의 원문을 깊이 파고들었다. 거기서 그는 자신의 시대에 엄청난 영향을 미치고 있었던 중세 후기 스콜라주의를 전면 거부하기에 이르게 된다. 이 장에서는 중세시대 스콜라주의 핵심들에 대해서 연구하려는 것이 아니라, 루터의 종교개혁 사상의 근원을 연구하고자 이 주제를 다루고자 한다.

1

스콜라주의와 이교도의 혼합을 파헤치다

루터가 살았던 시대에 중세 후기 스콜라주의는 로마 가톨릭의 지휘 아래 발전해 나간 대학교에서 신학자들이 발전시킨 것들로서 모든 학문이 추종해야 할 만큼 막대한 영향력을 발휘하고 있었다. 그러나 차츰 루터가 스콜라주의 신학theologia scholastica을 비판하고 선별적으로 필요한 것들만을 사용할 수 있었던 것은 대학에서 논의되던 사상들이 충돌하던 중에 과연 어느 쪽이 성경에 부합한 것이냐를 놓고서 토론할 기회들을 가졌기 때문이다. 루터의 개혁신학은 "십자가의 신학theologia crcis"으로 확실하게 제시되었으며, 특히 믿음으로 말미암아 얻게 되는 칭의에 대하여 확신하기에 이르게 된다.

루터의 초기 저술들에는 당대 최고의 학문, 스콜라주의에 대해 격렬히 비판하는 내용들이 두드러진다. 뒷 페이지에 필자가 번역한 97개 논제를 살펴보게 되면 확인할 수 있다. 감히 그 당시 최고의 권위를 자랑하는 신학에 맞서서, 루터는 이교도 철학자 아리스토텔레스의 학문으로부터 영향을 받은 것은 기독교의 왜곡이라고 확신하게 되었다. 이 점을 가장 통렬하게 비판하였다. 수도사의 시기를 거치는 동안에 어떻게 하나님의 은혜를 받았다는 확신에 이를 수 있느냐에 관심을 가졌던 루터는 중세신학이 도움을 받은 아리스토텔레스를 가장 심각하게 추적하였다. 루터가 복음을 재발견하게 되면서, 지배하고 다스리는 교회에 대하여 혁신적인 저항의 깃발을 높이 들어 올리는 문서들은 대부분 스콜라주의에 대한 비판이 핵심을 이루고 있다. 그는 대학의 지식적인 풍토를 오염시키고 있었던 스콜라주의 신학의 피해를 심각하게 인식하였던 것이다. 종교개혁과 스콜라주의 신학은 서로 양립할 수 없었고, 어느 한 가지만을 선택해

야만 했다.[1]

루터의 생애 가운데서 가장 중요한 신학사상의 변곡점은 지금 우리가 다루고 있는 스콜라주의에 대한 반론에서 제시되어 있다. 당대 스콜라주의 신학자들이 어떻게 왜곡된 철학적 구조를 구축하고 있었는가를 과격하게 지적하는 이 문서들의 중요성이야말로 아무리 강조해도 지나치지 않는다. 루터의 스콜라주의 비판 논제들은 단순히 그의 개인적인 소신의 표출에 그치는 것이 아니요, 그로 하여금 비텐베르크의 지도자요 종교개혁의 선두주자로 신학적 개혁에 앞장서게 하는 결정적인 발걸음을 내디딘 것이다.

코넬리우스 어거스틴 박사는 루터에게서 발견되는 가장 탁월한 면모가 바로 비기독교 철학자의 개입을 찾아내서 비판한 것이라고 지적하였다. 아리스토텔레스가 스콜라주의 신학의 노른자 위치를 차지하고 있다는 비판적 안목이 가장 탁월하고 두드러진다.[2] 루터가 종교개혁의 선두적인 지위에 서게 된 것은 당시에 위세를 떨치던 신학사조였던 로마 가톨릭의 스콜라주의 신학사상을 철저히 배척하는 성경적 비판을 제시했기 때문이다. 루터의 종교개혁은 초기부터 스콜라주의에 대립하는 신학 작업을 통해서 올바른 방법론과 내용을 추구하였다. 루터는 자신이 속해 있던 시대에 신학을 수행하는 방법과 내용에 대해서 철저히 재검토하고 자신의 새로운 신학적 안목을 제시하였다.

종교개혁의 핵심적인 관점들이 루터의 초창기 교수 사역에서 나타나고 있었다. 루터의 개혁적인 신학신학은 비텐베르크 대학에서 성경을 강의하던 시기에 스콜라주의를 비판한 핵심적인 문서들이 집중적으로 출판되었다. 우리는 초기 루터의 사상을 검증하기 위해서 중요한 세 가지 문서를 살펴보아야 한다. 첫째는 1517년 9월 4일, "스콜라주의 신학에 대한 반론"을 97개 항목으로 제시했는데, 비텐베르크 대학에서 박사학위 수여를 위하여 토론 주제로 제시한 것들이다. 뒷 페이지에서 나와 있는 것 같이, 필자가 한국어로 전체 논제들을 번역하면서 핵심을 정리하여 보았다. 둘째는 같은 해 10월 31일에 발표한 면죄부 판매와 남용에 반대하는 95개 조항에도 역시 로마 가톨릭의 성직제도와 왜곡된 사역에 대한 반론이 담겨 있다. 이 무렵에 루터가 보낸 편지들에서도 스콜라주의를 비판하는 내용이 담겨 있다. 셋째로, 1518년 4월에는 하이델베르크 대학에서 토론을 통해서 루터가 스콜라주의를 다시 비판하였다. 이런 문서들과 루터의 활동들을 중심으로 초기 종교개혁의 혁신적인 개혁 신학을 찾아볼 수 있다.

루터는 하나님의 은혜를 받아서 구원을 얻는 방법과 그 본질적인 내용에 대해서 스콜라주의자들과 신학적인 논쟁을 시작했다. 서유럽 전체에 큰 영향을 끼쳤던 스콜라주의는 1250년대부터 1500년대까지 기독교적 교훈들을 이성적으로 정당화하고 체계적으로 제시하고자 다양한 지성적 개념들을 쌓아 올렸다. 초월적이고 신비로운 하나님에 대해서 추상적인 철학개념을 사용해서 법칙을 만들었는데, 무미건조하고 딱딱한 신학논제들을 정립한 것이다. 스콜라주의는 하나님의 존재증명과 구원에 필수적인 공로행위에 대해서 합리적으로 증명하려고 철학적인 개념들을 채용했다. 중세 후기 로마 가톨릭 교회에서는 다양한 그룹이 나서서 기독교 신학을 합리적으로 체계화하고 확장하려고 노력하였고, 그 신학이 지닌 본래적인 합리성을 증명하려는 필요성 때문에 대학에서 연구하고 확산되었다.

1) 왜곡된 경건과 은혜

루터는 자신이 살고 있던 시대의 거짓된 신학 안에 기초를 두고 있는 성례전적인 경건을 분명히 파악했다. 루터는 일반 성도들을 위해서 교회회의가 모든 성례에 감염되어 있는 위험스러운 거짓됨을 갱신해야만 한다고 확신하였다.

스콜라주의 신학은 기본적으로 피터 롬바르드(1090-1160)의 「명제집」에서 영향을 받았고, 중세 후기에는 성례전적인 실천을 강조하였다. 그는 거룩한 성례는 일곱 가지라고 제시했는데, 일곱이라는 것은 완전하신 하나님의 숫자라고 했다. 하나님께서 이레 동안에 세상을 완벽하게 창조하신 것을 보여 주듯이, 일곱 가지 성례는 하나님의 은혜들을 완벽하게 표현한다고 주장했다.[3] 모든 성도에게 공통적인 성례로서, 세례, 견진, 성만찬, 고해, 최후의 기름부음(종부성사) 등이라고 규정했고, 성직안수와 결혼은 해당자들에게만 제한적으로 시행한다.

특히, 고해성사와 성만찬은 정기적인 성례로서 반복되었는데, 그리스도의 사역을 성도들에게 전달하는 수단들로 긴밀하게 시행되었다.

그러나 중세 후반으로 내려오면서 7성례에 대한 해석에서 더욱 심각한 문제로 변질되어 버렸다. 1215년 제4차 라테란 회의에서 화채설을 채택했고, 고해성사를 규정하면서 전혀 성경에 없는 내용들이 정교하게 제정되었다. 게다가 더욱더 중세 성도들에게 엄청난 영향을 끼친 교리가 추가되었는데, 소위 영생과 천국의 소망을 불어넣은 연옥설이 나온 것이다. 1250년경에 확정되었고, 곧바로 면죄부를 발행하는 교황권의 행사와 연계되었다.[4] 우리는 이런 왜곡된 교리를 위클리프와 왈도파에서 거부했음을 발견할 수 있다.[5] 중세 후반에는 로마 가톨릭에서 이단들이라고 정죄를 당했던 성도들이 훨씬 더 많이 늘어났는데, 이들은 이미 연옥 교리와 면죄부의 모순을 파악하고 있었다.

이전 세대에서 이런 논쟁들이 다루어진 것을 알게 된 루터가 교황에게는 다른 사람의 죄를 사해 주는 권세가 없다고 논박하는 것은 당연한 귀결이었다. 면죄부라는 것은 통회 자복하는 고해성사의 면제를 증명하는 문서였다. 사랑하는 사람들을 위해서나 자기 자신들을 위해서나 일단 면죄부를 구입할 수 있다는 사실이 확실하게 알려지면서, 교회는 연옥에서 회개해야 할 고통에 불안해 하는 성도들에게 해방감을 주었다.

그러나 어떻게 죄인이 하나님의 의로움을 받을 수 있는가에 대해서는 만족할 만한 설명이 없었다. 어떻게 죄인이 변화되는가에 대해서도 아무런 해답이 주어지지 않았다. 1517년 루터가 95개 논제를 발표할 당시에는 명쾌하게 연옥을 부정하지는 않았지만, 면죄부의 남용과 교황권의 왜곡된 시행을 정면으로 거부하기에 이른 것이다.

2) 어떻게 의인이 될 수 있나?

루터의 종교개혁에서 핵심으로 알려진 칭의 교리는 인간이 어떻게 의로우신 하나님께 받아들여질 수 있는가를 다루면서 나온 것이다. 죄인이 어떻게 해야만 하나님의 인정을 받을 수 있는가를 놓고서 대립적인 견해가 확산되었다. 중세 교회들 중에서 아우구스티누스를 따르는 그룹은 철저하게 하나님의 은혜를 중심으로 구원의 체계를 정립했다. 다른 무리들은(베네딕트파, 프란시스파, 아퀴나스를 따르는 등) 펠라기우스의 입장에 서서, 인간은 자신을 구원할 능력이 있어서 하나님이 요구하신 조건들을 스스로 노력하여 충족시킬 수 있다고 보았다. 구원은 선한 행위를 통해서 얻어 낼 수 있는 것이며, 인간의 책임 하에서 가능하다고 주장하는 펠라기우스의 사상이 보다 더 확산되어 있었다.

로마 가톨릭의 핵심교리를 체계화했던 토마스 아퀴나스(1225-1274)는 파리 대학교에서 가르치는 동안에 알버트Albert the Great(1206-1280)에게서 큰 영향을 입었고, 보나벤투라(1221-1274)와 알렉산더 Alexander of Hales(1185-1245)의 저술들을 참고했다. 토마스 아퀴나스가 성례제도를 정리하여 의인화 과정의 사중 구조가 형성되었다.[6]

중세시대는 은혜에 대한 이해를 완전히 왜곡하고 말았다. 하나님께서 구원을 촉진하기 위해서 사람의 영혼에 주입하는 초자연적인 실체로 이해하였다. 하나님과 인간 사이에 간격이 극심해서, 의미 있는 연결을 설정하는 데 은혜가 먼저 다리를 놓아야 한다. 은혜는 매우 중요한 하나의 물질적인 실체라고 간주되었다.

첫째 단계	은혜의 주입
둘째 단계	믿음을 통해서(예를 들면, 사랑) 자유의지가 하나님을 향해 움직임
셋째 단계	죄에 대항하는 자유의지의 작동(예를 들면 통회, 고해성사)
넷째 단계	죄의 사면

이런 구조를 형성하게 된 것은 토마스와 동시대 신학자들이 아리스토텔레스의 물리학에서 영향을 받은 접근방법으로 인과율을 크게 활용하였기 때문이다.[7] 최초 단계에서 우선 순위로 은혜의 주입을 설정하여서 행동과정의 근간으로 세우고, 마지막 단계에서는 인간의 의지가 작동하게 되고, 죄의 용서가 흔들림 없이 이루어지는 것으로 귀결 지었다. 이 과정에서 사랑 가운데 하나님을 향해서 돌이키고, 애통하는 마음으로 죄를 거부하는 것이 핵심적인 부분들인데, 거의 동시적으로 이루어진다.

그러면 어떻게 해서 인간이 하나님을 기쁘시게 할 수 있을까? 마치 어린아이가 부모님에게 착하고 선한 일을 하고 싶지만, 지식도 부족하고 미숙해서 제대로 기쁨의 대상이 되는 일을 하지 못하는 경우와 같다. 인간이 하나님에게 의로운 일을 하고자 하지만, 그럴 만한 능력이 주어져 있지 않다. 이것을 중세시대 신학자들은 주입된 은혜라는 동기에서 찾았던 것이다.

공로와 인간의 선행을 강조하는 아퀴나스의 신학은 다음 두 가지 개념으로 집약된다. 첫째, 인간이 자신들의 노력으로 의로워지도록 자신의 행동을 잘 관리했기 때문에 의인이라고 인정을 받는 것이 아니라, 최선을 다해서 노력하는 자들에게 하나님 편에서 인정하는 것이다. 이것을 "합당한 공로merit de congruo"라고 부른다. 그들이 올바른 일을 원했기 때문에, 하나님께서는 그들이 비록 실제로 성취하지 못했을지라도 인정해 주신다.

둘째, 한번 죄인이 주입된 은혜를 받고 나면, 하나님께서 인간과 언약을 맺으실 때 지시하신 일들을 성취해 낼 수 있다. 이것은 "당연한 공로merit de condigno"를 실제로 가능하게 만든다. 약속된 보상이 그 노력들을 비례적으로 증대시키기 때문이다. 인간의 성취에 대한 하나님의 보상이 하나님의 의로움을 널리 시행에 옮기게 할 수 있도록 만든다는 것을 기대하게 된다.

아리스토텔레스의 인과율causality에는 모호하고도 불명확한 구조가 들어 있는데, 얼핏 보면 사물의 궁극적 원인을 규명하는 데 철저한 논리구조처럼 보인다. 그러나 상황적 관점에 사물의 발생원인을 따져 보려는 아리스토텔레스의 논리학에는 문제가 많다. 먼저, 아리스토텔레스는 네 가지로 나눠서 사물의 궁극적 원인들을 규명하였다. 첫째는 유효적 원인efficient cause으로, 어떤 일이 발생하는 근거가 된다. 둘째는 최종적 원인final cause인데, 어떤 일이 발생하는 목표가 있다는 것이다. 셋째는 형식적 원인formal cause인데, 어떤 일이 발생하게 만들어 가는 가장 중요한 요소가 있다는 것이다. 넷째는 물질적 원인material cause인데, 무엇인가를 만들어 내는 재료가 된다.[8]

그리고 아리스토텔레스는 위에서 제기한 네 가지 기본 원인 외에도 몇 가지 원인을 더 제시하였다. 첫째로 도구적 원인instrumental cause이 있어서, 어떤 일이 이루어지도록 도구가 되거나 연장을 제공하는 원인들이 있다는 것이다. 둘째로 재판적 혹은 도덕적 원인들이다. 어떤 일이 발생하는 데 근거가 되는 도덕적이고 법적인 기초가 있다는 것이다. 이런 예를 기독교 신앙의 핵심적인 내용들 가운데서 찾아보면서, 예수 그리스도의 의로우심이 칭의의 기초가 된다는 맥락이다. 이것은 필연적이고 충분한 조건성과 재료들을 포함한다.

그러나 이러한 인과율을 적용하게 될 때에, 과연 어떤 주제나 문제에 대해서 정확하고도 가장 중요한 이유를 제시하는 방안이 될 수 있을까? 그렇지 않다. 인과율이라는 규칙을 모든 문제에 대입하여 해결책을 모색하는 것이 최상의 해답을 찾는 방안이 될 수 없다는 예를 들어 보겠다. 여러분은 한국이 세계 10대 경제대국으로 부강하게 된 가장 궁극적인 이유가 무엇이라고 생각하는가? 가난을 이겨 내려고 근면하게 노력한 국민성이 낳은 결과일까? 주변 공산주의 국가들과 맞서서 시민 민주주의가 경쟁력을 발휘하게 만든 결과일까? 뛰어난 기술력을 보유하게 되어서일까? 실력을 갖춘 인재들이 많이 늘어나서일까? 정치적으로 안정되도록 군사정권이 등장해서 탁월한 지도력을 발휘한 결과일까? 미국과 같은 든든한 우방국이 한국산 물자를 한동안 무관세로 처리하고 많이 받아 주어서일까? 베트남전쟁에 물자를 공급하면서 반사이익을 본 기업이 늘어나서일까? 일본이라는 나라가 옆에 있었기에 쉽게 따라잡을 수 있었던 것일까? 중국이라는 거대한 시장이 밑거름을 제공했기 때문일까? 이처럼 수많은 요인을 열거하면서 질문들이나 문제들이나 사건들의 근본원인을 찾아내기가 쉽지 않다. 단 하나의 중요한 원인이나 해답으로 해결될 수 없는 것이 많다. 한 가지 원인에서 빚어진 결과라고 선명하게 연결시킬 수 없는 것들이 많다. 그래서 이런 식의 논리적 사고만으로는 제기된 문제를 해결하려는 것은 매우 위험한 결론을 만들어 내며, 혼란스럽게 한다.

다른 예를 들어 보자. 교회에서 무엇을 가장 중요하게 생각해야 하고, 어떤 것을 시급하게 감당해야만 할 것인가에 대해서 논의해 본다고 가정해 보자. 어떤 분들은 교회라는 곳에서는 무엇보다도 성경적인 가르침이 근본이니까, 순수한 교리를 확고히 지켜 내는 방안을 논의해야만 마땅하다고 할 것이다. 그런가 하면 어떤 분들은 세계 선교에 동참하도록 계획을 세우고, 인력을 동원하고, 단기 선교와 물자를 보내는 일을 먼저 해야만 한다고 주장한다. 또 다른 분들은 무엇보다 열심히 기도하는 모임을 더욱 활성화해야만 한다고 할 것이다. 또 어떤 분들은 지금 사회정의를 실현하는 일보다 더 중요한 것이 어디 있느냐고 할 것이다. 또 다른 분들은 교단 총회에서 거론된 교회의 정치적 문제들을 중요하게 논의하려고 할 것이다. 또 다른 분들은 국가 경제의 양극화 문제를 인식하고, 소외된 약자들을 구제하는 일에 나서야만 한다고 말할 것이다. 어느 교회든지 진리의 가르침을 실천하기 위해서는 앞에 열거한 여러 가지 중요한 주제들 가운데서 우선순위를 정할 수밖에 없다. 그런데 위에 열거한 여러 주장 가운데 교회의 생활에 생명력을 제공하는 근본적인 과제라고 하는 것은 서로 긴밀히 연계되어 있다. 그중에 어떤 것을 딱 한 가지만을 내걸어 놓고서, 교회의 가장 본질적인 사역이라고 주장하기에 어려움이 많다. 우리는 성경 말씀을 적용하려고 할 때에, 한 가지 기본 원리에 근거해서 결정해야만 할 때가 있으나, 전통이나 감정이나 압력에 흔들리지 않으면서 필수적이며 가장 중요한 것을 규정하기란 어렵기만 하다.

3) 혼란스러운 스콜라 신학체계

전통적인 중세 스콜라주의 신학을 일컬어서 "구학파via antiqua"라고 부르는데, 주로 토마스 아퀴나스의 신학사상을 따르는 입장이었다. 이들을 비판하는 변화가 나타났는데, 이런 새로운 학풍을 유명론nominalism이라고도 부르기도 하고, "신학파via moderna"라고 부른다.[9] 유명론이라는 것은 신학의 내용이라기보다는 사물이나 우주의 보편적인 개념을 추구하기보다는 각 개별자의 특성을 중시하는 접근 방법론을 사용한다는 것이 특징이다.

구학파 토마스주의에 대한 반론이 제기된 것은 둔스 스코투스John Duns Scotus(1266-1308)의 정밀한 논리적인 의구심에서였다. 둔스 스코투스가 제기한 매우 정교한 사색의 핵심은 통회, 고해, 은총으로 이어진다는 전통적인 교훈에의 반론이다. 죄인에게 고해성사 이전에 통회·자복하는 것이 필수적이라고 하게 되면, 성례에 참여한다고 하더라도 자동적으로 행위의 효력이 발생하지는*ex opere operato* 못하게 된다는 것이다. 단지 사람이 바른 영적인 분위기 속에서*ex opere operantis* 받아야만 한다는 논리적 구조가 형성된다고 지적했다. 그런데 그렇게 먼저 통회·자복하는 경우에는 뉘우치는 자가 이미 성례를 통해서 도달하려는 지점에 이르렀으므로, 사실상 고해성사 자체도 필요하지 않게 된다. 통회는 성례를 받기 위해서 필수적으로 필요한 것은 아니라는 의문을 제시한 것이다. 둔스 스코투스는 죄인에게 필요한 것은 정죄를 두려워하는 "회개"라고 주장했고, 그것이 "합당한 공로"가 될 것이라고 강조했다.

둔스 스코투스는 하나님의 권능에 대해서 두 가지 대조적 변증법을 차용하였는데, 이 개념들은 논리적 사유일 뿐이다. 과연 하나님께서는 자연과 은혜 속에서 질서 있게 운행하시는 것을 넘어서서 그 어떤 것을 행하실 수 있을까? 중세 말기에 이르러서, 하나님에 대한 철학적 공식으로 가장 널리 확산되었던 문구는 "하나님의 절대적 권능potentia Dei absoluta"과 "하나님의 규범적 권능potentia Dei ordinata"이다.[10] 중세 스콜라주의 신학자들은(Albertus Magnus, Thomas Aquinas, William of Ockham 등) 하나님께서는 전능하신 능력을 갖고 계시는데, 자연의 법칙들이라는 관점에서 볼 때에 창조주에 대한 전체 질서의 충돌이 초래될 정도이며, 그것들을 지성적으로 이해할 수 있다고 하였다. 이들은 하나님의 전지전능에 대해서 철학적 사유를 한 것이다.

스콜라주의 신학자들은 하나님의 신비로우심에 대한 사색적이고, 철학적인 해답으로서 하나님의 "절대적 권능"과 "규범적 권능"이라는 개념을 만들어 냈다.[11] 하나님의 절대적 권능이란 전적으로 초월적이고 신비로우신 존재인 하나님이 모든 것을 다 행하실 수 있음을 의미한다. 반면에 하나님의 규범적 권능에서는 의지적으로 자기 백성들과 언약을 맺으시고, 자유롭게 그 언약 안에 자신을 제한적으로 결합시킨다. 따라서 규범적 권능의 관점에서 볼 때에, 하나님은 자연과 은총의 질서들을 일상적으로, 안정적으로 유지하신다는 보장을 하신다. 하나님께서는 시간에 관해서 항상 일정하게 행사하시고 피조물을 돌보신다.

신학파 운동의 주도적인 신학자는 윌리엄 오캄William of Ockham (1288-1348)인데, 그는 둔스 스코투스의 영향을 받았다. 오캄의 사상은 독일에서 활동하면서 큰 영향력을 발휘했던 가브리엘 비엘(1420-1495)에게로 이어졌다. 이들은 "당연한 공로"를 부인하고 "합당한 공로"를 강조하였다. 인간의 공로주의에서 벗어나서 하나님의 은총에만 의존해야만 칭의를 얻을 수 있다는 것과 하나님의 뜻을 강조하였다. 비엘은 통회·자복하는 것이 필수적이라고 주장하였고, 고해성사 중에 모든 성직자는 죄인들이 이미 의롭게 되었다고 선포할 수 있어야 한다고 가르쳤다.

여기에다가, 중세 말기 스콜라주의 신학은 새로운 학풍의 등장과 함께, "아우구스티누스 신학을 따르는 학파*via schola Augustiana*"가 일부 지역에서 확산되기 시작했다. 어거스틴파 수도원을 중심으로 은총의 신학을 재발견하고 가르치는 일에 열중하는 무리가 있었다. 영국 캔터베리 대주교 토마스 브레드워딘Thomas Bradwardine(1290-1349)과 리미니의 그레고리Gregory of Rimini(1300-1338)가 그것을 주도하였다. 칭의란 각 사람의 노력이나 선행을 넘어서서 외부적 차원이 있다고 하였으며, 그리스도의 의로움의 전가에 대해서 더욱더 강조하였다. 위클리프(1328-1384)와 그의 사상을 받아들인 보헤미아 후스(1369-1415)가 기본적으로 채택한 교리였다. 신학파와 같이 뒤섞여서 새로운 신학적 흐름이 전개되었고, 결국 이들이 변화를 모색한 토양에서 일부 종교개혁자들에게 새로운 신학의 터전과 관점을 제공되었다.[12]

종교개혁과 연관되어 있다고 보이는 "후기 어거스틴파 스콜라주의"를 다음과 같이 다섯 가지 특징들로 규정할 수 있다.

첫째, 철저하게 유명론적인 인식론을 갖고 있었다.
둘째, 주지주의자들에 맞서서, 공로를 인정하는 자발적인 행동을 추구하였다. 지식을 갖춘 사람이 이성적으로 행동을 하는 것이 아니라, 의지의 역할을 강조하는 자력주의다.

셋째, 아우구스티누스의 저술을 방대하게 사용하여 저술하고 가르쳤다. 특히 펠라기우스주의가 주장하던 것에 반대하였다.

넷째, 원죄에 대해서 비관적인 견해가 아주 강하였다. 타락한 존재이기는 하지만, 원죄는 구원의 경륜과 역사에 있어서 분수령으로 간주하였다.

다섯째, 칭의 교리 전반에 있어서 하나님의 주도권을 강력하게 주장하였고, 특별한 은총과 연관성을 강조하였다.

결국, 중세시대 말기에 널리 퍼져 있던 스콜라주의 신학파의 신학사상은 아우구스티누스와 로마 가톨릭의 공로사상이 뒤섞여 있으며, 구원론에서 칭의와 성화를 혼란스럽게 섞어 놓았음을 알 수 있다. 루터를 비롯한 종교개혁자들은 순전히 하나님의 은총으로 말미암아 그리스도를 믿는 자에게 의롭다 하심을 선포하시는 것이라고 이해하였다. 중세 로마 교회는 성례제도를 통해서 주입되는 의로움을 강조하면서, 스스로 노력하여 공로를 세움으로 자신이 의로워지는 과정에 있다고 가르친 것이다.

4) 스콜라주의를 벗어나다

성경을 원어로 연구하게 된 루터는 은혜에 대한 이해를 완전히 새롭게 깨우쳤다. 스콜라주의 신학의 문제점이 심각하다는 사실을 점차 파악하게 된다. 루터가 로마 가톨릭의 교리적 체계에 대해서 새로운 인식을 하게 된 것은 아우구스티누스의 저술에서 영향을 받았던 부분들과 성경의 권위에 대한 확신으로부터 나왔다. 그가 로마서 1장 17절에 대한 해설에서 고백하였듯이, 성경 본문에 대해서 최종적으로 새로운 이해를 하게 되면서, 스콜라주의 신학의 권위를 거부하고 맞서게 된 것이다. 루터의 결정적인 돌파구를 들어 보자:

나는 이 구절에서 바울이 의미하는 것을 필사적으로 알고자 했다. '복음에는 하나님의 의가 나타났으니, 의인은 믿음으로 말미암아 살리라'는 말씀의 의미를 밤낮으로 묵상하던 중에, 마침내 하나님의 의라고 하는 것은 하나님의 선물(믿음)을 통해서 의인으로 살아가는 의로움이라고 이해하기 시작했다. 그리고 '하나님의 의로움이 나타났다'는 문장은 '의인은 믿음으로 말미암아 살리라'는 기록처럼, 믿음으로 인해서 자비로우신 하나님이 우리를 의롭다고 인정하시는 수동적인 의로움을 지시하는 것임을 깨닫기 시작했다. 그 순간 즉각적으로 내가 새로 태어났다는 느낌이 들었으며, 활짝 열린 문을 통해 진짜 낙원에 들어간 듯한 느낌이 들었다. 그 순간부터 나는 성경의 모든 글자를 새로운 빛 아래서 보았다. … 이제 나는 이전에 한동안 증오했던 구절, "하나님의 의로우심"을 사랑하기 시작했고, 모든 구절 중에서 가장 달콤한 것으로 찬양하기 시작했으며, 그래서 바울 서신의 이 구절은 내게 바로 낙원의 문이 되었다.[13]

스콜라주의자들의 관점을 통해서가 아니라, 루터 스스로 성경 원문의 의미를 파악하여 하나님의 은혜를 신뢰하게 되었다. 그는 기본적인 해석학적 원리를 터득하여 오직 믿음으로 말미암는 칭의를 강력하게 확정시킬 수 있었다. 루터에게서 성경은 "신학의 문법"이라고 할 수 있다. 이런 관점은 그대로 칼뱅에게로 이어져 예수 그리스도의 역사적 구속 사역의 진행을 근간으로 삼아서, 그것을 증언하는 성경본문을 면밀하게 살피면서, 하나님이 주시는 교훈과 음성을 찾게 되었다.[14] 성경의 권위는 아직도 부족한 상태에 머물러 있었지만, 루터는 미래에 더 거룩함과 정결함이 필요한 죄인들을 만나 주시는 은혜로우신 하나님만을 궁극적으로 신뢰하는 확신을 갖게 되었다.

루터와 칼뱅 이외에도 모든 종교개혁자가 성경을 신학의 원리이자 절대권위로 인식하게 되기까지, 여러 차례 학문의 큰 변화와 전환이 있었다. 유럽의 서쪽 지역에서는 15세기에 대학의 확산과 동쪽 유럽에 해당하는 터키와 그리스가 페르시아 오스만 투르크와의 전쟁에 패하게 되면서 큰 변화가 일어났다. 서쪽 지방 국가들로 피신해서 밀려들어 온 그리스 헬레니즘 철학자들과 인문주의 학자들이 대거 유입되면서 르네상스(문예부흥) 인문주의가 확산되었다. 다시 말하면, 근대 서구 사상에 큰 변화가 일어났는데, 헬레니즘에서 가르치던 인간 중심의 자율적 의지에 대한 강조가 큰 흐름을 형성하게 된 것이다. 대학교에서 확산된 인문주의는 종교개혁자들과는 상호 대립적인 인간관을 가르쳤다.

서구 유럽에서 대학이 발전하게 되는 역사적 배경에는 신학이 자리하고 있다. 중세 말기에 발전된 대학의 학문들은 신학부 교수진들이 가르치는 것에서 큰 영향을 받았다. 인문학과 철학, 학문의 발전을 살펴보면, 논의되는 주제들과 그것을 전개하는 방식들은 스콜라주의 신학으로부터 압도적으로 지배를 받았다. 스콜라주의 신학자들이 주도하던 대학교에 르네상스 인문주의가 확산되었고, 새로운 세대가 성장했다. 여러 대학교에서도 종교개혁의 물결이 퍼져 나갔는데, 독일, 스위스, 북유럽, 영국 등 종교개혁이 확산된 지역에서는 인문주의적인 교육기관들이 발전하지 않았다. 대부분의 인문주의 학자들이 기본적으로 기독교 신자라고 할 수 있으며, 기독교의 광범위한 재발견과 관련이 있다.

수도원에서 성장하는 동안에, 루터는 르네상스 인문주의와는 거리가 멀었다. 그는 스콜라주의자들의 강조에 따라서 죄를 범한 인간이 하나님의 심판 앞에서 짓눌려 있다는 생각에서 벗어나지 못하였다. 그는 기독교 전체의 진리구조가 하나님의 자기 계시와 은총을 근간으로 하는데, 특히 십자가에서 사랑을 나타내셨다는 점도 성경을 통해서 파악하게 되었다. 루터가 십자가의 신학을 강조하고, 하나님의 은혜를 강조한 것은 성경의 의미를 명쾌하게 깨달았기 때문이다.

루터는 조직적인 교리체계를 제시한 적이 없었으나, 그의 신학은 성경에 충실한 복음의 전파였다. 신학이라는 것은 성경보다 더 나은 것도 없지만, 성경보다 못한 것도 아니라야만 한다는 것이 루터의 소신이었다. 자연스럽게 성경과 맞지 않은 스콜라주의를 비판하게 되었고, 면죄부의 남용을 지적할 수밖에 없었다. 루터는 스콜라주의 신학자들이 내세우는 영광의 신학이 아니라, 성경이 강조하는 십자가 신학을 주장했다. 그러는 사이에 종교개혁의 선두주자로 등장하였지만, 사실은 루터가 기독교 신앙에서 독창성이나 근원적인 정통교리를 최초로 세웠던 것은 아니다.[15] 루터는 비텐베르크 대학교에서 성경강해를 맡은 교수였고, 충실하게 그의 직분을 감당하고자 노력했던 것이다.

루터는 철저하게 성경 중심의 신학을 전개하였다. 루터의 성경연구 과정과 성장의 여정을 기억해 둘 필요가 있다. 그는 1505년에 어거스틴파 은둔수도회에 들어가서, 기초 교육을 받아서 신부로서 서품을 받았고(1507) 지속적으로 학문과 경건의 훈련을 했다. 1508년 10월에 스승 스타우피츠의 부름을 따라서 비텐베르크 대학교로 옮겨 가서, 다음 해 3월에 학사 학위를 받았고, 스콜라주의 기초교리를 강의할 수 있었다. 1512년에는 박사학위를 받았고, 성경을 가르치는 정규교수가 되자, 시편 강해(1513-1515), 로마서 강해(1515-1516), 갈라디아서 강해(1516-1517), 히브리서 강해(1517-1518) 등으로 이어졌다.

시편 강의를 하면서 루터는 당시 로마 교황청의 문제가 무엇인가를 파악하였고, 면죄부 판매가 하나님 앞에서 죄를 진실하게 회개하는 데 전혀 도움이 되지 않는다는 점에 대해서 우려를 표명하였다. 루터는 시편을 전체적으로 예수님의 기도문이라고 풀이하면서, 겸손, 교만, 심판, 신뢰, 복음 등 주로 예수님과 관련된 의미들을 설명하였다. 루터는 시편 104편 14절 해석에서, 인문주의 신학자 로렌조 발라를 우호적으로 인용하였다. "발라는 이탈리아 최고의 학자이다. 그는 나를 기쁘게 한다. 나는 그의 저서를 열심히 읽는다."[16] 루터가 1514년부터 1517년 사이에 작성한 설교에서도 발라의 해석들을 자주 참고했음을 알 수 있다. 또한 누가복음 14장 10절에 대한 설교에서도 역시 발라의 주석을 참고하여 설명하였다.

지속된 성경강해를 통해서 루터가 결정적으로 영향을 받았다는 사실이 분명해졌다. 갈라디아서를 강해하던 시기에 루터는 결정적으로 종교개혁의 이상을 발표하기에 이르게 된다. 1517년 9월 4일, 루터는 토마스 아퀴나스의 신학에 반대하는 97개 조항을 만들어서 스콜라주의를 논박했다.[17] 철학적인 개념들과 신학적인 질문들을 다루는 데 있어서 논쟁들을 사용하는 것에 대해서 루터는 심각하게 이의를 제기했다. "나는 원칙적으로 신학에서는 전혀 그런 것들을 사용하지 않으려 한다. 철학을 사용하는 것은 해로운 것이다."[18]

1517년 10월 31일, 95개 조항을 내걸고, 면죄부를 팔아서 이득을 취하는 교황의 권위에 대해서 루터는 강력하게 이의를 제기했다. 루터는 성경의 권위에 의존하여 말씀과 성례에 대한 자신의 신학적인 견해들을 제기하였다. "하나님의 은혜로 나는 확실하게 깨닫게 되었는데, 그 모든 철학자와 교황주의자보다도 성경 안에서 배웠다."[19] 루터는 아우구스티누스의 은총론에 기초하여 점차 스콜라주의자들이 펠라기우스주의에 빠져 있음을 비판하였다. 교회가 아니라, 사도들과 선지자들의 가르침에 기초한 성경에서만 교훈을 얻어야 하는 이유는 구원에 이르는 충분한 진리들이 담겨 있기 때문이다.

루터는 스콜라주의와 그 방법론에 대해 반대하면서, 오히려 성경을 중시하는 인문주의 학자들에게서 많은 내용을 얻어 낼 수 있었다. 인문주의 학자들은 성경을 가장 중요한 문서로 취급하고 있었기에, 루터는 프랑스 인문주의 학자 르페브르 데타플도 연구하여 인용하였다. 물론, 루터의 성경주석은 결코 인문주의자들의 의미론적 접근에만 머물러 있지 않았다.

루터와 칼뱅, 그리고 종교개혁자들은 헬라어와 히브리어 지식, 어휘풀이, 용어색인, 부조화 등을 연구해서 성경본문에서 의미하는 바를 최대한 간결하고 명료하게 드러내고자 했다. 이것은 16세기 학문 방법론의 혁신이자, 개혁이다. 심지어 호머의 글과 그리스의 자료들을 섭렵하기까지 해서, 여러 자료를 검토하고 난 후에, 한 단어의 고유한 성격을 밝히고 거룩한 가르침과 대조하면서 예수 그리스도를 맛보게 하고, 그의 계명이 날마다 명쾌하게 알려지도록 종교개혁자들은 성경 본문(텍스트)에 집중했다.

5) 아리스토텔레스에 강력히 맞서다

루터가 교수로 재직할 당시에 유럽에서 최고 학문은 중세 말기 교회가 제공하던 스콜라주의 신학이었다. 신학을 이성적으로 정당화하고 체계적으로 제시하는 일에 강조점을 두었던 스콜라주의는 모든 학문의 왕관을 차지하고 있었다. "스콜라주의Scholastics"는 기독교 신학의 교리적 특성을 포함하고 있으면서, 아리스토텔레스의 논리학과 윤리학 방법론을 채택해서 진술하고 하는 방법론이 두드러진다.

엄밀히 말하자면, 스콜라주의는 중세신학의 독특한 발견이나 내용들이라기보다는, 변론과 논쟁을 이끌어 나가는 신학의 방법론이라고 할 수 있는데, 그러다 보니 내용에도 문제가 있음을 알게 되었다. 스콜라적 방법론은 철학과 신학에 두루 적용된 방식인데, 연구와 교육에서 개념들, 구분들, 정의들, 명제적 분석들, 논증적인 기술들, 논박적인 방식들에 사용되었다. 아리스토텔레스가 제시한 논증적인 방식들에다가 보에티우스의 논리까지도 함께 활용되어 오다가, 초대교부들의 시대에 상당한 체계를 갖춘 신학방법론으로 형성되었다.[20]

스콜라주의는 단 하나의 학문방식이 아니라, 중세 후기에 내려올수록 다양하게 발전하였다는 것이 최근의 연구들에서 밝혀졌다. 스콜라적 사유 방식은 비판적 사고와 정교한 학문적인 사유에 담겨 있고 순수한 논리적 사고로 성숙하도록 유도했다. 11세기와 12세기에는 언어의 논리적 의미론적 분석의 방법으로 신학자들이 채택했고, 특별히 신학에서 성경의 거룩한 구절들을 해석하는 데 융성하게 받아들였다. 14세기와 15세기에 논리적 기술들, 특히 유명론적 논리의 진술에 활용되었다.[21]

중세시대에 학문은 거의 모든 분야에서 스콜라주의 신학의 영향하에 있었다. 중세 가톨릭 교회가 주요 교육기관을 장악했었고 훈육과 학생들의 학습내용을 담당하고 있었는데, 대학을 비롯한 정규 교과과정에서 스콜라주의라는 기독교 신학의 체계를 가르쳤다. 특히 아리스토텔레스의 논리학이 전격적으로 스콜라주의 신학에 도입되었고, 신학 내용에 담긴 본래적인 합리성을 증명하고자 노력하였다.

중세 스콜라주의 학파의 최고 신학자는 토마스 아퀴나스인데, 수많은 그의 저술에서 "토마스주의Thomism"가 흘러나왔다. 즉, 기독교 신학의 본질적인 내용들을 철학의 합리성을 활용하여 증명한 것들이다. 아퀴나스가 아리스토텔레스의 철학을 채용하여 기독교를 논증하는 내용과 형식이 가장 절정기의 스콜라주의 신학이라고 할 수 있다. 아리스토텔레스의 형이상학과 인식론을 흠모했던 아퀴나스는 다양한 철학적 논리와 논증적인 요소들을 세밀히 조사하여, 기독교 신학이 이성적인 논리와 완전한 조화를 이루고 있음을 주도면밀하게 입증하려 했다. 예를 들면, 아퀴나스는 하나님이 존재하신다는 증거들을 아리스토텔레스의 논리학에 나오는 방식대로 제시하였다.

스콜라주의 신학은 성경적인 진리를 진술하면서도 아리스토텔레스의 논리학과 변증학을 사용하였다. 아퀴나스의 실재론이란 플라톤과 아리스토텔레스의 철학적인 개념을 활용한 것으로, 보편적인 것들은 구체적인 세부항목 하나하나로부터는 멀리 떨어져 있는 것이라고 하는 형이상학적인 인식론을 강조하였다. 이런 구학파는 스콜라주의가 철저하게 의존하던 신학적인 인식론을 구축하고 있었으며, 심지어 칭의를 이해할 때에도 "인과론"과 "존재론"을 중심으로 해결하려 하였다.[22] 그러나 중세 후기에 이르게 되면서, 아퀴나스의 실재론을 거부하는 신학파의 유명론이 대두되었고, 학문과 교회의 강조점들이 새로운 전기를 맞이하게 되었다. 신학파와 구학파는 은혜만을 강조했던 아우구스티누스의 신학보다는 펠라기안주의와 유사 펠라기우스주의를 채택하여 널리 퍼뜨렸다.

에르푸르트 대학에서 루터는 주로 인문주의 교수들이 가르치던 과목들을 수학했었는데, 그들 대부분은 신학파 오캄주의 학자 Bartholomaeus Arnoli von Using, Jodocus Trutfetter이었다.[23] 에르푸르트 대학에는 오캄주의에 따라서 영향력을 발휘했던 비엘의 제자들, 나틴Johann Nathin과 요한 팔츠Johann von Paltz가 있었다. 그러한 영향의 흔적들이 1508년과 1509년에 작성된 루터의 초기 강연집 노트에서 발견되었다. 그가 대학을 떠나서 어거스틴파 은둔 수도원에서 지내는 동안에는 카스키아와 오르비에토에게 영향을 받게 되었고, 점차 스콜라주의에 반대하는 신념이 형성되었을 가능성이 크다.[24]

루터의 개혁사상은 중세 말기 아우구스티누스 신학의 재발견을 통해서 형성된 "선구자들의 신학사상"과의 연속성을 부정할 수는 없지만, 여기에만 매달리는 것은 균형을 잃어버리는 해석이 될 수 있다. 루터와 칼뱅의 근본 뿌리에 대한 연구에 있어서 논쟁이 되는 부분이 많다. 유럽 지성사 연구에서 중세 말기와 종교개혁의 연속성을 주장하는 학자들도 상당히 많은 연구를 내놓고 있다.[25] '연속성 학파'에서는 루터와 칼뱅이 중세 말기의 스콜라신학자들 중에서 특히 새롭게 등장했던 "신학파 어거스틴파" 신학자들(특히 토마스 브래드워딘, 리미니의 그레고리)에게서 영향을 받았다고 주장한다.[26] 그러나 루터가 앞선 세대로부터 일부 영향을 받아서 수도원에서 성장과정에서 도움을 받았을 것이고, 초기 비텐베르크 대학에서 가르치던 중에 후기 스콜라주의에게서 도움을 받았다고 하더라도, 인간의 의지에 호소하려는 구조적 모순을 발견한 이후에는 급진적으로 돌아서서 오직 성경에만 중점을 두었다.[27] 결국 종교개혁자들과 중세 말기 스콜라주의 신학자들 간에는 현격한 차이가 있음에 유의해야만 한다. 그 이전 세대와의 연속성을 부인할 수는 없지만, 단절과 새로운 발견에 더욱 주목하지 않을 수 없다.

루터가 확실하게 달라진 것은 새로 세워진 비텐베르크 대학에서다. 이곳에서 루터는 박사 학위를 취득한 후, 정식 교수로 강의하면서 성경해석에 눈을 뜨게 된다. 그 첫 번째 증거는 루터가 전체 스콜라주의에 대해서 부정적으로 언급한 부분이다. 비텐베르크 대학에서 루터가 강의한 노트에 나타나 있는데, 롬바르드의 「명제집」에 대한 해설부분에서 아리스토텔레스에 대한 비판을 가했다. 초기 교수 시절에 다루었던 시편 강해서에는 거의 나타나지 않았는데, 1515년에 시작한 로마서 강해서에는 스콜라주의에 강력하게 반대하는 입장이 담겨 있다.

스콜라주의에 대한 거부감은 루터가 성경을 광범위하게 연구하면서 점차 더 분명하게 나타난다.[28] 1516년 9월에 스팔라틴에게 보낸 편지에 보면, 「은총으로부터 떠난 인간의 의지와 권능들에 관하여」라는 논문을 준비하고 있다는 언급이 담겨 있다. 여기에는 루터의 반스콜라주의가 확고하게 정착되어 있음이 확연히 드러난다. 아우구스티누스가 펠라기우스를 배척한 저술, 「성령과 말씀에 관하여」를 통해서 루터는 확고히 정립된 것으로 보인다. 종교개혁의 서막을 알리는 루터의 신학적 판단이 상당히 견고하게 자리를 잡게 되었던 것이다. 루터는 신학과 철학이란 기초가 각각 다르기 때문에, 아리스토텔레스의 「윤리학」은 하나님의 의로움을 다루는 기초가 될 수 없다. 이교도 철학자가 제시한 바에 따라서 인간에 대한 긍정적으로 사고를 근간으로 해서 기독교의 정의를 전개한다는 것은 불합리한 것이다.

1516년에서 1517년 사이 루터가 스콜라신학에 대해서 반대하는 강의를 했다는 것이 확인되었는데, 사실은 그 무렵에 비텐베르크 대학 전체가 이러한 학문적 분위기에 젖어 있었다. 당시 교학처장을 맡고 있던 칼슈타트Andreas Bodenstein von Karlstadt가 앞장서서, 루터와 동일한 입장에서 스콜라주의를 비판했고, 아우구스티누스의 저술을 상세히 공부하도록 학풍을 이끌었던 것이다. 비텐베르크 대학에서 스콜라주의에 대해 처음으로 공개적인 비판을 제기한 사람은 루터가 아니었다. 스콜라주의 신학를 비판하는 첫 나팔 소리가 비텐베르크에 울려 퍼진 것은 1517년 4월, 칼슈타트의 "151개 논제"였다.[29] 이 때 칼슈타트가 발표한 글의 수준과 내용은 토마스주의에서 다소 변형된 수준이었다.

비텐베르크 대학에 울려 퍼진 스콜라주의를 비판하는 두 번째 나팔은 루터에게서 나왔다. 1517년 9월 4일, 루터가 스콜라주의를 비판하는 97개 논제를 내놓았다. 이 새로운 비판적 논제들은 매우 대담한 내용들이지만, 그는 전혀 염려를 하지 않아도 되었다. 비텐베르크 대학에서는 거의 모두가 스콜라주의에 대해서 부정적이었기 때문이다. 칼슈타트와는 비교가 안 될 정도로, 루터는 후기 스콜라주의자들 중에서도 오캄주의자들과 가브리엘 비엘에 대해서 강도 높게 비판하였다. 칼슈타트는 루터의 선배 교수로서 토마스주의와 후기 스콜라주의에 대해서 부정적으로 평가하여 나름대로 선도적인 역할을 수행했다. 그러나 그가 정치적인 부분에서도 농민전쟁을 지원하는 등 훨씬 더 과격하고도 위험스러운 주장들을 제기하자, 1521년 이후 루터는 칼슈타트와 결별하게 된다.

최고의 스콜라주의 신학자들과 비엘 등에 대해서 루터가 강하게 반대하는 논제를 제기한 이유는 그 배면에 이교도 철학자 아리스토텔레스의 영향력이 막강하다고 판단했기 때문이다. 신학이라고 하는 특성은 사라지고 철학적 인간학의 수준으로 토론하고 논쟁하는 학문이 되고 말았다고 비판했다. 성경적 신학에서는 인간을 타락하고 부패한 피조물이라고 규정해 왔다. 따라서 올바른 신학이라고 한다면, 인간의 본성에 부과된 자연적인 재능을 고무하는 것에 주력해서는 안 된다. 도리어 창조주 앞에서 죄인이라는 사실을 첫 출발점으로 삼아야만 했다.

그러나 스콜라주의 신학에서는 아리스토텔레스의 관점에 따라서, 인간의 본성에 부여된 자연적 재능을 가장 중요한 출발점으로 삼는다. 따라서 인간의 구원에 있어서 전혀 하나님의 직접적인 간섭이란 찾아볼 수 없다. 도리어 하나님과 그분의 은혜는 부수적인 것으로 간주되어 버린다. 은혜와 하나님의 도우심이라는 것은 인간이 스스로의 구원을 위해서 모든 노력을 다하고 난 후에, 자연적 능력에 내제되어 있는 약간의 부수적으로 결핍된 것을 보충시켜 주는 정도에서만 중요성을 갖는다.[30] 루터는 아리스토텔레스에 대한 반박과 전면적인 공격을 핵심으로 삼아서 문제를 제기했다.[31] 인간의 의지문제, 펠라기우스주의에서 제시한 구원론, 죄와 은혜에 대한 재구성의 시도들에 대한 반론이다. 루터는 인간에 대한 낙관론적 견해가 스콜라주의에 들어와 자리를 잡은 것이라고 파악하고, 합리적이고 윤리적인 인간론에 대하여 거부한 것이다.[32]

스콜라주의를 반대하는 논제를 발표하기 이전에, 이미 오래전부터 루터는 아리스토텔레스에 대한 공격과 토마스 아퀴나스에 대한 반감을 토로했다. 1515년경에 루터는 아우구스티누스의 「신의 도성」을 강의하였고, 아리스토텔레스와 펠라기우스의 문제점들을 소상히 파악하였던 것으로 추정된다.[33] 루터는 죄와 은혜에 대한 교부들의 저술들 중에서 아우구스티누스가 강조한 인간의 무능력에 대한 논증을 감동적으로 읽었다. 루터는 점차 당시 수도원이나 성당 내부에서 성직자들이 보여 주려고 노력하는 엉터리 신앙생활에 대해서 염증을 느꼈다. 십자가에 관련된 유물들에 대해서는 경배하면서도, 그들이 직접 십자가를 지는 삶에 대해서는 관심이 없었다.

중세시대의 대학에서는 세 가지 학문 분야를 집중적으로 가르쳤다. 인문학, 법학, 신학이었는데, 졸업생은 전문직업인으로 국왕, 제후, 영주들의 지위를 계승하거나 국가에서 중요한 지위에 오르게 되었다. 대학교육이 확산되면서, 유럽 대부분의 도시에서는 라틴어로 수업을 진행했고, 거의 공통적으로 헬라철학과 아리스토텔레스의 논리학에 대해서 연구하고 해석하는 훈련을 받았다. 지식의 이해와 활용을 위해서 집중하던 교육방식의 핵심은 토론과 논쟁이었다. 서로 토론을 하면서 논쟁을 하게 되면, 핵심 쟁점이 무엇인가를 확실하게 이해할 수 있으며, 그렇게 되면 학생들은 논리적 사고를 하는 훈련을 받게 되는 것이다.

논리학은 아리스토텔레스 사상에서 나온 변증학과 논증법을 학습하는 것인데, 스콜라주의 신학자들에게 활용되면서 특히 성경을 주석하는 도구로 사용되었다. 루터의 반론은 주로 스콜라주의적 방법론에 관한 것이라기보다는, 신학 내에서 철학자의 논리를 사용하는 것은 틀렸다고 비판했다. 이런 방법론이 적용될 때에는 가장 부조리한 주장들도 그럴듯하게 포장되어서, 성경에 근거한 것처럼 호소력을 갖게 되는 것이다.

중세 말기에 대학에서는 신학 교수들이 논제들을 내놓고 토론회를 개최했다. 지도하는 교수가 주제를 제시해 놓은 후에, 학생은 그 논지를 규칙에 따라서 옹호하는 쪽을 택해야 했다. 물론 교수들은 학생들과 다른 견해들을 발표하였다. 토론에 참여하는 사람들은 자신의 입장을 증거로 제시하면서 반대토론에 나섰다. 모든 토론과정은 공개적으로 진행되었고, 교수와 학생들은 의무적으로 참석했다. 토론은 상당히 엄격한 지적인 훈련과정이었다. 인문주의자들의 교육 방식은 고전의 이해와 비판적인 토론의 과정을 익히도록 하여, 현실 사회 전체에 적용하라는 것이다. 특히 박사학위를 수여하기 전에는 중요한 주제를 공개적으로 토론하는 시간을 가졌다. 박사학위를 취득할 후보생이 교수들과 토론하는 것이다. 이런 전통은 지금도 그대로 남아 있다. 요즈음은 수백 페이지의 연구논문을 먼저 제출하여야만 하고, 그것을 중심으로 박사학위 후보자와 토론을 실시하고 있다. 그러나 종교개혁 시대에는 논문을 제출하는 의무는 없었고, 교수들 앞에서 논제에 대해서 답변하는 것이 가장 중요한 부분을 차지하였다. 루터도 이런 과정을 거쳐서 신학박사가 되었다. 그는 1512년 10월 18일 오후에 3시간이 넘는 토론을 통해서 자신의 주장을 전개했고, 비텐베르크 대학에서 박사학위를 받았었다. 박사 모자, 열어서 볼 수 있는 성경, 삼위일체를 상징하는 세 개의 둥근 원으로 장식된 도장을 선물로 받았다.

1517년 5월 18일, 루터가 랑Lang에게 보낸 편지에는 비텐베르크 대학에서 학생들로 하여금 아리스토텔레스에 대하여 신뢰하지 않도록 가르친 것들이 성공적이라고 말했다:

> 우리의 신학과 아우구스티누스의 신학이 하나님의 은혜로 인해서, 우리 대학에서는 널리 자리를 잡았고, 압도적인 역할을 하고 있습니다. 아리스토텔레스는 꾸준히 내리막길을 걷고 있으며, 머지않아 더 이상 찾아볼 수 없을 것입니다. 학생들은 아리스토텔레스의 "명제론" 강의을 듣는 것에 대해서 거부감을 가졌으며, 그 누구도 이 신학을 발전시키는 어떤 새로운 신학을 말하지 않는다면,

청중을 얻을 수 없을 것입니다. 다시 말하면 성경과 아우구스티누스 또는 다른 교회적 권위를 가진 박사에 대해서 강의하지 않는 한, 청중의 지지를 얻지 못할 것입니다.[34]

6) 공개적으로 스콜라주의를 비판하다

이제부터 우리는 루터의 신학세계를 이해하기 위해서 결정적으로 중요한 문서를 살펴보고자 한다. 성숙해 나가는 성경학자로서 비텐베르크 대학에서 가르치고 있던 루터가 결정적으로 자신의 신학적인 변곡점을 드러낸 것은 1517년 가을에 이르러서다. 이미 여러 해 전부터 표출되었던 것들을 집약해서, 확실하게 보여 준 두 개의 문서를 발표하였다. 이 무렵에 그는 낡은 스콜라주의에 대해서 강의시간에 비판하고 있었는데, 이제부터는 공개적으로 논제들을 내걸어 놓은 것이다. 루터가 제기한 토론주제들은 그 누구도 부인할 수 없는 역사적 증거이자, 종교개혁의 기폭제가 되었다.

필자가 직접 한국어로 번역한 97개 논제들은 가장 명쾌하고도 첨예하게 스콜라주의를 비판한 것으로, 루터의 변화된 신학세계가 자리하고 있음을 증언하는 것들이다. 바로 이 논제들 속에서 우리는 종교개혁자로서 루터가 내디딘 가장 중요한 발걸음을 확인할 수 있다. 97개 항의 논제 속에는 명백하게 개혁주의 신학이 취해야 할 입장과 나아갈 방향이 담겨 있다. 그 논제들을 통해서 루터는 결코 스콜라주의를 기초로 하여 신학의 원리를 세워서는 안 된다고 확실히 제시하였다.

1517년 9월 4일, 루터는 「스콜라주의 신학에 반대하는 논제들」을 작성하였다. 원래 목적은 프란츠 귄터_{Franz Günter}의 박사 학위 심사를 위해서 루터가 토론주제들을 작성한 것이다. 당시 박사 학위를 받는 후보생은 교수가 논제를 제시하면 자신의 학식을 증명하면서 논제들을 변론하여 인정을 받는 방식으로 진행되었다. 루터는 아우구스티누스의 은총론에 근거하여, 중세 스콜라주의(피터 롬바르드, 둔스 스코투스, 가브리엘 비엘 등)와 그 기초에 해당하는 아리스토텔레스의 철학을 강력하게 반박하였다.[35]

스콜라주의 안에 수용된 아리스토텔레스의 인간관에 대해서 루터가 강력하게 논박했다. 스콜라주의는 인간이 하나님께 가까이 다가가기 위해서 할 수 있는 능력이 많다고 주장했다. 루터는 피터 롬바르드가 주장하던 인간의 공로사상을 강력하게 비판했다. 그는 펠라기우스가 인간의 자유의지를 사용하여 성취하려는 공로주의에 단호히 반대하였다.[36] 루터가 주장하는 것들은 로마 가톨릭의 구원 교리에 정면으로 충돌되는 것이다.

이것은 마치 새로운 신학사상처럼 등장했지만, 정작 97개 논제에 담긴 것들은 아우구스티누스에 근거한 교리를 회복하는 것이다. 로마 가톨릭 신학의 왜곡된 가르침에 대한 반론이자, 초대 교부들의 신학사상을 되살려 내는 주장들이다. 스콜라주의 신학사상과 일반적인 교리들에 대해서 완전히 반대하면서, 아우구스티누스의 은총론을 강조하였다.

「스콜라주의 신학에 반대하는 97개 논제」[37]

1. 아우구스티누스가 이단에 맞서서 주장한 것이 과장된 것
   이라고 말하는 것은 아우구스티누스가 거의 모든 곳에서
   거짓말을 하고 있다고 말하는 것과 같다. 이것은 보편적
   지식에 배치된다.

2. 이것은 펠라기안주의자들과 모든 이단이 승리하도록 허
   용하는 것과 같은 것으로서, 진실로 그들에게 승리를 허
   용하는 일이다.

3. 이것은 신학의 박사들에게 주어진 권위를 희롱하는 것과
   같다.

4. 그러므로 인간은 나쁜 나무와 같다는 것이 진실이고, 의
   지는 갖고 있지만 악을 행할 뿐이다. (마 7:17-18)

5. 사람의 본성은 두 가지 서로 대립적인 것 사이에서 하나
   를 선택하는 자유를 가지고 있다고 주장하는 것은 거짓이
   다. 사실, 그 본성이라는 것은 자유하지 않으며, 굴레에 얽
   매여 있다. 이것은 보편적인 지식에 정면으로 배치되는
   것이다.

6. 본성에 의해서, 의지가 바른 인식을 수행할 수 있다고 가
   르치는 것은 거짓이다. 이런 주장은 둔스 스코투스와 가
   브리엘에 대한 반론이다.

7. 사실상, 하나님의 은총이 없다면, 의지는 왜곡되고 악한 행동을 창출해 낸다.

8. 하지만 의지는 본성에 의해서 사악하며, 다시 말하지만 마니교에서 가르치듯이, 본질적으로 사악하다.

9. 의지는 천부적으로 그리고 불가피하게 사악하고 타락해 있다.

10. 의지가 선이라고 선포된 것을 향해서 노력하여 나가는 것이 자유롭지 않다는 것을 어떤 사람도 인정하여야만 한다.

11. 규정된 것은 무엇이든지 의지가 따라가려 하거나 의지를 갖는 것도 가능하지 않다.

12. 의지 자체와 마찬가지로, 의지의 능력 안에 그처럼 큰 능력이란 없다고 말하는 것은 성 아우구스티누스에 반대하는 것이 아니다.

13. 범죄하는 인간이 피조물을 사랑할 수 있으며, 무엇보다도 하나님까지도 그러하다고 결론을 내리는 것은 불합리한 것이다. 이것은 둔스 스코투스와 가브리엘에 대한 반론이다.

14. 의지는 잘못된 일을 수행하고, 규칙을 교정하지 못하다는 것은 놀라운 것이 아니다.

15. 진실로, 의지는 오직 잘못된 일을 수행할 뿐이며, 규칙을

교정할 수 없다는 것은 특별히 주목할 부분이다.

16. 그래서 오히려 다음과 같이 결론을 내려야만 할 것이다: 오류를 범하는 인간이 피조물을 사랑할 수 있을지라도, 그가 하나님을 사랑하는 것은 불가능하다.

17. 인간은 본성상 하나님을 하나님으로서 공경하기를 원치 않는다. 실제로, 인간은 자기 스스로 하나님이 되기를 원하며, 하나님이 하나님되시기를 바라지 않는다.

18. 본성상 모든 만물보다 하나님을 더 사랑한다는 것은 허구적인 개념이며, 참으로 망상이다. 이것은 상식적인 가르침에 위배된다.

19. 용감한 시민이 자기 자신보다 그의 조국을 더 사랑한다는 둔스 스코투스의 논리를 우리가 적용할 수는 없다.

20. 우정관계의 행동이 시행되는 것은 본성에 따라서가 아니라, 선행 은총에 의한 것이다. 이것은 가브리엘에 대한 반론이다.

21. 본성에 따라서 하는 행동은 하나님에게 저항하여 욕망에 빠지는 행위가 아닌 것은 하나도 없다.

22. 하나님께 저항하여 욕망에 따라가는 모든 행동은 사악하고, 영혼의 간음이다.

23. 욕망에 따르는 행동은 희망의 덕목에 의해서 바르게 정비된다는 것은 사실이 아니다. 이것은 가브리엘에 대한

반론이다.

24. 왜냐하면 소망이란 자애를 향하여 반대하는 것이 아니기에, 하나님에게 속한 것만을 열망하고 추구한다.

25. 소망은 공로를 세움으로써 자라나는 것이 아니라, 공로들을 파괴하는 고난으로부터 나오는 것이다. 이것은 많은 사람의 의견에 반대하는 것이다.

26. 우정관계의 행위는 사람 속에 있는 것을 성취하기 위하여 가장 완벽한 수단은 아니다. 하나님의 은총을 획득하기 위해서, 또는 하나님께로 돌이키거나 접근하기 위해서 가장 완벽한 수단도 아니다.

27. 그러나 그것은 이미 완성된 회심의 행위인데, 본성에 의하거나 때때로 은총을 따르는 것이다.

28. 성경 말씀에 언급된바, "내게로 돌아오라. 그러면 나도 너희에게로 돌이키리라.(스가랴 1:3)", "하나님께 가까이 하라. 그러면 그가 너희에게 가까이 오시리라.(약 4:8)", "구하라. 그러면, 찾을 것이라.(마 7:7)", "너희가 나를 찾으면 만나리라.(렘 29:13)", 본성에 의해서든지, 은혜에 의해서든지, 똑같이 이것은 펠라기우스주의자들이 말한 것과 차이가 없다.

29. 은혜를 향하여, 단 하나의 방향이 은혜를 위한 최고이자 오류가 없는 준비는 하나님의 영원한 선택과 예정이다.

30. 하지만 사람의 쪽에서는 은총에 앞서서 하는 일이란 전혀 없고, 단지 불편하게 생각하고, 저항하여 반항하는 것뿐이다.

31. 예정된 자들은 개인적으로만 정죄를 당할 수 있고, 집단적으로는 아니라고 말하는 것은 게으른 자들의 논증이다. 이것은 스콜라주의자들에 대한 반론이다.

32. 더욱이, 다음과 같이 말함으로써 성취되는 것은 아무것도 없다: 예정은 필수적으로 하나님의 뜻하심의 결과로서 본성에 의한 필연적인 것이지, 하나님께서 어떤 사람 한 사람씩을 선택한다는 것은 실제로 일어나지 않는다.

33. 그리고 이렇게 말하는 것도 거짓이니, 사람이 행하는 모든 것은 은총에 방해가 되는 것을 제거할 수 있다. 이것은 여러 권위에 대해서 반대하는 것이다.

34. 간추려 말하면, 본성에 의하여 인간은 교훈을 바르게 교정하거나, 선한 의지를 가지는 것도 아니다.

35. 정복할 수 없는 무지가 완전하게 한 사람을(그럼에도 불구하고 모든 스콜라주의자) 면제해 준다는 것은 사실이 아니다.

36. 하나님과 자기 자신과 선한 행동에 대한 무지는 항상 본성에 대해서 극복할 수 없다.

37. 더욱이, 본성은 내적으로나 필연적으로나 모든 행동에서 자만심을 높이고 긍지를 갖게 하는데, 외적으로나 표면

적으로는 선하게 보이기 때문이다.

38. 도덕적 덕목이란 없다. 그것이 자만심이든지 슬픔이든
    지, 죄가 없었던 적은 없다.

39. 우리는 우리들의 행동들의 주인들이 아니라, 종들이다.
    이것은 철학자들에 대한 반론이다.

40. 우리는 우리들의 올바른 행동에 의해서 의인이 되어 가
    는 것이 아니라, 우리의 의로운 행동에 의해서 의로운 존
    재라고 만들어지는 것이다. 이것은 철학자들에 대한 반
    론이다.

41. 실질적으로 아리스토텔레스의 모든 윤리는 은총의 가장
    사악한 대적이다. 이것은 스콜라주의에 대한 반론이다.

42. 행복에 관한 아리스토텔레스의 명제가 가톨릭 교리에 배
    치되지 않는다고 주장하는 것은 오류이다. 이것은 도덕
    교리에 대한 반론이다.

43. 그 어떤 사람도 아리스토텔레스 없이는 신학자가 될 수
    없다고 말하는 것은 오류이다. 이것은 일반적인 견해에
    대한 반론이다.

44. 실제로 아리스토텔레스와 관련을 맺지 않는 사람이라야
    만, 신학자가 될 수 있다.

45. 논리학자가 아닌 사람은 신학자가 아니며, 괴물 같은 이
    단이라고 말한다. 이렇게 말하는 것이야말로 괴물적이

요 이단적인 선언이다. 이것은 일반적인 의견에 대한 반론이다.

46. 사람이 믿음의 논리에 무익하게 관습적으로 따라가는데, 그 대체물을 한계와 측량에 관하여 언급하지 않은 채 받아들인다. 이것은 새로운 변증가들에 대한 반론이다.

47. 신학적인 용어들에 적용할 때에는, 그 어떤 삼단논법적인 형태라 하더라도 소용이 없다. 이것은 추기경에 대한 반론이다.

48. 삼단논법적인 형식들과는 배치되지만 삼위일체 교리를 진리로 따라가는 것은 그런 이유 때문이 아니다. 이것은 새로운 변증가들과 그 추기경에 대한 반론이다.

49. 합리적인 논증의 삼단논법적이 형식이 하나님에게 관련된 주제들을 위해서 중요시된다면, 삼위일체 교리가 믿음의 대상이 아니라, 논증할 수 있게 되는 것이다.

50. 간략하게 말하면, 아리스토텔레스의 모든 것은 신학에 대해서 마치 빛이 어둠으로 덮이는 것과 같다. 이것은 스콜라주의에 대한 반론이다.

51. 라틴 신학자들이 아리스토텔레스의 정확한 의미를 완전히 파악했는가는 매우 의심스럽다.

52. 포피리[4세기 신플라톤주의 철학자]와 그의 저서들이 신학자들을 위해서 사용되지 않도록 태어나지 않았더라면, 교회

를 위해서 더 좋았을 것이다.

53. 아리스토텔레스의 유익한 개념들을 더 많이 사용하면 사용할수록 의심이 촉발된다.

54. 한 행동이 공로적인 것이 되는가는, 은혜의 임재가 충분한 것인지, 아니면 그것의 임재가 아무런 의미가 없는 것인지, 둘 중에 하나이다. 이것은 가브리엘에 대한 반론이다.

55. 하나님의 은혜는 결코 무능력한 방식으로 임재하지 않는다. 도리어 생동적이고, 능동적이며, 역동적인 영이다. 하나님의 절대적인 권능을 통해서 발생하는 일들은 친밀한 행동이며, 하나님의 은혜가 임재하지 않는다면 결코 일어나지 않는다. 이것은 가브리엘에 대한 반론이다.

56. 하나님께서 의롭다 하시는 은혜를 주시지 않으신 채 사람을 받아들이신다는 것은 참된 것이 아니다. 이것은 오캄에 대한 반론이다.

57. 율법이 지배하고 있는바, 계명에 순종하는 행위라는 것은 하나님의 은혜 안에서 실행되어진다고 말하는 것은 위험스러운 발언이다. 이것은 추기경과 가브리엘에 대한 반론이다.

58. 이것으로부터, "하나님의 은혜를 갖고 있는 것"이란 실제로 율법을 넘어서서 새로운 요구로 나갈 수 있는 것이다.

59. 율법을 준수하는 것은 하나님의 은혜가 없이도 가능하다 는 것이 뒤따라 나올 수 있는 것이다.

60. 이와 마찬가지로, 하나님의 은혜란 율법 자체보다도 더 증오하게 될 수도 있는 것이다.

61. 하나님의 은혜 안에서 율법이 요구될 수 있고 성취된다 는 것에 따르지 않는 말이다. 이것은 가브리엘에게 대한 반론이다.

62. 그리고 따라서 하나님의 은혜 밖에 있는 사람은, 비록 그 가 살인하지도 않고, 간음하지도 않으며, 분노하지 않는 다 하더라도, 끊임없이 죄를 범한다.

63. 그러나 사람이 율법을 영적으로 성취하지 못하기 때문 에, 사람이 죄를 범하는 것이다.

64. 사람이 화를 내게 되거나 쾌락적 욕구에 빠지게 될 때에, 영적으로 그 사람은 살인하지 않으며, 악을 행하지 않고, 격노하지도 않는다.

65. 하나님의 은혜 밖에 있는 사람은 실로 화를 내거나 쾌락 적 욕구를 갖지 않게 되는 것은 불가능하고, 심지어 은혜 안에 있어도 율법을 완벽하게 준수하는 것은 가능하지 않다.

66. 그것은 실제적으로 외적으로 사람을 죽이지는 않았지만 악한 행동을 하는 위선자들의 의로움이다.

67. 사람이 쾌락을 범하지 않고 분노에 가득 차지 않을 수 있는 것은 오직 하나님의 은혜에 의해서만 가능하다.

68. 따라서 율법을 지킬 수 있는 것은 하나님의 은혜를 떠나서는 어떤 방법으로도 불가능하다.

69. 사실상, 율법이란 하나님의 은혜가 없다면, 본성에 의해서 파괴당하고 만다고 말하는 것이 더욱 정확하다.

70. 선한 율법이 본성적 의지에 대해서는 나쁘다는 것이 필연적일 것이다.

71. 율법과 의지는 하나님의 은혜가 없다면 서로 화해할 수 없는 대적들이다.

72. 율법이 원하는 것은 의지가 원하지 않는다. 두려움에서 하거나 혹은 사랑에서 하거나, 그것을 행하려 한다고 속이는 것이다.

73. 율법은, 의지의 엄한 주인으로서, "우리를 위해서 낳으신 분"(사 9:6) 그 아들에 의해서 하지 않고서는 결코 정복되지 않는다.

74. 율법은 많은 죄를 만들어 낸다. 왜냐하면 그것은 의지를 초조하게 만들고, 혐오감을 주기 때문이다(롬 7:13).

75. 하지만, 하나님의 은혜는 예수 그리스도를 통해서 많은 의로움을 만든다. 왜냐하면 그것이 사람에게 율법을 즐겁게 지켜 나가도록 작동하기 때문이다.

76. 하나님의 은혜가 없이 하는 율법의 모든 행동은 겉으로는 선하게 보이지만, 내적으로는 죄를 범하는 것이다. 이것은 스콜라주의에 대한 반론이다.

77. 의지는 항상 주님의 율법을 지키기 싫어하며, 두 손으로 하는 일들이 그쪽을 향해서 가는 것도 하나님의 은혜 없이는 싫어한다.

78. 하나님의 은혜가 없이 율법을 향해서 이끌린 의지는 자신의 이익을 취하고자 이성으로 움직인다.

79. 계명들은 모두 다 율법의 행위들을 시행하는 자들을 위해서 주어진 것이다.

80. 하나님의 은혜로 선행을 하는 자들에게는 복이 있도다.

81. 고해성사에 관한 팔사스의 장은 5장, 10항은 은혜의 영역 밖에서 하는 행위가 선하지 않다는 사실을 확증하는 것이다. 만일 이것이 거짓으로 왜곡된 이해를 하지 않는다면.

82. 신앙적인 예식들은 선한 율법과 개념들이 아니며, 그 안에서 사람이 살아가지도 않는다. (많은 교사에 대한 반론이다.)

83. 그러나 심지어 십계명 그 자체와 그 밖의 모든 것이 내적으로나 외적으로나 규정되어 있고 가르쳐지고 있지만, 선한 율법이 아니다.

84. 선한 율법과 그 안에서 사람이 살아가는 것은 하나님의

사랑이다. 성령에 의해서 우리의 마음속에 널리 확산되었다.

85. 만일 가능하다면, 사람의 의지는 전적으로 율법이 없는 것을 좋아할 것이고 완전하게 자유롭게 되기를 바랄 것이다.

86. 사람의 의지는 율법이 부과하는 것을 싫어하다. 하지만, 의지가 율법의 부과를 바란다면, 그것도 역시 자아에 대한 사랑에서 나온 것이다.

87. 율법은 선한 것이기 때문에, 의지는 그것에 대적하는 것이요 선하지 않은 것이다.

88. 그리고 이것으로부터 모든 사람의 자연적 의지는 간악하고 나쁘다는 것이 분명해졌다.

89. 중보로서 은혜는 율법과 의지를 화해시키는 데 필수적이다.

90. 하나님의 은혜는 의지를 지도하는 목적으로 주어진 것이요, 심지어 하나님을 사랑하는 가운데서도 실수를 범하면 안 되기 때문이다. 이것은 가브리엘에 대한 반론이다.

91. 그 은혜는 선한 행위가 더욱 자주 그리고 쉽게 시행될 수 있게 하려고 주어진 것은 아니다. 그러나 그것이 없이는 사랑의 행위를 시행하기란 불가능하다. 가브리엘에 대한 반론이다.

92. 만일 사람이 본성으로 친밀한 행동을 하는 것이 가능하다면, 사랑은 피상적이라는 것을 부정할 수 없을 것이다. 가브리엘에 대한 반론이다.

93. 한 행동이 열매인 동시에 열매를 사용하는 이중성을 갖고 있어서 토론에서 밝혀내기에 난해한 종류의 죄악이 있다. 오캄, 추기경, 가브리엘에 대한 반론이다.

94. 하나님의 사랑이 피조물의 강렬한 사랑과 함께 지속될 것이라고 말하는 것도 역시 진실하다는 것을 신봉하는 것이다.

95. 하나님을 사랑하는 것은 동시에 자신을 미워하는 것이요, 오직 하나님만을 아는 것이다.

96. 우리는 모든 면에서 하나님의 뜻에 따르는 의지를 만들어야만 한다.(추기경에 대한 반론이다.)

97. 따라서 우리는 하나님께서 원하시는 것을 하려는 의지가 있으며, 또한 하나님이 원하시는 바에 따라가고자 하는 의지가 되어야만 한다.

✻

"여기에 제시된 선언들 가운데서 우리가 말하려 하였거나 믿는 바는, 가톨릭 교회와 교회의 교사들에게 동의하지 않는 것을 선포하려는 것은 아니다. 1517년."

여기 마지막 말은 루터의 염원이자 소망이었을 뿐이다. 충실한 로마 교회의 신자로 남아 있기를 원해서 덧붙인 문장이지만, 사실 원문은 가톨릭 교리와 정면으로 충돌하는 내용들이었다. 위에 제시된 논제들은 당시 로마 가톨릭에 만연해 있던 스콜라주의를 통렬하게 비난하는 것이고, 완전히 파괴하는 내용이기 때문이다.

97개 논제의 핵심을 압축해 보면, 루터는 오직 하나님의 은혜만을 내세우고 있다는 점이 확연히 드러난다. 그러나 루터가 이해한 신학의 핵심은 펠라기우스와 중세 스콜라주의와는 정면으로 대립된다. 루터는 '오직 하나님의 은혜로만*sola gratia*!'을 내세우고, 사람이 구원을 받는 근거는 오직 하나님의 은혜에만 의존할 뿐이다고 강변했다.[38] 사람이 행하는 착한 행위나 공로나 고생이나 헌금이나 그 어떤 것도 구원의 근거가 될 수 없다. 오직 하나님께서 값없이 주시는 은혜로만 구원이 주어진다. 그가 에르푸르트 어거스틴파 수도원에서 요한네스 폰 스타우피츠로부터 오직 그리스도를 믿음으로 구원을 얻게 된다고 은총의 신학을 배웠기 때문에 이런 관점을 가지게 되었다.[39]

루터만이 아니라, 칼뱅과 그 밖에 다른 모든 종교개혁자가 중세 시대를 향해서 부르짖은 것이 "오직 은혜로만*sola gratia*"이다. 로마 가톨릭에서는 "은혜가 우선적이다*prima gratia*"라고 가르치면서, 그 후에 인간의 선행이나 공로가 뒤따라가야 한다고 주장한다.[40] 위에 두 가지 개념을 대조해 보면, 얼핏 보기에는 차이가 나지 않는다. 매우 유사하다. 그러나 현격한 차이가 있다. 종교개혁자들의 신학이 스콜라주의자들의 그것과 어떻게 다른가를 이해할 수 있을 것이다.

스콜라주의 반박에는 가브리엘 비엘에 대한 반론이 자주 나온다. 왜 루터는 비엘에 대해서 반대하는 의견을 강력하게 제시하였을까? 루터가 에르푸르트 대학에서 공부하던 시절에 이미 오캄주의와 비엘의 신학을 수학했던 것으로 보인다.[41] 비엘은 신학파*via moderna* 혹은 유명론이라고도 부르는 후기 스콜라주의 흐름에서 중요한 신학자였다. 유명론은 윌리엄 오캄을 필두로 하여, 피에르 델리, 로버트 홀코트, 가브리엘 비엘 등이 주장했다. "비아 모데르나"와 펠라기우스 사이에는 유사성이 많은데, 사람이 자신의 노력과 성취에 근거하여 하나님께 받아들여진다고 주장한다. 중세 후기 스콜라 신학의 발전과정에서 최고 절정에 해당한다고 평가를 받는다. 비엘은 튀빙겐 대학에서 오캄의 사상을 가르치면서, 교황과 교회에 대해서는 다른 평가를 내리고 있었다.

후기 스콜라주의 신학자들과 루터와의 관련성에 대해서는 아직도 연구할 영역이 많이 남아 있다. 과연 루터가 "신어거스틴파*schola Augustiniana moderna*"로 알려진 리미니의 그레고리와 토마스 브래드워딘으로부터 영향을 받았느냐의 여부가 확인되어야 하기 때문이다.[42] 초기에 루터는 "비아 모데르나"를 주도한 윌리엄 오캄과 비엘 등을 충성스럽게 추종했다가, 차츰 벗어나게 되었으리라. 펠라기우스와 오캄주의자들, 비엘이나 모두 다 하나님이 요구하시는 칭의에 필요한 조건들을 별다른 어려움 없이 충족시킬 수 있다고 가르쳤다.

비엘은 인간의 능력에 대해서 대단히 낙관적으로 보고 있으며,

하나님과의 관계에서 필요한 모든 것을 인간이 스스로 해결할 수 있다고 보았다. 비엘은 인간이 하나님을 사랑할 수 있는 본성적인 능력과 힘을 갖고 있다고 주장했다. 하나님의 은혜가 없어서가 아니라, 인간의 무지함 때문에 올바른 일을 하지 못하고 있다는 것이다. 비엘은 사람들이 바른 것을 알기만 하면, 자동적으로 선행을 실천에 옮길 수 있다고 생각했다.

바로 여기에서 루터는 아우구스티누스의 통찰력으로부터 신학적인 바탕을 새롭게 형성하게 되었다. 인간은 죄악에 너무나 깊이 사로잡혀 있어서 특별한 하나님의 간섭이 없이는 스스로를 결코 해방시킬 수 없다고 확신하였다. 루터는 스스로 필사의 노력을 다해서 구원을 성취하는 데 요구되는 조건들을 준수했지만, 도리어 아무런 확신을 찾을 수 없었다.

결국 하나님의 의로우심이라는 사상은 루터에게 정죄와 저주와 형벌을 의미할 뿐이었다. 죄인으로서 인간의 능력에 대해서 루터는 비관적인 판단을 하게 되었고, 구원의 가능성에 대해서도 절망하게 되었다. 이것은 더 이상 신학적인 토론이나 학문적인 방법론으로 그칠 토론 주제가 아니었다. 루터는 스콜라주의자들로부터 벗어나서 성경의 교훈을 따르는 신학적 돌파구를 발견하고자 분투했던 것이다.

루터와 종교개혁자들은 본질적으로 하나님의 인격적인 요소들을 거론하였다. 그러나 중세시대 로마 가톨릭에는 구원과 은혜와 교회를 설명하는 근간으로서 하나님의 존재와 속성교리를 다루었다.

종교개혁자들은 성경해석들, 핵심 주제들, 설교, 교리문답 작성 등을 위해서 의인화된 개념과 설명을 제공하였다. 신학대학에서 핵심 주제로 교육을 담당하던 신학자들이 하나님에 대한 교리를 정교하게 발전시켜 나갔고, 교회에서는 설교하는 목회자들이 현장에서 생활에 활용되는 개념들을 소개하였다. 하나님을 아는 지식을 가지기 위해서 초대교부들의 자료들과 중세시대의 논의들이 활용되었지만, 종교개혁자들은 보다 성경에서 나오는 해설에 중점을 두면서 혁신적으로 정립하였다.

하나님은 인간의 이해를 초월하는 존재이다. 물질이 아니라 영이기에 사람이 눈에 보이지 않다. 그러면 하나님은 어떤 분이신가? 어떤 존재론적 특징을 가지신 분이신가? 하나님은 사람의 이성과 지식으로는 도무지 상상조차 할 수 없는 자존적이며, 독립적이며, 초월적인 존재이다. 오직 하나님께서 인간의 수준으로 알려 주신 계시에 의존해야만 파악할 수 있는 분이시다. 말씀 가운데서 계시하신 하나님의 존재와 특성들에 대해서도 총체적으로 파악하기란 쉽지 않다.

7) 개혁자의 확신

루터는 1545년에 자신의 젊은 날을 돌아보는 글을 발표하였다. 그는 젊은 시절에 하나님을 두려워하였다고 언급하였다. 그는 전통적인 교회의 가르침을 따라서 하나님은 한 분이시며, 인간에게 의로움을 주시는 분이라고 믿었다. 그래서 자신이 대학에서 가르치는 것들이 정통신앙을 거부하는 이단적인 사상이라고 생각해 본 적이 없었다. 그래서 그는 로마 가톨릭을 완전히 떠나면서 체제를 허물어 버리려고 철저히 파괴하려고 계획한 적이 없었다. 중세시대에는 형이상학과 인식론에서 주로 철학적인 용어가 압도적으로 채용되었다. 따라서 루터의 경우에, 로마 가톨릭 교회의 교리적 전통을 습득한 대로 표현하지 않을 수 없었다. 그럼에도 불구하고 몇 가지 중요한 신학적 용어와 개념에 있어서, 중세시대와 중세 후기 스콜라 신학자들과는 거리를 두어야 하겠다는 확고한 결심을 하기에 이르게 된다.

젊은 수도사 시절에 루터는 신비주의적이었으나, 종교개혁을 주도한 이후에서야 입장을 바꿔서 가능하면 모든 신비주의를 제거하려고 하였다.[43] 루터는 야곱의 두 아내, 레아와 라헬에 대하여 문자적인 해석보다는 신비적이고 영적인 해석을 하였고, 고린도 후서 12장 2절에 대한 설명에서도 순결하게 삼층 천에 올라갔던 바울사도처럼 추구해야 한다고 하였다. 루터는 이런 바울 사도의 특수체험은 유명론적 해석의 서막을 보여 주는 것으로 규범적 권능의 예외조항에 해당한다고 해설하였다. 하지만 루터가 유명론적인 신학의 특징적 개념을 창세기 주석을 하는 데 채용해서 하나님의 규범적 권능에 대해서 언급했다고 하더라도, 루터가 모든 성경주석에서 근본적으로 관심을 가졌던 것은 기독론적인 관점이 압도적이다. 규범적 권능이란 하나님의 측량할 수 없는 자유함에 의해서 제정된 규칙이 아니기에, 루터는 예수 그리스도 안에서 구원의 질서가 분명하게 드러났다고 확신했다. 하나님의 자비하심에서 나오는 분이 그리스도이며, 죄악된 인간을 보호하여 주는 위험으로부터 피난처가 되신다.[44] 루터는 하나님의 존재와 권능을 이해하는 과정에서 이처럼 중세 말기적인 개념들과 새로운 그리스도 십자가 신학을 모두 다 함께 갖고 있었다. 그러나 그의 「창세기 주석」에서는 성경이 보여 주는 하나님과 아리스토텔레스, 철학자들, 터키인들, 교황주의자들의 하나님은 전적으로 다르다고 설명했다.[45]

스콜라주의자들은 하나님의 무감정impassibility of God을 당연한 것으로 받아들였지만, 루터는 십자가 위에서 죽으신 예수 그리스도를 생각하면서, "하나님의 죽으심, 하나님의 순교, 하나님의 보혈, 하나님의 사망"이라는 표현을 생생하게 되살려 내고자 했다.[46] 최근 루터를 연구한 학자들은 루터가 하나님의 고통에 관해서 사용한 용어들이 결코 예외적인 것은 아니었고, 그 당시 널리 확산되어 있었던 전통적으로 알려진 기독론적인 설명들이었다고 주장한다.[47] 루터가 하나님의 고통에 관해서 언급한 것 가운데서 신적인 무감정을 약화시키려 하기보다는 전통적인 삼위일체론과 기독론적인 형이상학적 개념들을 의식적으로 제기했다는 것이다.

루터와 그를 따르는 루터교회 지도자들이 함께 공유하던 삼위일체 교리와 하나님에 대한 신학적 이해는 필립 멜란히톤이 작성한 「아우크스부르크 신앙고백서」(1530)에 담겨 있다.

우리들 가운데 교회들은 신적 본질의 통일성과 세 위격에 관하여 선포한 니케야 종교회의의 선언이 전혀 의심할 바 없이 참되고, 믿어야만 한다는 점에 전원이 동의하여 가르친다. 다시 말하면, 하나님으로 불려지는 한 분의 본질이 있고, 그 하나님은 영원하며, 물질이 아니시며, 보이지 않고, 무한하신 권능, 지혜, 선하심을 갖고 있고, 보이는 것과 보이지 않는 모든 만물의 창조주요, 보전자이시다. 성부, 성자, 성령, 세 위격이 있어서, 함께 영원하며, 동일 본질과 권능을 갖는다.[48]

스위스 종교개혁자 불링거가 만든 「제1차 헬베틱 신앙고백서」(1536)에서도 매우 유사한 선언들이 담겨 있다. "오직 한 분 하나님은 유일하시고, 참되며, 살아 계시고, 전능하신 분이시다. 하나의 본질과 삼중적 위격들을 갖고, 말씀으로 무에서 만물을 창조하셨다. 그것은 성자에 의해서 그리고 합당하게 행사하는 그의 섭리에 의해서, 진실하게 그리고 현명하게 만물을 통치하고 지배하고 보존한다."[49]

하나님의 존재와 속성들에 대한 교리를 말할 때에, 종교개혁자들은 먼저 불가이해성이라는 관문을 통과해 들어가서 시작한다. 사람이 하나님의 모든 것을 다 관통할 수 없고, 다 꿰뚫어 이해할 수 없다. 하지만 하나님을 아는 지식을 인간이 가질 수는 있다. 하나님께서 내려오셔서 사람의 수준에서 인간의 언어로 설명해 주시는 것은 알 수 있기 때문이다.

루터는 창세기 6장 5-6절에 대한 해설에서, 신적인 계시의 본질에 대해서 길게 설명하였다. "하나님은, 그 본질에 있어서, 모두 다 알려진 것이 아니다. 우리가 아무리 노력할지라도, 그분이 어떤 분인가에 대해서 언어로 규정할 수 없다."[50] 이렇게 하나님에 대한 지식을 추구하더라도 불가이해성을 언급하는 이유는 무엇보다도 신학 연구의 위험성을 경고하기 위함이다. 하나님에 대한 경건한 두려움과 존경심이 없다면, 신학을 연구한다는 것은 무의미하다. 하나님에 대한 탐구는 겸손과 신앙심을 기본으로 하지 않으면 안 된다. 말로 다 표현할 수 없는 하나님의 신성의 영원하심과 위대하심과 광대하심을 다루어야 하기 때문이다.

하나님은 도무지 다 알 수는 없는 분이지만, 루터는 다시 역설적으로 우리가 하나님을 알 수 있다고 증거한다. "하나님께서 연약한 이해력의 수준으로 자신을 낮춰 주셔서, 우리들에게 구체화된 형상 가운데 열어서 보여 주시고, 아이들에게 단순하게 알려 주듯이, 어느 상당한 정도까지는 자신을 우리가 알도록 해 주셨다."[51] 하나님 자신이 위대하신 옷을 벗으시고, 인간의 낮은 수준으로 내려오셨다.

하나님으로부터 오는 말씀의 계시가 인간이 수용 가능한 형식으로의 낮춰 주심이라는 이해는 루터의 하나님 지식론에서 매우 중요한 부분을 차지하고 있고, 역시 불링거, 칼뱅 등도 이것을 똑같이 강조하였다.[52] 루터는 하나님 자신의 본성과 위대하심은 여전히 홀로 남겨져 있어서, 사람이 원한다고 해서 어떻게 다가거나 다룰 수 있는 것이 아니다. 하지만 루터가 시편 주석에서 거듭 강조하듯이 하나님의 영광과 아름다우심을 대자연 속에서 선포하시면서도, 말씀 안에서 구원하심으로 드러내신다(시 21:5). 루터는 초월적 위대하심을 하나님의 특성으로 설명하는 철학자들의 하나님과 겸손과 낮아지심을 특성으로 하는 그리스도의 하나님이 서로 다른 분이라고 구별하지 않는다. 하나님의 영원성, 무한성, 전능하신 본성들은 복음 안에서 죄인들에게 은혜를 베풀어 주시는 하나님으로서 나타내심으로 엄청난 위로의 원천이 되었다. 루터의 신학에서, 신성의 속성들은 주로 신적인 필연성, 불변성, 무시간성, 무감각성 등으로서 감추어진 하나님의 모습들이 기능을 하는 내용들이다. 이런 것들이 기능을 하면서 한편으로는 진노로서, 인간의 가면에 대한 공격으로서 나타나고, 다른 한편으로는 선포를 통해서 항상 전파되는바 궁극적인 위로가 된다.

두 가지 방식의 지식적인 형태로 구별을 하면서, 루터는 중세 말기 신학자들과는 달리 하나님에 대해서 새롭게 이해하였다. 1518년 하이델베르크 논쟁에서, 스콜라주의자들이 추구하던 "영광의 신학자theologian of glory"와 루터 자신이 추구하는 "십자가의 신학자theologian of cross"로 구별하였다.[53] 이와 유사하게, 루터의 글에서 당대 스콜라주의자들이 하나님의 의지를 두 가지로 나눠서 대조시키는 것에 대해서도 주의를 환기시키셨다. 그러한 구분법을 반대하기보다는, 자신이 파악하는 내용으로 재해석하는 것이다.

두 가지 대조법적인 구조로 설명하는 의지에 대해서 루터는 세밀한 해석을 제시했다. 하나님의 "즐거움의 의지voluntas beneplaciti"와 "상징의 의지*voluntas signi*"를 대조시키는 스콜라주의자들의 구별에 대해서 적합한 비평을 추가하였다.[54] 전자는 하나님의 외적인 사역들 가운데서 발생하는 모든 일에 대해서 하나님의 비밀스럽고 영원한 작정에 관한 것이다. 후자는 하나님의 영원한 의지의 측면들로서, 피조물들에게 드러내기를 기뻐하신 것들이다. 이 두 가지 의지에 대해서는 루터파와 개혁파가 서로 다르게 발전시켰다.

루터는 「창세기 주석」에서 여러 차례 하나님의 의지에 대해서 두 가지 대조적인 용어를 추가적으로 설명하였다.

> 신적인 위대하심에 관한 것, 혹은 신적 의지와 같이 본질적인 것에 대한 탐구는 추구하지 말아야만 하고, 모두 다 피해야만 한다. 이 의지는 접근이 불가능하며, 하나님께서는 이 생명 안에 있는 것을 명석하게 판단해 내는 통찰력을 우리에게 주시기를 원치 않으셨다. 하나님께서는 그것을 다른 방식들을 사용하셔서 지적해 주시기를 바라셨으니, 세례, 말씀, 제단의 성례 등이다. 이런 것들이 신적인 형상들이요, "상징의 의지"이다. 그것들을 통해서 하나님께서는 우리의 이해 범위 내에서 우리와 관련을 맺으신다. 따라서 이런 것들만이 우리가 관심을 두어야 할 대상들이다. 하나님의 "좋은 즐거움의 의지"는 생각으로부터 완전히 배제시켜야만 하는데, 여러분이 모세, 다윗이나 혹은 이와 유사한 완벽한 사람이 아니라면 말이다. 이런 사람들마저도 역시 "상징의 의지"로부터 그들의 안목을 전환시키지 않는다면 "즐거움의 의지"를 볼 수 없었다.[55]

루터는 목회적인 동기에서 하나님의 "상징의 의지"가 항상 복음의 위로를 설명하는 것이라고 해석했다. 복음을 통해서 성도에게 위로를 주고, 소망을 불러일으키고, 구원을 베푸시는 하나님을 제시하려고 하는 수단들이다. 반대로 "즐거움의 의지"는 하나님의 본질적이며 영원한 의지이기는 한데, 여기서는 저주와 사망이 나올 뿐이다. 루터는 추상적인 생각을 거부하고, 목회적인 동기에서 중세시대의 구조적인 신학내용들을 새롭게 하였다.[56]

1518년 봄, 하이델베르크 신학 토론에서 돌아온 후에, 루터가 에르푸르트 대학의 인문학 교수이던 트루트페테르Trutfetter에게 보낸 편지에는 스콜라주의에 반대하는 루터의 심경이 솔직하게 담겨 있다.

교황청의 규칙들, 법령들, 스콜라주의 신학, 철학, 논리학 등, 우리가 지금 가지고 있는 것들을 완전히 제거하지 않는다면, 그리고 다른 것으로 대체하지 않으면, 교회의 개혁은 불가능할 것이라고 저는 단순하게 믿고 있습니다. 그리고 저는 이런 확신 속에서 밀고 나갈 것입니다. 저는 하나님께 날마다 이런 일이 즉각적으로 일어나게 해 주십사 기도하고 있으며, 성경과 거룩한 교부들의 순수한 연구를 주장할 것입니다. 귀하는 제가 논리학에 전문가가 아니라고 생각할 것입니다. 아마도 저는 아닐지 모릅니다. 그러나 저는 이런 제 확신을 변호함에 있어서 그 누구의 논리도 두려워하지 않습니다.[57]

여기에는 자신의 행동에 대한 루터의 인간적인 감정이 강하게 담겨 있다. 루터는 트루트페테르 교수와 같은 결론에 도달해 있음을 확실하게 드러냈다. 인문학자 트루트페테르는 아우구스티누스의 신학을 공공연히 가르치고 있었고, 정경과 묵시문서들의 차이를 확연히 구별시켰다. 하나님의 계시로 주신 성경은 믿음의 대상이지만, 그 밖의 문서들은 경험과 참고할 사항들로 취급해야만 한다는 것이다. 루터는 이러한 어거스틴파 인문주의 학자들의 성경관을 받아들였고, 거기에다가 한걸음 더 나아가서 효과적으로 대조시켜서 논쟁에서도 잘 활용하였다. 루터는 이성에 기초한 것들과 경험에서 나온 것을 단순히 의견들로 취급하여야 마땅하다고 생각했고, 교회적인 권위를 지닌 것들은 성경과 교부들의 저술들과 교회법령들은 지켜 나가야 한다고 강조했다.

1518년에 출간된 『논박의 무기』에서도 루터는 스콜라주의자들의 논리학에 대한 반감을 표현하였다. "심지어 나는 문법조차도 고려하지 않는다. 그들의 관점은 성경적 명제로 지지를 받지 못할 것이라고 하는 사실은 문법만으로도 그들에게 가르칠 수 있었을 것이다. 그러나 내가 그렇게 했더라도 그들은 올바른 문법보다 새로운 변증법에 호소했을 것이다."[58]

루터가 1518년에 발표한 「면죄부와 은혜에 관한 설교」에는 매우 중요한 입장이 담겨 있다.[59] 그는 이전보다 더 확고하게 성경과 교회에 관한 입장을 표명했다.

여러분들은 근래 상당수의 교사가, 명제집과 성 토마스의 전물 가들과 그들을 추종해서 고해성사를 세 부분으로 나누는 자들을 알고 있을 것입니다. … 이런 구별은 그들 자신들의 견해로부터 나온 것일 뿐, 성경과 초대 교회들, 거룩한 교회의 교사들에 기초를 둔 것이 아니고요, 오히려 전혀 상관이 없는 것입니다…. 이 점에 대해서 저는 전혀 의심하지 않습니다. 그들이 성경에 충분한 기초를 두고 있다면, 그들에 관해서 여러분은 전혀 의심하지 않아야만 할 것입니다. 그냥 저 스콜라주의 학자들은 스콜라적으로 있도록 내버려 둡시다. 그들을 전부 다 합쳐 놓아도, 그들의 견해들은 하나의 설교를 구성할 만큼도 못 될 것입니다.

1518년까지 루터의 태도와 입장은 분명해졌다. 스콜라주의를 공격하는 것이야말로 성경으로 돌아가는 것이요, 교부들의 전통에 충실한 것이라는 신학적 확신을 가졌다. 루터가 1518년 2월 13일 브란덴부르크의 주교에게 보낸 편지에서도 스콜라주의에 대한 비판적입장이 발견된다.

루터가 스콜라주의에 대하여 비판하는 내용들은 그 후에도 지속되어 나타난다. 때로는 루터가 스콜라주의적 방법을 부정적으로 채택해서 자신의 입장을 옹호하기도 했다. 예를 들면, 1520년에 발표한 「교회의 바빌론 유수」에서도 오캄주의자 피에르 달리가 화채설을 비판한 것을 인용하였다. 달리는 화채설을 주장해야만 예수 그리스도의 임재에 관하여 아리스토텔레스의 물리학을 적용하는 것이라고 볼 수 없다고 하면서 당시 로마 가톨릭의 성례론을 비판했다.

　수도사 출신으로 학생들을 가르치던 젊은 교수, 루터가 스콜라주의 신학의 문제점을 반박하던 초기 개혁자적 선언들과 저술들 속에서는 야심이나 영웅심에 가득 찬 혁명가의 모습을 찾아볼 수 없다. 그가 독일에서 가장 유명한 대학에서 학생들을 가르쳤던 것도 아니었다. 그리 저명한 학자도 아니었고, 그에게서 신학을 배우던 학생들도 그리 많지 않았다. 비텐베르크 대학에서 신학적인 기초를 다시 세우고자 했고 새로운 인식과 교훈을 제시했다고 해서, 유럽 전체가 주목할 리 없었다. 그러나 그가 취급한 주제는 중세 말기에 모든 성도가 해답에 목말라 하던 문제였다.

　루터가 제기한 후기 스콜라주의에 대한 비판은 죄의 문제를 해결하는 신학사상의 핵심적인 재구성이다. 각자 자신의 눈으로 성경을 읽고 판단하게 되면서, 루터가 제기한 신학사상들에 호응하는 사람들이 확산되었고, 종교개혁은 그 시대의 문제를 해결하는 운동으로 작동하게 되었다.

　개혁자의 확신은 새로운 종교개혁의 사상은 낡은 로마 교회 체제에 파열을 가져왔다. 로마 가톨릭 체제가 붕괴되기 시작한 것은 루터의 두 가지 논제로부터 기인했다. 루터는 스콜라주의를 반박하는 97개 논제를 발표한 직후, 면죄부를 거부하는 95개 논제를 제기했다. 독일 지역 전체에 루터의 주장들이 알려지게 된 것은 전혀 예상치 못한 일이었다. 루터가 쓴 이런 민감한 논제들이 유럽 전역에 널리 퍼져 나가게 될 줄은 아무도 몰랐다. 1517년 10월 31일, 95개 논제를 제시하였는데, 이것은 학교에서 토론하는 것이 아니라 성도들에게 직접적으로 해당하는 내용이라서 파장이 엄청났다.[60]

이 사건의 역사성에 대해서는 다소 논의가 있다. 루터가 95개 조항을 직접 본인이 내걸었다고 언급한 증거자료가 아직까지는 발견되지 않았다. 그러면 우리는 이런 역사적 사건의 사실성에 대해서 어떻게 생각해야만 하는가? 첫째로는 루터가 직접 논제들을 게시판에 내걸었다는 주장이다. 이것을 처음 언급한 사람을 멜란히톤이다. 그는 루터가 사망한 후 몇 달 뒤에, 루터의 저작물들 중에서 중요한 것들을 모아서 2권으로 출판하였는데, 그 책 서문에서 루터가 성문에 내걸었다고 밝혀 놓았다. 그런데, 안타깝게도 멜란히톤은 루터가 이런 일을 벌이던 현장에 없었다. 왜냐면 그가 비텐베르크 대학에 부름을 받고 교수가 되어 학생들을 가르치기 위해서 이사를 온 것은 1518년 8월이었기 때문이다.

둘째로는 루터가 게시판에 내다 걸지 않았다는 주장이 있다. 처음으로 이 사건의 역사성에 대해서 의문을 제기한 사람은 로마 가톨릭에 속한 독일 역사학자 어윈 이셀로이다. 그는 루터가 95개 조항을 교회당에다가 걸어 놓은 것이 아니라, 브란덴부르크의 추기경 알브레히트에게 편지로만 보냈다고 주장하였다.[61] 교회의 공적인 사건이 아니라 개인적인 항의와 시정을 요청했다는 것이다.

세 번째 주장은 이런 논쟁들을 검토한 후, 루터의 비서 혹은 학교 직원이 게시판에 부착시켰다는 매우 사실적인 해석이다. 그가 직접 게재하지는 않았지만, 다른 사람이 게시하도록 했었다는 주장인데, 이게 사실이라면 루터가 게재했다는 것과 별로 다르지 않다. 왜냐면 당시 비텐베르크 대학의 교수들은 토론 주제를 대학교회 게시판에 미리 내걸어서, 교수들과 학생들을 토론에 초대했었다. 그런데 토론 주제를 게시하는 일은 주로 실무적인 일을 담당했던 학교 교직원이 수행했다. 이런 행정적인 업무를 수행했던 교직원이 토론 주제를 문에다가 공고문으로 내다 걸었다.[62] 또 다른 증거로는 루터의 비서였던 게오르그 뢰러(1492-1557)가 1540년 루터의 신약성경 개정판에 남겨 놓은 기록에 보면, 루터가 공식문서를 알리는 방식으로 성벽교회에 게시판에 내걸었다고 언급되어 있다.[63] 11월 1일은 만성절이자 공휴일이었으므로, 하루 전에 깊은 신학적 토론을 하기에는 적합했을 것이다.

그러나 멜란히톤이 남긴 증언을 거부할 만한 다른 내용이 없기 때문에, 지금까지 여러 학설이 제기되어 있으나, 역사적 중요성에 대해서는 아무도 부인하지 않고 받아들이고 있다. 루터가 이 논제들을 당시 중요한 직위에 있었던 상부 성직자들에게 보냈다는 사실은 그 누구도 부인할 수 없다. 비텐베르크를 관할하던 주교 히에로니무스 슐츠와 브란덴부르크 알브레히트에게 95개 조항을 보냈지만, 아무런 답변이나 책임 있는 조치가 없었다.[64] 알브레히트는 면죄부 판매 사업을 신중하게 관리하라는 명령을 내렸을 뿐이다. 루터는 면죄부라는 것이 일시적이요 한정적인 죄에 대해서만 적용해야 한다고 주장했던 것이고, 하나님의 은혜를 제공하는 안전장치가 되어서는 안 된다고 비판하였다.

구원의 확신에 대한 의구심과 위기를 해소하기 위해서 몸부림을 치던 루터를 통해서 비슷한 문제로 고뇌하던 성도들이 해답을 얻게 된 것이다. 죄가 어떻게 용서를 받는가? 죄인이 어떻게 구원을 얻을 수 있는가? 하나님의 의로움과 심판은 무엇인가? 은혜로 인해서 사람의 종교적 선행과 공로가 형성되는 것인가? 고해성사는 부족하다고 생각하고 있었는데, 3마르크(독일에서는 2002년 2월부터 마르크화를 폐지하고 유로화를 전면적으로 사용하고 있어서 정확히 환산하기는 어려움) 정도에 해당하는 성의를 표시하고 면죄부를 구입하면 다 용서를 받을까? 그것으로 장차 연옥에서 당하게 될 형벌을 모두 면제받을 수 있을까?

루터가 제기한 면죄부의 남용문제는 독일 지역에 팽배해 있던 일반 시민들의 불만과 두려움을 일거에 해소할 수 있는 폭발성을 갖고 있었다. 면죄부는 당시 로마 교황청의 주된 수입원이었고, 주로 독일에서 가장 많이 팔렸다. 프랑스, 영국, 스페인 등은 국가주의와 왕권이 견고해서 면죄부 판매를 무한대로 확장할 수 없었다. 독일에서 면죄부가 대량으로 판매된 배후에는 독일 최대 은행업자 푸거 가문이 개입해 있었다. 야곱 푸거 주니어는 교황청과 결탁하여 신성로마제국 황제 선출에서 합스부르크 왕가 막시밀리안 1세(1459-1519)로부터 그의 손자 카를 5세(1500-1558)로 이어지도록 자금을 살포했다. 충실한 로마 가톨릭 신자였던 푸거 주니어는 프랑스 국왕 프랑수아 1세(1494-1547)가 경쟁에서 밀려나도록 총 선거자금 85만 길더 중에서 54만 길더를 제공했고, 광산 채굴권과 은행, 귀금속 사업 등으로 보상받았다. 최악의 교황 알렉산데르 6세가 전쟁과 타락으로 교황청 재정을 파탄 내고 흑사병으로 사망하자, 율리우스 2세(1503-1513)가 베드로 대성당 건축을 시작했다. 이어서 교황 레오 10세(1513-1521)는 은행업자 로렌조 메디치의 둘째 아들로서, 면죄부를 대량 판매하는 상업적 수법을 사용했다.

2

맺는 말

지금까지 우리는 중세 말기 지성적인 배경에서 수도사와 교수로 사역했던 루터의 사상적 변화와 발전에 관한 추적을 해 보았다. 과연 어떻게 하여서 루터가 이러한 관행적 면죄부 판매가 성행하던 시대를 함께 살아가면서도 그토록 굳어진 관행들을 반성하게 되는 과정을 살펴보았다. 그가 어떻게 해서 그러한 새로운 확신을 주장하게 되는 전환점을 거쳐 갔는지 확인할 수 있었다.

루터가 성경을 연구하여 더 깊이 들어가게 되면서 스콜라주의에 반박하는 97개 논제와 95개 조항을 연거푸 작성할 수 있었다. 루터가 시편부터 시작하여 로마서, 갈라디아서, 히브리서로 이어지는 강해를 하게 되면서, 그간 일련의 성경탐구의 과정에서 느꼈던 것들이 결정적으로 모인 것이라고 할 수 있다. 마침내 중요한 복음에의 확신을 갖기에 이른 것이다. 그는 초대 교회의 전통과 아우구스티누스의 은총론을 흡입하였고, 놀라운 창의력으로 자신의 시대적 문제점을 비판할 수 있는 안목을 갖추게 되었다. 루터는 차츰 일부 교부들이나 당대 신학자들에게 지나치게 의존하지 않아야만 한다는 사실을 파악했고, 성경 자체의 증거를 더 높이 존중하면서 진력해 나갔다. 이것이 스콜라주의를 배격하고, 종교개혁이라는 새로운 신학의 차이점들을 만들어 내는 데 결정적으로 작용했다.

주석

|

1 E. Rummel, *The Humanist-Scholastic Debate in the Renaissance and Reformation* (Cambridge: London, 1995).

2 Cornelis Augustijn, "Reformation and scholasticism," in *Reformation and scholasticism*, eds. Willem J. van Asselt & E. Dekker (Grand Rapids: Baker Academic, 2001), 67-85.

3 Peter Lombard, *The Sentences*, tr. Giulio Silano, 4 vols. (Toronto: Pontifical Institue of Medieval Studies, 2007-2010).

4 Jacques Le Goff, *The Birth of Purgatory* (Chicago: University of Chicago Press, 1984), 217, 266-278.

5 Gabriel Audisio, *The Waldensian Dissent: Persecution and Survival, c.1170-c.1570* (Cambridge: Cambridge University Press, 1999); Walter L. Wakefield & Austin P. Evans, *The Heresies of the High Medieval Ages. Records of Civilization, Sources & Studies* 81 (N.Y.: Columbia University Press, 1969), 346-351.

6 Thomas Aquinas, *Summa Theologiae*, 1.2.113.8.

7 Gerald Bray, *God Has Spoken: A History of Christian Thought* (Wheaton: Crossway, 2014), 476-508.

8 John Frame, *The Doctrine of the Knowledge of God* (Phillipsburg: P&R, 1987), 292-293.

9 John L. Farthing, *Thomas Aquinas and Gabriel Biel: Interpretations of St. Thomas Aquinas in German Nominalism on the Eve of Reformation* (Durham, N.C.: Duke University Press, 1988); Otto H. Pesch, *Martin Luther, Thomas von Aquin und die reformatorische Kritik an der Scholastik: Zur Geschichte und Wirkungsgeschichte eines Missverständniss mit weltgeschichtlichen Folgen* (Göttingen: Vandenhoeck & Ruprecht, 1994).

10 F. Oakley, *Omnipotence and promise: The legacy of the scholastic distinction of powers* (Toronto: Pontifical Institute of Medieval Studies, 2002); idem, *Medieval Theories of Natural Law: William of Ockham and the Significance of the Voluntarist tradition*, "Natural Law Forum" 6(1961) 65-83.

11 Richard Muller, *Dictionary of Latin and Greek Theological Terms: Drawn Principally from Protestant Scholatic Theology* (Grand Rapids: Baker, 1985), 231-232.

12 Thomas Bradwardine, "The Cause of God against the Pelagians," in *Forerunners of the Reformation*, ed. Heiko A. Oberman, tr. Paul L. Nyhus (London: Lutterworth, 1967); Gordon Leff, *Bradwardine and the Pelagians; a study of his "De causa Dei" and its opponents* (Cambridge: University Press, 1957); Heiko A. Oberman, Achbishop Tomas Bradwardine, *A Fourteenth Century Augustinian* (Utrecht: Kemink & Zoon, 1957); Gordon Leff, *Gregory of Rimini* (Manchester: Manchester University Press, 1961).

13 *Luther's Works*, 34:336-338.

14 W. van't Spijker, *Luther en Calvijn: De invloed van Luther op Calvijn blijkens de Institutie* (Kampen: 1985).

15 Paul Althaus, *The Theology of Martin Luther* (Philadelphia: Fortress, 1966), 3.

16 Wright, *Martin Luther's Understanding of God's Two Kingdoms*, 97.

17 *Luther's Works*, 31:9-16.

18 *Luther's Works*, 32:227.

19 *Luther's Works*, 40:55.

20 Martin Grabmann, *Geschichte der scholastischen Methode*, 2 vols. (Freiburg im Breisgau, 1909-11, reprint, Graz, 1957).

21 L. M. De Rijk, "The Early Origin of the Theory of Supposition," in Norman Kretzmann, Jan Pinborg & Anthony Kenny, eds., *The Cambridge History of Later Medieval Philosophy* (Cambridge: 1982), 161-173.

22 Millard J. Erickson, *Concise Dictionary of Christian Theology* (Grand Rapids: Baker, 1994), 140.

23 W. Urban, 'Die "via moderna" an der Universität Erfurt am Vorabend der Reformation' in *Gregor von Rimini: Werk und Wirkung bis zur Reformation*, ed. H.A. Oberman (Berlin and New York: De Gruyter, 1981), 311-330; E. Kleineidam, "Die Bedeutung der Augustinereremiten für die Universtät Erfurt im Mittelalter und in der Reformationszeit," in *Scientia Augustiana: Festschrift für Adolar Zumkeller* (Würzburg: Augustinus, 1975), 395-422.

24 Adolar Zumkeller, "Die Augustinertheologien Simon Fidati von Cascia und Hugolin von Orvieto und Martin Luthers Kiritik an Aristoteles," *Archiv für Reformationsgeschichte*

54(1963): 13-37; Wilhelm Link, *Das Ringen Luthers um die Freiheit der Theologie von der Philosophie,* ed. Ernst Wolf & Manfred Mezger (Munich: C. Kaiser, 1955), 160-163.

25 Heiko A. Oberman, *Forerunners of the Reformation: the shape of late medieval thought: illustrated by key documents* (New York: Holt, Rinehart and Winston, 1966); idem, *The Reformation: Roots & Ramifications* (Edinburgh: T & T Clark, 1994); *idem, Masters of Reformation: The Emergence of a New Intellectual Climate in Europe* (New York: Cambridge University Press, 1981), 64-110.

26 Heiko A. Oberman, "Headwaters of the Reformation: Initia Lutheri-Initia Reformations," reprinted in *The Dawn of the Reformation: essays in late medieval and early Reformation thought* (Grand Rapids: Eerdmans, 1992), 64-110; David C. Steinmetz, *Luther and Staupitz: An Essay in the Intellectual Origins of the Proestant Reformation* (Durham: Duke University Press, 1980), 13-27.

27 Alister E. McGrath, *Reformation Thought: An Introduction* (Oxford: Blackwell, 1999, 3rd ed.), 59-74; idem, *Intellectual Origins of the European Reformation* (Oxford: Blackwell, 1987), 180-195.

28 *Luther's Works*, 25:261, 497.

29 Ernst Kähler, *Karlstadt und Augustin: Der Kommentar des Andreas Bodenstein von Karlstadt zu Augustins Schrift De spiritu et litera,* Hallische Monographein 19 (Halle: Niemeyer, 1952), 8-37.

30 Willem J. van Asselt & Eef Dekker, eds., *Reformation and Scholasticism* (Grand Rapids: Eerdmans, 2001), 45-75.

31 Luther, *Disputation against Scholastic Theology, Luther's Works*, Conrad Gergendorff, ed. (Philadelphia: Muhlenberg, 1958), 31:5-16; *Luther's Work* 31: 333-377.

32 H. A. Oberman, The Harvest of Medieval Theology: Gabriel Biel and Late Medieval Nominalism (Cambridge: Harvard University Press, 1963), 120-184; W. Ernst, *Gott und Mensch am Vorabend der Reformation: Eine Untersuchung zur Moralphilosophie und Theologie bei Gabriel Biel* (Leipzig: 1972).

33 Herman Selderhuis, *Luther, A man seeking God* (Wheaton: Crossway, 2016); 「루터: 루터를 말하다」, 신호섭 역 (서울: 세움북스, 2016), 130-131.

34 *Ibid.*, 131.

35 L. Grane, *Contra Gabrielem: Luthers Auseinandersetzung mit Gabriel Biel in der*

Disputation Contra Scholasticam Theologiam 1517(Gyldendal, 1962); H. A. Oberman, "Headwaters of the Reformation: Initia Lutheri–Initia Reformationis," in *Dawn of Reformation: Essays in Late Medieval and Early Reformation Thought* (Edinburgh: T&T Clark, 1986), 39–83.

[36] Bernhard Lohse, *Martin Luther: An Introduction to His Life and Work* (Philadelphia: Fortress, 1986), 30.

[37] 여기에 소개하는 97개 조항은 필자가 한국어로 번역한 것이다. 영문번역은 여러 종류가 나와 있다. 참고, https://www.theologynetwork.org/unquenchable-flame/luther/the-97-theses.htm

[38] Paul Althaus, *The Theology of Martin Luther* (Philadelphia: Fortress, 1966), 141–143.

[39] Franz Posset, "Johannes von Staupitz's Influence on Martin Luther," http://religion.oxfordre.com/

[40] Bishop Robert Barron, "Grace First or Grace Alone," *Christianity Today* (April, 2017), 44–46.

[41] Lief Grane, *Contra Gabrielem: Luthers Auseinandersetzung mit Gabriel Biel in der Disputatio contra scholasticam theologian* (Gyldendal: 1962); Bernhard Lohse, Martin Luther, 22.

[42] Heiko A. Oberman, "Headwaters of the Reformation," in *The Dawn of the Reformation: Essay in Late Medieval and Early Reformation Thought* (Edinburgh: 1986), 39–83. 이에 대한 대표적인 반론으로는 Alister E. McGrath, *Reformation Thought: An Introduction* (Oxford: Blackwell, 1999), 제4장, 스콜라주의와 종교개혁.

[43] H. A. Oberman, "Via Antiqua and Via Moderna: Late Medieval Prolegomena to Early Reformation Thought," in A. Hudson, M. Wilks, eds., "From Ockham to Wyclif" (Oxford: Black-well, 1987), 445–463.

[44] Oberman, *The Dawn of the Reformation*, 139.

[45] Luther, *Lectures on Genesis Chapters*, 21–25, *LW* 4:145.

[46] Luther, *On the Councils and the Church* (1539), *LW* 41:104.

[47] David J. Luy, *Dominus Mortis: Martin Luther and the Incorruptibility of God in Christ* (Minneapolis: Fortress, 2014).

[48] Robert Kolb and Timothy J. Wengert, eds., *The Book of Concord: The Confessions of the Evangelical Lutheran Church* (Minneapolis: Fortress, 2000), 300.

49 "The First Helvetic Confession of Faith of 1536," 6항. Arthur C. Cochrane, ed., *Reformed Confessions of the Sixteenth Century* (Louisville: Westminster John Knox, 2003), 101.

50 Luther, *Lectures on Genesis Chapters 6-14*, *LW* 2:45.

51 *Ibid*.

52 Roland F. Ziegler, "Luther and Calvin on God: Origins of Lutheran and Reformed Difference," *Concordia Theological Quarterly* 75 (2011): 64-76; Paulson, "Luther's Doctrine of God," 194-198.

53 Robert Colb, "Luther's Function in an age of Confessionalization," in *The Cambridge Companion to Martin Luther*, ed. Donald K. McKim (Cambridge: Cambridge University Press, 2003), 214-223.

54 Scott R. Swain, "The Being and Attributes of God," in *Reformation Thought*, 223-224.

55 Luther, *Lectures on Genesis Chapters 6-14*, *LW* 2:47, 48. 4:143-145.

56 Volker Leppin, "Luther's Transformation of Medieval Thought: Continuity and Discontinuity," in *Oxford Handbook of Martin Luther's Theology*, 115-125.

57 Luther's letter to Jodocus Trutfetter, 1518년 5월 9일자. *Martin Luthers Werke* (Weimar: Böhlau, 1930), 1:170.33-40; Translated from D.V.N. Bagchi, "Sic Et Non: Luther and Scholasticism," in *Protestant Scholasticism: Essays in Reassessment*, eds., Calr Truman & R.S. Scott (Cumbria: Paternoster, 1999), 8-9.

58 Luther, *Resolutiones disputationum de indulgentiarum virtute, conclusio* 26; Werke, Kritische Gesammtausgabe, 1:577.

59 Luther, *Ein Sermon von den Ablass und Gnade*, 1518. D. Martin Luther's Werke, 1:243.4-10, 1:246.27-30.

60 Volker Leppin and Timothy J. Wengert, "Sources for and against the Posting of the Ninety-Five Theses," *Lutheran Quarterly* Vol. XXIX (2015): 373-398.

61 Erwin Iserloh, *Luther zwischen Reform und Reformation. Der Thesenanschlag fand nicht statt* (Münster: 1966); *The Theses Were Not Posted: Luther Between Reform and Reformation* (Boston: Beacon Press, 1968). Otto Pesch, "Twenty Years of Catholic Luther Research" *Lutheran World*, 13 (1966): 305. Richard Marius, *Luther, a Biography* (Philadelphia: Lippincott, 1974), 70; Thurman L. Smith, "Luther and the Iserloh Thesis from a Numismatic Perspective," *The Sixteenth Century Journal* Vol. 20, No. 2

(Summer, 1989), 183-201.

62 Selderhuis, *Luther, A man seeking God*: 신호섭 역, 『루터를 말하다』, 159.

63 Joachim Ott & Martin Treu(Hrsg.), "Luthers Thesenanschlag Faktum oder Fiktion" (Schriften der Stiftung Luthergedenkstätten in Sachsen-Anhalt 9), (Leipzig: 2008).

64 Volker Leppin, *Martin Luther*(Darmstat: Primus Verlag, 2006), 124.

제5장

칼뱅이 체계화한
기독교 신학

고전으로 돌아가자.
ad fontes

칼뱅의 신학사상도 루터와 비슷한 과정에서 형성되었다. 한편으로는 스스로 끊임없이 성경을 터득해 나가면서 이해의 폭을 확장해 나갔고, 다른 한편으로는 반대자들이나 다른 사람들과의 논쟁을 통해서 형성되었다. 자신이 제시한 내용들을 다시 거론하면서 계속해서 추가해 나가고 보강되는 특징을 가지고 있다. 칼뱅은 성경의 권위에 대해서 확신을 가졌으며, 인간의 수준으로 계시가 낮춰져서 주어진 것이라는 점, 신구약 성경의 통일성에 대한 강조, 인간 저자의 의도를 밝혀 보려는 목표, 교회의 유익을 위해서 조사하고 연구하는 일들을 지속해 나갔다.

성자나 영웅이나 위인이나 하루아침에 완성되거나, 어느 날 갑자기 정점에 도달한 것이 아니다. 어떤 위대한 스승의 가르침을 전수하였다고 해서 최고 수준에 도달할 수 있는 것도 아니다. 더구나 기독교 신학의 정립은 하나님의 은혜를 입은 신학자라야만 가능하고. 물론 본인이 스스로 노력해서 점차 광범위하게 파악하고, 발전되어 나가야 한다. 칼뱅의 성경 연구가 깊어지면서 기독교의 기본 교리에 대한 체계적 구성이 이루어졌다. 주석하는 작업이 병행되었고, 수많은 논쟁에서도 참고한 것들이 매우 결정적인 구성요소들이 되어서 담겨 있다. 칼뱅의 신학사상은 그의 주요 저서인 『기독교 강요』에서만 살펴볼 것이 아니라, 그가 성경에 관련되어서 남긴 것들을 모두 다 살펴보아야만 한다. 칼뱅은 체계적인 저술들을 남겼는데, 구약과 신약 성경에 대한 주석들, 대중을 향한 설교들, 반대파와의 논쟁들과 신학논문들, 제네바 신앙고백서와 교리문답서, 편지들, 각종 서문들 등이 있다. 순수한 성경적 진리를 지켜 내기 위해서 각종 잡다한 주장들을 비판하고, 성경적인 교리의 의미와 내용을 보충하는 방식을 사용하였다.

프랑스 귀족 사회는 유럽 북동부 비텐베르크로부터 온 루터의 개혁사상이 전해지면서 큰 혼란을 겪고 있었다. 파리의 지식인들은 새로운 자극에 대해서 호의적이었지만, 국왕과 소르본 신학자들은 그런 그들을 극렬하게 탄압했다. 그 소용돌이의 한복판에서 신예 법학자 칼뱅은 하루아침에 도망자의 신분으로 쫓기는 신세가 되었다. 청년 법학자 칼뱅은 친구의 집에 숨어 들어가서 스스로 성경에 대해서 연구하였다. 약 7천 권의 책을 소장하고 있었던 친구, 뒤 티에 집안이 프랑스 남부 앙굴렘 지방의 귀족이었기에, 피신해 있던 동안에도 조용히 연구에만 전념할 수 있었다. 밤을 지새우며 기독교 고전들과 루터의 저서들을 연구하게 되었고, 마침내 칼뱅은 탁월한 복음의 변호사로서, 개신교 종교개혁의 영특한 변호인으로 등장하였다.

정치적으로나 지성적인 분위기에서나, 프랑스는 중앙집권적인 세습제 국왕이 강력한 친정 체제를 구축하고 있었다. 프랑스 여러 대학교에서 성장한 칼뱅은 국왕 프랑수아 1세의 권세와 소르본 가톨릭 신학자들과 대립해야 했으므로, 그가 처해 있던 상황은 독일 작센 지방의 루터와는 완전히 달랐다. 스콜라주의 신학을 전혀 학습한 적이 없었던 칼뱅은 오직 성경 말씀과 기독교 초대 교회의 고전적인 해석들을 가장 중요한 근간으로 삼아서 주의 깊게 성경적 교훈들을 정리했다.

1

경건의 신학, 성령의 신학자

가장 특징적으로 드러나는 칼뱅의 신학세계는 하나님의 말씀을 존중하면서 진심으로 경외심을 표현하려는 경건이다.[1] 경건의 신학을 간단히 한 마디로 요약할 수는 없다. 평생을 칼뱅의 라틴어 저서들을 영어로 번역하고 연구하는 데 헌신했던 배틀즈 박사는 칼뱅의 경건이란 "개인적으로는 조용하면서도 깊은 경건함과 진실한 겸손을 유지하면서도 공적으로는 맡은 교회의 직분에 최선을 다하는 헌신"이라고 규정하였다.[2] 지난 오백 년간 지속되어 온 수많은 신학도들과 성도들이 칼뱅을 통해서 얻게 되는 감동의 요인이 바로 그의 경건한 신학에 담겨 있다고 볼 수 있다.

그러한 감동이 주어지기 때문에, 지난 2천 년 기독교의 역사 속에서 칼뱅은 기독교의 신학을 가장 탁월하고 순수하게 제시한 최고의 신학자로 추앙을 받고 있는 것이다. 초대 교회로부터 지금까지 가장 영향력을 발휘한 신학자들로는 아우구스티누스, 제롬, 암브로스, 그레고리 등을 손꼽는데 칼뱅은 이들 네 사람의 업적을 다 모아 놓은 것보다 훨씬 더 위대한 신학자로 인정을 받고 있다.

성경적인 신학의 전체 구조와 강조점들을 구축해 나감에 있어서, 칼뱅은 그의 동시대의 개혁자들과는 사뭇 다른 출발점에서 기독교 사상을 탐구하게 되었다. 칼뱅은 중세 후기의 유명론, 소위 신학파라는 '비아 모데르나' 운동을 전개한 스콜라주의 신학자들, 신비주의자들 등 수도사와 로마 가톨릭 신부가 되기 위해서 제도화해 놓은 신학 지식과는 거의 상관이 없다. 수도원이나 신학대학에서 가르쳐 주던 지적 추구의 과정을 전혀 거치지 않았기 때문이다. 칼뱅은 단한 번도 중세 후기 로마 가톨릭 성직자 양성과정에서 신학 수업을 받아 본 적이 없었다. 물론, 프랑스에서는 국왕이 종교개혁을 반체제로 규정하여 철저히 압박하고 있었기에, 개신교 신학자들에게서 신학수업을 받을 기회도 전혀 없었다. 다행히도 이미 루터와 츠빙글리의 라틴어 서적들이 프랑스 지식인들 사이에 퍼져 있었기에, 새로운 지성을 추구하던 프랑스 엘리트 법학도 칼뱅이 여러 서적을 취득해서 읽어 볼 수는 있었다.

기본적으로 칼뱅은 제네바 교회의 설교자로 살면서, 생애 동안에 거의 날마다 강단 위에 올라갔으며, 성경의 순서대로 몇 구절씩을 연속적으로 선포하고 강의했다. 칼뱅은 교회의 개혁과 경건의 증진을 위하여 자신이 감당해야 할 가장 중요한 임무가 성경의 해석자가 되는 것이라고 생각했다. 칼뱅이 남긴 것들은 모두 다 성경해석과 관련을 맺고 있다. 칼뱅은 주일에 2회, 주중에는 거의 매일 일반 성도들에게 설교를 했고, 신학생들에게 성경을 강해하여 주석을 남겼다. 그는 수많은 논쟁에 간여하면서 신학논문들을 발표했고, 제네바 성도들의 신앙교육에 필요한 문답서들을 만들었다. 개인적으로 물어 오는 수많은 질문에 대해서 보낸 답변들과 격려차 보낸 편지들 속에도 주요한 종교개혁의 원리들이 담겨 있다. 무려 1천 5백 회 이상의 설교를 통해서 성경을 선포하였는데 일부는 소실되어서 사라지고 말았다. 이것은 성경 각 구절에 대해서 지대한 관심을 갖고 정확한 해석을 남기고자 노력했음을 보여 준다. 신약성경에 대해서는, 요한 서신서 일부와 계시록을 제외하고는, 거의 모든 구절에 대하여 주석을 마쳤고, 출판까지 하였다.

종교개혁으로 수많은 신학자 사이에 논쟁의 소용돌이가 있었다. 로마 가톨릭에서는 칼뱅을 향해 지독한 독설을 퍼붓고 험담을 퍼뜨렸고, 원치 않게도 갈수록 반대파들이 늘어났다. 여기서 독자들은 너무나 딱딱하고 매서운 콧날이 우뚝 선 얼굴로 그려진 칼뱅의 초상화에 사로잡히거나, 비판자들이 퍼뜨려 놓은 선입관에 따라가지는 않았는지 자문해야만 한다. 독자들이 싫어하거나, 이해하지 못하는 사상들이 칼뱅의 신학적인 진술 속에서 발견될 때에, 좀 더 진술하게 평가하여야 할 것이다. 때로는 자신들의 부족함을 인정하기 싫어하거나, 교단과 교파의 성향에 따라서 비판하는 일이 많다. 칼뱅의 저서들을 신중하게 살펴보지 않은 채, 사람들은 그저 그의 진의를 왜곡하거나 비난한다. 그러나 지금까지 세계 모든 신학대학에서 가장 많이 읽히는 저서들이 칼뱅의 것이라고 한다면, 그래서 전세계적으로 깊은 감동을 주고 있으며 오늘날까지도 거의 모든 신학자들과 목회자들에게 가장 많이 읽히고 있다고 하면, 이제는 좀 더 공정한 평가를 내려야 하고, 마땅히 그의 공로에 대해서 인정해야만 할 것이다.

진솔하게 칼뱅의 신학 사상을 탐색하는 사람마다 역동성을 느끼고 감동을 하게 되는데, 그리스도를 통한 참되고 순수한 구원의 지식을 맛보게 된다. 그 어느 부분을 읽더라도, 칼뱅은 하나님의 말씀과 성령 사이의 내재적 긴밀성이 항상 작동한다는 유기적 연계성에 대한 강조를 했다. 이것은 매우 독보적인 특징이다. 성경을 생각하고 읽고 해석하려 할 때에, 가장 기본적으로 고려되어야 할 사항은 생명력, 역동적인 성령의 내적 조명이라고 칼뱅은 확신했다.

제네바의 종교개혁자로 확고하게 세움을 받게 된 칼뱅의 문서가 있다. 로마 교회 추기경이자 카르펜트라의 주교, 샤돌레가 제네바 시를 향해서 다시 로마 가톨릭으로 돌아오라는 공개서한을 시의회에 보내왔다. 시의회 대표자가 칼뱅에게 찾아와서 간청하자 「야곱 샤돌레에 대한 반론」(1539)을 작성했다. 칼뱅은 공개 질의서를 보내온 자에게 분명하고 단호하게 경종을 울렸다. 참된 교회란 로마

234

교회가 아니며, 순수하게 복음의 말씀을 선포하는 교회라고 지적했다. 성경은 하나님의 말씀이기에 최종 권위라는 것과, 성경과 살아서 역사하시는 성령님과 결코 분리시킬 수 없다. 교회의 통일성이란 교리와 치리와 성례의 합당한 시행에 있는 것이지 결코 역사적 연속성이 아니기에, 제네바 교회가 다시 예전처럼 로마 가톨릭 체제로 되돌아갈 수 없다고 밝혔다. 그 이유는 교황과 교회의 권위를 최고 근거로 주장하기 때문이다. 제네바는 불과 수년 전, 1535년에 종교개혁을 받아들이기로 결정했는데, 이제 다시 로마 가톨릭으로 복귀해서 오랫동안 익숙해 오던 구체제로 되돌아갈 것이냐의 기로에 놓여 있었다. 칼뱅은 그러한 혼돈을 부채질하고 있던 일부 급진주의 재세례파에 대해서도 역시 동일한 비판을 가했다. 그들은 성경 말씀 이외에 자신들의 내면에 성령의 역사가 따로 주어져 있다고 주장하였기에 칼뱅은 철저히 거부하였다.

이처럼 칼뱅은 분명한 "성경의 신학자"이다. 하지만 그를 그렇게 부르지 않고, 수많은 칼뱅 연구자는 "성령의 신학자"라고 평가하고 있다.[3] 어떻게 해서 그러한 평판과 별칭이 주어지게 되었던가? 모든 기독교 신자들에게 가장 도움을 주는 칼뱅의 위대한 공헌은 중세시대에 교회 전통과 성례주의에 기울어져서 완전히 잊혀 있던 성령의 사역을 회복하였다는 것이다. 칼뱅은 철저하게 삼위일체 되신 하나님의 영광을 드높이는 성경의 증거에 따라가고자 했다. 무엇보다도 중세기 로마 가톨릭 교회가 철저히 외면해 버린 온전한 신학의 핵심은 삼위일체되시는 하나님을 경외하는 데 있음을 확신했다. 그러면서 칼뱅은 성령의 영광과 사역에 대해서 동등함을 입증했고, 교회가 세워지기 훨씬 전부터 태초에 창조사역에서부터 간여하고 있음을 강조하였다.

칼뱅은 프랑스 종교개혁의 선구자이자, 유럽 종교개혁 시대의 종합적인 사상체계를 수립한 신학자이다. 이미 독일어권에서 선구자로 활동했던 루터와 츠빙글리, 마르틴 부서와 멜란히톤 등이 먼저 앞서서 열어 놓은 토대 위에서 최고의 신학체계를 쌓아 올렸다. 칼뱅은 전혀 다른 환경에서 성숙하였지만, 결국 루터의 동료이자 후배가 되어서 종교개혁의 신학을 종합적으로 구축하였다. 당대 종교개혁의 선두주자들이 발견한 것들을 받아들인 제2세대에 속하는 칼뱅이 보다 더 건고한 성경적 토대를 제시한 것이다. 구원의 적용은 성례를 통해서 전달되는 것이 아니라, 오직 성령의 사역에서 오는 혜택들과 열매들이라고 칼뱅이 강조하였던 것이다. 칼뱅은 성령의 영광과 사역을 새롭게 회복시켰으나 사실 이러한 입장은 루터, 부서, 버미글리, 츠빙글리 등 선두 주자들이 이미 거론하였던 것에 기초한 것이다. 성경의 설명에 대해서 주의를 기울이지 않았던 중세 후기 로마 가톨릭 스콜라주의 신학에서는 자동적인 성례의 집행에 참석하기만 하면 은혜를 주입받게 된다고 가르쳤던 것이다.

성령께서는 말씀과 함께 역사하신다는 것이 칼뱅의 확고한 신념이었다. 성령이 오실 때에 새로운 교리나 예언을 가져오는 것이 아니라, 우리의 마음속에 복음의 진리를 인상깊게 심어 놓는다. 그러나 로마 가톨릭 교회에서는 전통이나 교황들이나 종교회의 등을 통해서 "사람"이 결정한 바에 따라서 하나님의 말씀이 예속되어 버리고 말았다. 이러한 상황과 문제점들과 모순점에 대해서 칼뱅이 철저히 파악하게 되어 가면서, 그는 로마 가톨릭의 신학체계를 완전히 거부하였다.

2

|

기독교 교리와『기독교 강요』

칼뱅은 처절하게 짓밟히고 있었던 프랑스 종교개혁자들과 개혁신앙을 가진 성도들을 변호하기 위해서 초보적 교리 교재를 당시 프랑스 국왕에게 변론하려는 목적으로 작성하였고, 헌사를 썼다. 그런데 이 책이 불세출의 명저,『기독교 강요』(1536)가 되었다. 그 후 최종개정판이 완성되기까지 지속적으로 성경의 가르침들을 광범위하게 집대성하여 기본적인 교본으로 꾸몄다. 성경에 근거한 참된 믿음을 지켜 나가는 가운데서, 참된 교리들에 대한 신실한 증거들을 제시하고자 핵심 주제들에 대한 해설을 모은 것이다. 단 한 권으로 칼뱅의 신학사상을 집결시킨 책, 그리하여 칼뱅의 대표작으로 인식되는 책이『기독교 강요』이다.[4] 칼뱅은 이 책에다가 충분히 설명하지 못한 것들은 주석들과 설교에서 보충적으로 언급되어 있다고 지적하였다. 칼뱅의『기독교 강요』와 성경주석들은 동전의 양면과 같이 긴밀한 구조를 이루고 있다. 『기독교 강요』에서는 성경주석에서 설명하고자 하는 것들을 주제별로 재구성하여 보다 실제적으로 제시하였다는 의미이다.

1) 교리들과 신학적인 주제들

칼뱅의 신학사상에서 핵심이 되는 것은 예수 그리스도의 복음에 대한 일관된 통일성이다. 그가 남긴 모든 신학적인 해설들은 "복음을 설명하는 가르침들doctrina"인데, 그가 이러한 신학방법론을 채택하면서 일관되게 추구하고 제시하며 활용하였음은 놀라운 일이다. "참된 신앙이 우리에게 빛을 발하도록 하기 위해서는 반드시 하늘의 교리에서 시작해야 한다는 것과 성경의 제자가 되지 않고서는 어느 누구도 올바르고 건전한 교리를 조금도 맛볼 수 없다는 것을 유념해야 한다."[5] 칼뱅이 강조하는 "하늘의 교리caelestis doctrina"는 성경에 기초해서 정립한 "바르고 건전한 교리"이다. 여기서 사용된 교리 혹은 교훈들에 해당하는 "독트리나"는 한글로 번역하거나 옮기기가 쉽지 않은데, 편의상 "교리"라고 해석한다. "독트리나"는 매우 중요한 신학적 개념들 중에 하나로서, 칼뱅만이 아니라 16세기 종교개혁자들이 일반적으로 채택한 개념이다. 칼뱅은 그저 정지된 상태에서 암송만을 하는 교리, 그래서 매우 부정적인 측면이 드러난 "독트리나"의 개념을 사용하지 않았다. 중세시대에는 교리와 성경해석이 각각 분리되어서 연관성이 없었다.

기독교를 압축해서 한마디로 표현하자면, 오직 참된 진리는 예수 그리스도의 교리라고 칼뱅은 강조하였다. 칼뱅은 성경을 "하나의 독트리나"라고 확신하였기에, 문자주의로 빠지거나 율법주의자들처럼 얽매이지 않았다. 이런 중요한 문제들에 대한 칼뱅의 교리적 해석들은 매우 단순하고, 역동적이며, 생동감이 넘치는 경건한 진술들로 구성되어져 있다.

칼뱅에게 있어서 "독트리나"는 성경의 내용을 주제별로 비교하면서 해석하여 교훈을 도출하는 방법론이다. 성경은 하나님의 자기 계시로서 "기독교 신앙의 핵심 교리이다*propia fidei doctrina*."[6] 오늘날의 신학분류로 재해석하자면, 조직신학과 성경신학이 조화롭게 연결되어 있으면서, 거기에다가 설교와 목회를 다루는 실천신학이 합쳐진 상태이다. 교리신학자이자, 성경해석가이며, 설교자의 역할을 한 사람 칼뱅이 수행했다는 의미가 된다.[7] 칼뱅에게 있어서 이런 여러 가지 신학의 분야는 하나의 통합된 신학을 구성하는 요소들이었다. 칼뱅은 통합된 신학체계를 추구했으며 동시에 각 분과들을 서로 완전히 분리시키거나 별도로 떼어서 구축하려는 방법론을 거부했다.

"독트리나"는 종교개혁자들이 흔히 채택한 개념이라서 따로 칼뱅이 그런 방법론적인 중요성을 따로 설명할 필요가 없었다.[8] 중세와 초기 종교개혁자들의 신학에는 '신앙*religio*', '칭의론*iustificatio*', '성화*sanctificatio*' 등을 주제로 정해서 중점적으로 정립하고자 노력했다. 중세 말기에 사용된 신학적 개념들과는 달리, 칼뱅의 저술들은 총체적으로 "복음을 설명하는 가르침들*doctrina*"의 특징을 드러낸다. "독트리나"의 주요 재료는 성경이기에, 히브리어와 헬라어 단어에 대한 이해와 검증은 필수적이었다. 칼뱅의 사상 속에는 성경의 인간 저자가 가졌던 원래 의도를 파악하고자 문법에 대한 검토가 철저하였다.

칼뱅이 "독트리나"의 개념을 채용하게 된 것은 누구든지 쉽게 성경을 이해할 수 있다는 확신에서 나온 것이다. 누구든지 성경을 읽으면, 복음을 이해할 수 있는 것이다. 성경 저자의 관점을 드러내려고 하기 때문이다. 그는 성경을 기록한 인간 저자가 밝혀 주고자 하는 중요한 의도와 중심적인 의미를 파악해서 강조하려는 하였다. 예를 들면, 칼뱅은 성경을 다루면서 언제나 각권의 인간 저자가 다루고 있는 것에 담긴 기독론, 교회론, 성령론 등을 강해식으로 풀어내려 했던 것이다.

"참된 교리*sana doctrina*"는 단순하며, 복음도 역시 "단순한 독트리나 *simplex doctrina*"이다. 이것은 칼뱅의 확신 가운데서 작동하고 있었고, 핵심적인 저술들에서도 사용되고 있음이 확연히 드러나는 난다. 칼뱅은 1536년에 『기독교 강요』 초판을 발간했을 때에, 이미 서문에서 자신의 "교훈집*Institutes*"은 "단순하고, 기본적인 가르침의 형태"를 제시하는 것이며, "거룩한 교리의 종합summa of the *sacra doctrina*"이 될 것이라고 언급한 바 있다.[9] 이러한 단순하고 가능한 간략하게 하려는 이유는 교리의 개요를 효과적으로 전달하고자 함이다. "독트리나"의 신학적 개념은 놀랍게도 그 후에 나오는 저작들 가운데서 지속적으로 도전을 주는 요소가 되어졌다. 칼뱅은 모든 성경 주석에서도 단순하게 풀이하고자 한다는 원칙을 유지했다.

칼뱅이 의도적으로 본문에서 단순한 교리를 추론하려는 것은 당시 로마 가톨릭 스콜라신학자들이나 철학자들이 하던 방식과는 다르게 시도하려는 것이었다. 디모데전서 1장 3절의 주석에서, 칼뱅은 이러한 의도를 언급하였다. 진리는 단순하고 명쾌하게 제시될 수 있다는 신념을 가졌다. 일생에 걸쳐서 칼뱅은 가장 핵심적으로 치중한 사역이 성경해석이었는데, 단순하고, 명쾌하게, 분명하게, 이해될 수 있도록 설명하고자 노력했다. 간단하고 명료하게 성경의 뜻을 밝혀 주려는 노력에 집중하였던 것은 하나님의 도구로서 쓰임을 받은 인간 저자의 의도를 정확하게 밝혀 주려는 의도가 담겨 있었기 때문이다. 본문 안에서 좁은 의미를 찾아보면서도, 전체적으로 어떤 문학적인 범주를 특수하게 사용하였는지, 어떤 역사적 상황이 반영되었는지에 대해서도 관심을 기울였다.

거의 모든 성경주석에서 칼뱅이 제시한 "교훈 혹은 교리"(독트리나)의 핵심이 되는 중심적인 주제들은 결코 이성적이거나 철학적인 개념이 아니었다. 칼뱅은 성경을 살펴보면서 형식적으로 어떤 한 가지 틀이나 구도를 정해 놓지 않았다. 신학적인 방법론만을 추구하지도 않았고, 문법적이고 문자적인 해석에만 한정한 것도 아니다. 칼뱅이 성경에서 "교훈과 교리"를 밝히고자 노력했던 것은 성경의 통일성을 확신했기 때문이다. 모든 성경책은 어느 곳을 살펴보더라도 근원이 되는 예수 그리스도로부터 나온 것이기에, 전체 성경*tota Scriptura*을 다함께 고려하여 살펴보면 항상 동일한 출발점에서 이해할 수 있다.

그러면 칼뱅이 어떤 교리에 대해서 가장 많은 글을 작성했는가를 살펴보자. 문서로 출판된 것들 중에서, 칼뱅이 가장 많은 시간을 할애해서 논쟁이나 신학논문으로 다룬 주제는 당시 뜨거운 대립이 있었던 주제들이다. 16세기 종교개혁자들 사이에서 신학논쟁이 첨예하게 맞서던 쟁점들에 관한 것들이다. 칼뱅은 성만찬에 대해서 가장 많은 글을 남겼다. 그다음이 예정에 관한 것, 삼위일체, 기독론에 관련된 것들 순이다. 하지만, 발표한 분량이 많다고 해서, 이런 주제들이 칼뱅의 중심교리라고 해석해서는 곤란하다. 그가 가장 많은 저술을 발표한 주제라고 하더라도, 그 교리가 성경의 핵심이라고 말할 수 없다. 칼뱅의 신학논문들은 어디까지나 그가 처해 있었던 시대적 상황과 무관하지 않기 때문이다.

칼뱅이 성만찬에 관련해서 작성한 글은 모두 십여 편에 이른다. 성만찬에 관해서 칼뱅이 해설한 것들은 매우 중요한 시점에서 작성되었고, 결정적으로 큰 공헌을 했다. 그가 속했던 제네바는 이웃 도시 베른과 로잔의 군사적인 도움을 크게 입어서 사보이 공국에서 벗어나게 되었다. 이 세 권역의 신학자들이 모이는 "로잔토론Lausanne Colloquy"(1536년 여름)이 개최되었는데, 프랑스어권 스위스 지역의 종교개혁을 결정짓는 매우 중요한 회의였다. 칼뱅은 제네바에 설교자로 합류한 직후였기에, 스물일곱 살의 젊은 칼뱅이 마침 이 중요한 토론회에 참가하여 기욤 파렐과 피에르 비레를 지원하는 발언을 하게 되었다. 칼뱅은 놀라운 지성과 정확한 기억력을 활용하여 터툴리안을 인용하면서 미사의 폐지와 성상의 제거 등 주요한 문제들에 대해서 역설하였다.[10] 베른시의 관할지역 내에서는 강단 장식, 성상들, 성례도구들을 모두 다 제거하는 결정을 내렸고, 1536년 10월 19일까지 완료했다.

예수 그리스도의 특별하고도 영적인 임재를 강조하는 칼뱅의 성만찬에 대한 해설들은 지금까지도 큰 영향을 끼치고 있다. 칼뱅이 이웃 지역교회들과의 연합과 연대를 중요시하면서 불링거와 다른 종교개혁자들 사이에 1549년에 제정한 "티구리누스 합의Consensus Tigurinus"에서도 성만찬은 중요한 주제로 다뤄졌다. 칼뱅이 루터파 신학자 베스트팔Joachim Westphal(1510-1574)과의 논쟁한 주제도 역시 성만찬에 대한 것이다. 그 이전에 이미 칼뱅은 평신도들을 위해서 1541년에 성만찬에 대한 해설을 출판했다. 1560년에는 루터파 목회자들에 대한 답변으로 개혁교회 목회자들을 위해서 작성했으며, 헤수시우스Tileman Heshusius를 반박하는 글도 발표했다. 칼뱅은 부서와 카피토 등과 합의하는 문서를 1537년에 이미 작성한 바 있었다.

예정론에 관련해서는 칼뱅이 일곱 편의 논문을 발표하였다. 칼뱅은 예정론에 반대하는 피기우스, 볼섹, 카스텔리오, 소시니 등을 비판하는 글을 작성하였다. 삼위일체 교리에 대한 칼뱅의 주장들은 피에르 카롤리, 로잔토론, 세르베투스 사건들과 관련된 것들이다. 폴란드 반삼위일체론자들과 재세례파를 공격하는 논문들을 통해서 칼뱅은 개혁신학과 경건의 체계를 확고히 세워 나가려고 하였다.

그 밖에도 하나님을 아는 지식과 인간을 아는 지식, 창조주와 피조물 사이의 관계, 성경의 명료성과 충족성, 하나님의 창조, 섭리, 언약, 구속주의 사역들, 죄인으로서 인간, 구원을 적용시키는 성령의 수많은 사역―칭의, 성화, 그리스도와의 연합, 양자됨, 교회론 등을 중요하게 다뤘다. 이런 신학적인 주제들을 칼뱅이 매우 중요하게 다룬 이유는 교회의 미래를 위해서 기초가 되기 때문이고, 당시 사람들이 신실한 믿음을 간직하도록 돕기 위해서였다. 수많은 주제를 설명하는 동안에, 칼뱅이 개혁신학을 제시하면서 여러 가지 갱신을 도모하였지만, 무작정 혁신에만 몰두한 것은 아니다. 도리어 칼뱅은 전통적으로 거론되어 온 신학주제들을 사용하면서, 교회를 유익하게 하기 위해서 새로운 신학을 제공하려고 노력하였다. 거의 모든 저술 분야에서 칼뱅은 과거의 신학에 대한 기억을 되살려 냈고, 새롭게 제시하였다.

2) 『기독교 강요』의 특징들

거의 전 생애 동안, 칼뱅이 무려 23년간의 노력을 집중한 교리적인 교과서이자 대표작품, 『기독교 강요』의 구조와 내용을 살펴보면, 교리_doctrina_와 실제적 경건_pietatis_이 결코 분리되지 않고 오히려 긴밀하게 연결되어 있음에 주목하게 된다. 가장 중요한 성경의 가르침을 이해하도록 도움을 주면서, 성도들의 경건을 향상시키기 위해서 그 모든 교리의 해설들에 있어 실제적인 적용을 목표로 진술된다. 칼뱅에게서 그리스도를 아는 것과 구원받은 성도의 경건은 본질적으로 결합되어 있으며, 결코 분리할 수 없이 중요한 신앙인의 가치가 된다.

기독교의 교훈들에 대해서 연구하려는 모든 신학도와 목회자는 일목요연하게 주제별로 정리된 칼뱅의 해설을 『기독교 강요』에서 발견하게 된다. 이 책이 지난 오백 년 동안 엄청난 영향력을 끼치고 있는 이유는 그 내용이 성경의 가르침을 압축해 놓은 표준 교과서이기 때문이며, 동시에 깊고도 경건한 신앙의 헌장이라서 남다른 감동을 주기 때문이다. 체계적으로 압축된 칼뱅의 신학세계를 맛보고 싶은 사람들은 그의 대표작, 『기독교 강요』에서 몇 구절을 살펴보면서 감동을 받게 된다. 칼뱅이 거론한 주제들과 해설한 바에 따라서 모든 기독교 교리가 결정되었다고 할 수는 없지만, 후대 개혁주의 정통신학이 개신교회를 지켜 낼 수 있도록 종합적인 진리체계를 제공하였던 것이다.

그러나 우리가 그저 칼뱅의 책에 나오는 몇 구절을 암송한다거나, 그 내용 몇 마디를 인용했다고 해서, 그의 신학사상을 온전하게 파악했다고 말하는 것은 매우 얄팍한 처신이다. 앞에서 언급한 바와 같이, 성경주석과 설교와 신학논문과 교리문답서, 심지어 편지까지도 참고해야 그의 깊은 사상 전모를 파악할 수 있다. 칼뱅은 『기독교 강요』에다가 기본적으로 성경에 충실한 교훈들을 제시하면서, 다른 곳에 남긴 해설들을 참고하라고 충고하였다.

칼뱅의 『기독교 강요』 초판본에 담긴 내용은 거의 초기 종교개혁자들의 문서들과 큰 차이가 없다. 마치 루터, 멜란히톤, 츠빙글리 등이 펴냈던 교리문답서와 매우 유사했다. 칼뱅은 제2세대의 종교개혁자기 때문에 첫 세대의 신학자들이 거론했던 기본적인 내용들과 핵심적인 쟁점들에 대해서 충분히 파악할 수 있었다. 칼뱅은 라틴어와 프랑스어로 나온 것들은 거의 다 섭렵할 수 있었다. 루터와 에라스무스 사이에 자유의지 논쟁이 일어났던 것을 다 파악할 수 있었다. 구약성경의 가치, 언약과 세례에 대한 재세례파의 주장들, 교회와 국가와의 관계설정에 대한 논쟁들은 이미 칼뱅보다 앞선 개혁자들 사이에서 뜨거운 쟁점들이었다. 다만 칼뱅이 독일어는 이해할 줄 몰랐기에 그쪽 자료들은 접할 수 없었다.

또 다른 측면에서, 칼뱅의 신학세계를 들여다볼 수 있는 흥미로운 요소가 있는데, 그것은 그가 전혀 신학교육을 신학대학에서 받지 않았다는 사실이다. 대학교에서 어떤 특정한 학파로부터도 신학을 배운 일이 없었기에, 그는 당대의 스콜라주의 신학자들의 광범위한 영향에서 벗어나 있었다. 기본적으로 칼뱅의 신학세계는 자유로운 마음에서 정리된 것들이다. 대부분의 신학자는 스콜라주의 학자들이 이미 정리해 놓은 것들을 근거로 해서 체계를 구성했으나, 칼뱅은 그 누구에게서도 결정적으로 세뇌를 당하지 않았다. 이것은 자신이 깨우친 바를 과감하게 펴낼 수 있는 자유함을 제공하였다.

파리에서 오늘날의 중·고등학교(콜레주) 과정을 거치면서 신학 예비지식을 쌓았지만, 그가 전공한 것은 법학이었다. 그래서 법조문을 해석하듯이 성경의 본래 의미와 취지를 파헤쳐서 밝혀 주는 장점을 겸비하게 되었다. 칼뱅은 르네상스 휴머니즘이 강조하던 인문학을 공부했기에, "원자료"를 중요하는 고전어 연구를 통해서 가능한 명료한 의미를 재구성하는 것을 학문의 최고봉으로 인정하였다. 루터, 부서, 츠빙글리, 외콜람파디우스 등이 앞서서 많은 자료를 남겨 놓았다. 거기에다가 초대교부들의 저술들을 접하고 난 후에, 아우구스티누스의 저술들을 충분히 활용할 수 있었다. 칼뱅이 가장 많은 영향을 받은 신학자는 단연코 아우구스티누스였다.

칼뱅은 초대 교회의 사건들과 교훈들에서 교회의 모범을 찾으려 하였다. 교회의 규칙과 조직을 규정함에 있어서 제롬의 디도서 주석을 많이 참고하였다. 바젤의 출판사에서는 1520년 이후로 라틴어판 교부들의 고전들이 많이 출판되었다. 칼뱅이 주로 인용한 교부들은 수없이 많다; 가이사랴의 바실, 터틀리안, 이레니우스, 로마의 클레멘트, 키프리안, 알렉산드리아의 시릴, 크리소스톰, 그레고리 대제, 오리겐, 안디옥의 이그나시우스, 저스틴 마터, 니사의 그레고리, 제롬, 유세비우스 등이다. 칼뱅은 헬라 교부들 중에서도 아타나시우스와 가이사랴의 바실을 좋아했는데, 라틴 교부들과 헬라 교부들을 모두 다 진정한 기독교인들로 인정하였고, 어느 한쪽에만 치우치지 않았다.

1539년 증보판은 제네바에서 해고를 당하여 임시로 머물고 있던 스트라스부르에서 보완한 것들이다. 증보판에서 칼뱅은 『기독교 강요』에서 취급하는 교리와 주제들을 다루는 의도를 밝혔다. 이 무렵에 칼뱅은 로마서 주해서를 출판했는데, 이것과 『기독교 강요』가 중복되지 않게 하려는 의도를 밝힌 것이다. 또한 개정판 서문에서 칼뱅은 이 책이 신학을 연구하려는 목회자 후보생들에게 성경의 입문서가 되기를 소망한다고 밝혔다. 칼뱅이 책의 제목으로 내세운 『기독교 강요_Institutes_』라는 용어는 이미 락탄티우스가 310년에 출판한 책, 『신학교훈집_De divinis institutionibus_』에서 사용한 단어이다. 칼뱅에게 많은 영향을 끼친 에라스무스의 책, 「기독교 원리 강요_Institutio principis christiani_」(1516)에서도 이 용어가 이미 쓰였다. 칼뱅은 『기독교 강요』에서 교리적 해설을 제시하여 자신의 사역을 변호하고자 하였다.

원래 『기독교 강요』 초판은 여섯 장으로 구성되었으나, 1539년 개정판은 총 17장으로 늘어났다. 가장 많은 해설이 추가된 것은 칭의와 선행에 관한 부분이었고, 신약과 구약의 관계성, 칭의, 섭리 등이 눈에 띄게 양적으로나 질적으로나 초판과는 비교가 되지 않을 만큼 확장되었다. 칼뱅은 츠빙글리의 「참된 종교와 거짓 종교에 대한 해설서」(1525)에게서 많은 부분을 참고했고, 멜란히톤의 「신학총론」(1521, 1536)에서도 큰 유익을 얻었던 것으로 보인다. 첫 번째 개정판에서 새로 추가한 내용과 변경한 구조를 살펴보면, 결정적으로 로마서와 연관된 주제들이다.

칼뱅이 1538년부터 1542년까지 스트라스부르에 머무는 동안에 마르틴 부서의 간청으로 여러 차례 신학토론 모임에 참여했었다. 하게나우, 보름스, 레겐스부르크 등 여러 곳에 다녀온 후에, 새롭게 추가한 내용들을 1543년 수정판 『기독교 강요』에 담았다. 성직자가 독신서약을 하는 것에 대한 문제점과 사람들이 개발한 교회의 전통에 대해서도 비판했다. 특히 초대 교회 교부들이 남긴 저술들을 연구해서 많이 인용하였다. 부서가 개혁파 교회를 운영하고 있던 바를 참고한 내용들도 교회의 질서를 다룬 부분에 많이 추가되었다. 다시 제네바로 돌아온 후에, 1550년에 상당히 큰 책으로 확대된 개정판을 출간했다. 여기에는 성도의 양심에 대한 성경적인 해설들과 교부들의 가르침이 추가되었다.

마침내 최종판을 1559년에 내놓으면서, 칼뱅은 거의 새로운 책으로 구조가 갖춰지도록 발전한 것에 대해 매우 만족했다. 최종판은 모두 4권으로 확대되었고, 각각 주제들을 재배치하였다. 추가된 내용 중에서 상당히 많은 부분은 교부들과 초대 교회에서 인용한 것들이다. 그만큼 신학의 기본에 대한 지식이 축적되었다는 의미가 있다. 또한 그 당시 신학자들이 토론하던 주제들을 다루면서 자신의 견해를 개진하고 주장하기 위해서 상당히 많은 분량을 확장했는데, 특히 성경에서 관련 주절들을 찾아본 것들에 대해서 자세히 설명하였다.

제1권은 참된 지식은 하나님을 아는 지식과 인간을 아는 지식으로 구성된다. 본질적인 지식의 이중적 성격을 다루는데, 창조주이자 동시에 구속주로서 하나님에 대해서 이중적인 지식을 가지라는 것이 아니다. 하나님을 아는 지식에 대해서는 루터, 부서, 츠빙글리 등이 이미 거론한 바 있었으나, 칼뱅처럼 모든 신학의 출발점에서 거론되지는 않았었다. 하나님과 인간 자신을 아는 지식은 일상적인 인간론과는 다른 요소를 갖고 있다. 하나님과 인간 사이에는 그리스도와의 교통이라는 방식으로 상호 교제를 나눈다.

칼뱅이 전개한 기독교 신학의 중심은 하나님을 아는 지식과 인간에 대한 참된 지혜를 갖는 것이다. "우리가 가진 모든 지혜는 하나님을 아는 것과 우리 자신에 대한 것이라고 할 수 있다"고 시작한다(I.i.1). 그런데 이 두 지식은 긴밀하게 서로 연결되어 있다. 우리 자신에 대한 지식을 가지려면, 먼저 하나님의 얼굴을 바라보아야만 한다(I.i.2). 이런 중심 진리에 대해서 불신자들만 무지한 것이 아니라, 신자들도 자기 자신들을 하나님보다 더 높이는 것이다. 이사야 44장 10절을 인용하면서, 칼뱅은 하나님께 영광을 돌리지 않는 인간의 어리석음을 지적한다. 하나님을 아는 지식을 인간 스스로 발견할 수 없으므로, 알려 주신 바에 따라서 살아가야 하는 인간이기에 경외심을 가지고 절대적으로 의존하면서 살아가야만 한다.

인간에게 하나님을 알게 하신 분은 오직 예수 그리스도이므로, 중보자이신 그리스도를 통해서 우리의 눈을 열어야 한다. 정통신학의 근간이 되어 온 바를 종합하면서, 칼뱅은 삼위일체 교리를 중점적으로 다뤘다. 칼뱅은 세르베투스의 왜곡에 대해서도 비판하는 한편, 아우구스티누스의 전통을 비중 있게 참고하면서도 적극적으로 독자적인 태도를 견지했다. 아우구스티누스는 삼위 위격들 사이에 맺어진 관계에 집중해서 논의했지만, 칼뱅은 하나님 자신보다는 하나님이 우리와 맺으시는 관계에 더욱더 관심이 있었다. 칼뱅은 성자와 성령의 자존성과 세 위격이 지니고 계신 통일성을 주로 강조한다. "우리를 위해서 일하시는 하나님"이라는 개념이 자주 강조되고 있다.

하나님의 형상으로서 인간을 다루는 부분에서 영혼과 육체를 모두 다 강조하여 일차적으로는 플라톤의 이원론을 거부한다. 영혼은 육체에 생기를 불어넣고, 인간의 생활을 지배하며, 하나님을 알고 영광을 돌릴 수 있는 능력을 부여한다고 보았다. 인간의 영혼 혹은 마음은 창조의 면류관이며, 양심과 관련을 맺는 부분이다. 인간이 확실하게 선악을 분별하고 하나님의 심판에 책임을 지는 양심이야 말로 하나님의 형상이 자리하고 있음을 지적했다. 칼뱅은 영혼 속에 인간의 본질적인 요인이 담겨 있다고 하면서, "인간의 정신은 참으로 영민해서 천지를 탐구하고, 자연의 비밀을 추구하며, 그 이해력과 기억력으로 매사를 제 순서에 배열하고 과거를 가지고 미래를 추론함으로써 모든 세대를 파악하는데, 이것에는 육체로부터 분리되는 어떤 것이 감춰져 있다"(I.xv.3).

종교개혁자들은 섭리에 관한 교리를 중요하게 취급했는데, 하나님께서는 단순히 창조하시고 그친 것이 아니라 계속해서 만물을 다스리고 주관하시는 권능을 행사하기 때문이다. 칼뱅은 가장 종합적인 섭리론을 제시했는데, 일반섭리, 특수섭리, 특별섭리를 분석해 냈다.[11] 섭리란 하나님께서 세상과 우주에서 행하시는 항구적이고 보편적인 사역을 진행하심을 의미한다. 칼뱅의 섭리론은 운명론, 결정론, 숙명론을 격파하는 데 유익을 주었다. 인간의 역사 속에 우연이나 운명이란 존재하지 않으며, 오직 전능하신 하나님의 뜻이 이루어지고 있을 뿐이다. 하나님의 오묘하신 통치와 보존과 돌보심을 웅변적으로 표현하는 다음 구절이 자주 소개되고 있다: "한 방울의 빗줄기라도 하나님의 확고한 명령이 없이는 떨어지지 않는다"(I. xvi.5). 하나님에게는 우발적인 것은 없으며, 영원부터 마지막 날까지 친히 행하실 바를 작정하셨고, 권능으로써 이루어 가신다.

기독론에 집중하는 제2권에서는 먼저 구원이 필요한 아담의 죄 문제와 그리스도를 대조적으로 다루었다. 아담이 하나님께 반역하여 타락해서 원죄가 모든 사람 안에 존재하게 되었다(II.1.8). 인간은 타락해서 더 이상 하나님의 말씀에 성실하게 순응하려 하지 않으며, 철저한 불신앙과 불성실에 빠져서 자신의 길에 함몰되고 말았다. 아담의 불순종이라는 죄악으로 인해서 모든 사람의 의지와 이성이 모두 다 오염되고 말았다. 이제 인간에게 주어진 하나님의 형상이 파손되었고, 하나님께로부터 떨어져서 본성적 부패를 지니게 되었다.

인간은 죄를 범하여 하나님께로부터 떨어져 나갔고 다시 돌아올 수 없게 되었으므로, 하나님께서는 자기 백성들에게 은혜로 율법을 주셨다는 것이 칼뱅의 기본입장이다. 그는 율법의 요구와 기능을 하나님의 언약이라는 관점에서 풀어 보려고 하였다. 루터는 율법을 은혜가 아닌 죄와 관계된 것으로 해석하여서 부정적으로 규정했는데, 칼뱅은 신자들과 연관을 맺고 있으며, 그리스도에게 인도하는 교사와 같다고 하였다. 칼뱅이 제시한 율법의 세 가지 기능은 매우 긍정적인 관점이다(II.vii.5). 첫째로 율법은 죄를 비춰 주는 거울의 기능을 한다. 율법은 죄를 감독하고 정죄하는 용도로 사용되었다. 율법의 둘째 기능은 세상에서 악을 억제하는 역할을 감당한다. 칼뱅은 이들 두 가지 용도는 선택을 받은 자들이나 비택자들에게나 모두 적용된다고 보았다. 세 번째 기능은 감사의 규범이자 복음에 대한 표준으로서의 기능이다. 칼뱅은 이것을 가장 중요한 용도로 인식했다. 그리스도인들은 새 생활을 하는 새사람들로서 율법에 따라서 살겠다고 고백하는 것이다.

성령의 인격과 사역에 대해서 설명하는 『기독교 강요』의 제3권은 칭의와 성화에 대해서 집중된 개혁주의 은혜 교리의 헌장과 같다. 칼뱅은 철저하게 믿음을 통해서 베풀어 주시는 은총론을 옹호하면서 그 어떤 인간의 행위라도 공로가 될 수 없다는 점을 분명히 했다. 주기도문 해설과 기도의 신학에 대해서 설명하면서 모두 다 성령의 열매들로 다루었다. 믿음의 확실성, 구원의 확신을 다루는 부분에서 칼뱅은 예정론 교리에 주목할 것을 촉구한다. 예정론을 다루는 칼뱅의 관심사항은 결코 사변적으로 하나님 자신의 은밀한 계획을 파악해 보겠다는 것이 아니다. 선택의 교훈은 그리스도 안에서 누리는 견인으로 인한 위로와 기쁨이다(III.xxiv.9).

그리스도와 교제를 나누는 자기 백성들에게 하나님께서 베풀어 주시는 은혜의 방편들을 다루는 것이 『기독교 강요』 제4권에 주된 내용들이다. 보이는 교회와 보이지 않는 교회, 참된 교회와 거짓 교회, 신자들의 어머니로서의 교회 등이 종교개혁자로서 칼뱅이 강조한 내용들이다. 세례와 성만찬에 대한 중요한 해석들이 풍성하게 담겨 있다. 칼뱅은 권징을 교회의 본질이라고 풀이하면서, 사람을 살려 내고자 하는 취지에서 교회가 치리권을 행사할 것을 주장했다. 교회와 국가와의 관계설정에서 모든 권세가 하나님께로부터 주어진다는 것으로 마무리한다.

3) 제네바 교리문답서

유럽에서 종교개혁을 받아들인 도시들은 거의 대부분 신앙고백서, 교리 문답서를 발간하여서 그 지역의 개신교 교회들이 통일된 가르침을 시민들과 후손들이 이해하도록 노력했다. 16세기 신앙고백서와 교리문답서는 성도들에 대한 양육만이 아니라, 목회자를 양성하는 신학교육에서도 매우 중요한 위치를 차지하고 있었다. 그러나 유럽 개혁주의 교회들이 하나의 통일된 신앙고백서를 만드는 데는 어려움이 많았다. 칼뱅은 하나의 통합된 고백서가 나올 수 있기를 강력하게 희망하면서, 취리히에서 불링거가 작성한 "제2헬베틱 고백서"(1566)가 나오기까지 협력을 아끼지 않았고, 독일 남부에서 "하이델베르크 교리문답서"(1563)에 대해서도 깊은 관심을 가졌다. 칼뱅의 희망이 이루어지지는 못했지만, 그가 만든 제네바 교리문답서는 주변 여러 지역의 교회에 엄청난 영향을 끼쳤다.

칼뱅의 신학사상은 처음 발표한 것들에다가 계속해서 확장을 거듭하였지만, 핵심내용을 바꾼다거나 중요한 변화를 시도한 것이란 전혀 없었다. 이러한 그의 신학적 점진성을 가장 간략하게 살펴보려면, 1537년에 만들어진 첫 번째 제네바 교리문답서와 그 이후 1542년과 1545년에 개정된 제네바 교리문답서를 참고해 보면 쉽게 파악할 수 있다.[12] 첫 번째 제네바 교리문답서(1537)는 초판 『기독교 강요』(1536)와의 사이에 중요한 연속성이 발견된다. 두 번째 제네바 교리문답서(1542)는 『기독교 강요』 개정판(1539)에서 확장한 교리내용들이 압축된 것이다.

제네바 문답서에서 가장 민감하게 수정된 부분은 성만찬에 관한 해설이다. 1537년 문답서에서는 매우 단순하게 떡과 포도주가 상징하는 것이며, 성령을 통하여 임재하시는 주님의 몸과 피와의 교통이라고 기술하였다. 1542년 문답서에서는 성령을 통하여 가능하게 되어지는 것임을 한층 더 강조하였다. 초판 제네바 문답서에서는 칼뱅주의 성령론의 초기 단계가 표현되어 있었다면, 개정판 제네바 문답서에는 성령의 비밀스러운 역사를 통해서 그리스도의 몸과 피에 실제적으로 참여하는 방식이라는 것을 훨씬 더 강조하였던 1539년 판 『기독교 강요』와의 유사성을 발견하게 된다.

하나님의 권능과 힘은 성령 안에서 나타난다는 점을 『기독교 강요』에서도 강조되었다(III.ii.46). 믿음은 "성령의 조명이며", 신적인 진리 안에서 확실성을 강화시켜 준다(III.ii.36). 하나님께서는 성령을 통해서 자신의 나라 안에서 친히 제정하신 법을 집행하시고, 이끌어 나가신다. 사람들 속에서 성령의 뜻이 작동하여서 하나님의 뜻이 성취되게 하시기에, 성도들은 하나님을 기쁘시게 하는 모든 일을 사랑하는 것이 무엇인가를 배우게 된다(III.ii.82,84).

칼뱅의 성령론에서 특징적인 교리는 성령께서 그리스도의 인격과 사역에서 함께 긴밀하게 역사하시는 것을 강조한 점이다. 그리스도는 자신의 영이 행사하는 권능을 통해서 모든 선한 일을 성취하시며, "성도들의 구원을 지켜 주신다"(III.ii.58). 개정된 제네바 문답서에서도 성령의 사역에 대한 설명이 많이 증보되었다. 성령은 구원가운데서 성도들이 살아가게 하는 권능을 행사하면서, 그리스도의 인격과 사역의 권능이 성도들의 가슴속에서 느껴지게 하신다. 성령은 성도들로 하여금 그리스도께서 베풀어 주신 혜택의 이해가 가능하도록 조명하신다. 그리스도는 성령의 권능에 근거해서 성도들의 승리를 성취하신다.

제네바 교리문답서는 총 분량이 제한되어 있어서 안타깝게도 『기독교 강요』에서 취급했던 내용들이 전혀 다뤄지지 못한 것들도 많다. 그중에 하나가 그리스도인의 자유함에 대한 것이다. 1542년 이후로, 제네바 목회자들은 자녀들에게 교리문답서를 기준으로 삼아서 철저하게 가르쳤다. 제네바 교리문답서는 공식적으로 채택되었을 뿐만 아니라, 주변 지역의 언어로 번역되어서 확산되었다. 칼뱅이 생존해 있던 시대에 이탈리아어와 스페인어로 이미 번역되었고, 1563년에는 독일어로 번역되었다. 네덜란드, 스코틀랜드, 폴란드, 헝가리 등여러 곳에서 영향을 발휘했다. 기본적으로는 프랑스어로 작성되었기 때문에, 가장 큰 효력을 준 곳은 역시 프랑스 개혁교회였다.

제네바 교리문답서를 활용한 신앙 교육이 활발하게 이루어졌다는 것은 칼뱅의 노력이 정착되어서 효과를 드러낸 부분들 중에 하나이다. 이에 덧붙여서, 칼뱅은 1559년에 "제네바 아카데미"를 설립하여 우수한 인재들을 양성하는 데 앞장을 섰다. 1576년에 출판된 아우구스티누스의 이단론에 대한 서문에서, 칼뱅주의 신학자 램버트

다네우는 제네바 시의회와 칼뱅에게 감사하다는 인사를 남겼다.

> 그 당시에 저는 복음적인 교리의 진리를 향해서 연구하고 있었습니다. 따라서, 저는 하나님의 탁월한 종이자 여러분들의 목회자인 칼뱅을 높이 평가합니다. 하나님께서는 저를 칼뱅의 설교들을 통해서만이 아니라 그의 강의들을 통해서, 그의 교리들의 달콤함을 통해서도 이끌어 주셨고, 그리하여 저는 즉각적으로 사회법 연구를 내던지고, 그날로부터 완전히 거룩한 신학의 연구에 완전히 헌신하게 되었던 것입니다.

단네우가 갑작스럽게 연구의 방향을 튼 것은 칼뱅에게서 깊은 영향을 받았기 때문이다. 제네바에서는 칼뱅의 목회와 학문적 영향으로 많은 젊은이들이 수준 높은 학문을 깨우치게 되었다. 제네바 시민들은 칼뱅의 개혁신학으로부터 큰 혜택을 누리게 되었음을 의미하는 말이다.

3

성경주석Exegesis

칼뱅의 공헌 중에서 가장 중요한 부분은 일관된 성경주석을 제공함으로써, 개혁교회의 기반을 확고하게 세웠다는 점이다. 첫 성경 주석은 로마서에 대한 해설로 1539년에 발간되었다. 그 후에 지속적으로 준비를 하여 11년이 지난 후에 바울 서신들에 대한 주석들은 1551년까지 완간되었다. 주석과 교리가 하나로 어우러진 갱신적인 설명들은 목회적 가르침의 기능을 잘 수행하였다. 그다음 주석들은 매우 빠르게 발간되었다. 1552년과 1554년 사이에 사도행전의 첫 부분, 요한복음, 사도행전 두 번째 부분, 그리고 창세기까지 마쳤다. 1555년에는 세 복음서를 조화시키면서 주석 작업을 진행했다. 그 후에는 창세기를 제외한 나머지 모세의 저술들에 대해서는 그 이전과는 완전히 다른 형태로 출간하였다.

1) 단순하고 명료한 문자적 의미

성경의 한 본문에 대하여 여러 가지 해석이 있을 경우에, 칼뱅은 단순한 것을 참고로 삼아서 보다 분명한 의미를 밝혀내고자 하였다. 칼뱅은 항상 단순하고 명료한 해석을 제시하고자 노력했다. 성경을 성경으로 풀어내려는 관점을 즐겨 사용하였다.[13] 칼뱅은 항상 문자적 의미를 밝혀내는 해석에 집중하면서도, 본분에 담긴 단순한 뜻을 제시하고자 노력했다. 여기서 주목할 점은 무한한 상상력으로 변질되어 가는 "풍유적 해석"을 칼뱅이 철저히 거부했다는 점이다.[14] 성경 한 구절에서는 오직 하나의 의미만을 찾으려 했는데, 그것이 인간 저자의 본래 의도를 잘 표현해 내는 것이라고 칼뱅은 확신했다.

교회가 간직해 온 해석학적 전통을 활용하면서도, 칼뱅은 초대 교부들이 왜곡시킨 사항들을 발견하게 되면 날카로운 비판을 가하는 데 주저하지 않았다. 특히 칼뱅이 가장 존경하면서 많이 인용한 신학자가 아우구스티누스이지만, 성경해석에서 조금이라도 의심스러운 부분들이 발견되면 그 누구에 대해서라도 비판에 주저하지 않았다. 초대 교부들의 글을 많이 면밀하게 연구했던 칼뱅은 전통적인 고전 교리들을 발전시킨 그들의 성경해석에 대해서 매우 민감했다.[15]

고린도후서 4장 6절에 대한 칼뱅의 주석을 보면, 네 가지 해석이 가능하다고 하면서 암브로스와 크리소스톰을 거론하였다. 그러나 칼뱅은 성경해석에 대해서는 교부들의 이름을 직접 거명하면서도, 다른 한편으로 그분들의 신실성에 대해서는 결코 손상이 되지 아니하도록 세밀하게 다루었다. 칼뱅의 고린도후서 4장 4절 주석에 보면, 힐러리, 아우구스티누스, 크리소스톰, 암브로스의 해석들을 참고하였음을 밝히면서, 각각의 신학자들이 처했던 상황에 대해서 재구성해 보았음을 알 수 있다.

공관복음서 주석에 보면, 칼뱅이 아우구스티누스에 대한 비판을 극히 삼가고 있음을 알 수 있는데, 반면에 제롬과 크리소스톰에 대해서는 상당히 날카로운 안목을 피력하였다. 칼뱅은 이미 앞선 신학자들이 제시한 질문들을 중요하게 취급하였다. 로마서 4장 주석에서는 아브라함에 대한 해석들이 핵심인데, 거의 칼뱅 자신의 성경

연구에 의존하고 있다.

성경을 주석하는 방법론에 대해서 칼뱅은 매우 주의를 기울였다. 그는 목회사역에 바쁜 목회자들에게 기본적이면서도 실제적으로 유익한 방법을 추구했다고 확신하였다. 칼뱅이 쓴 로마서 주석의 서문은 바젤의 신학자 시몬 그리나에우스에게 헌정한 글인데, 여기서 성경의 문자적 해석과 간단하고 명료한 해석을 추구하려 하는 이유를 풀이했다. 칼뱅은 위대한 종교개혁자들인 필립 멜란히톤과 마르틴 부서의 로마서 주석에 대해서 한편으로는 유익한 부분들이 있어서 감사하다는 인사를 하면서도 다른 한편으로는 예리한 비판을 제시했다. 왜냐면 멜란히톤의 주석은 자신이 중요하다고 생각하는 로마서의 중심 주제들을 다루고 있기 때문이다. 로마서의 기록자인 사도 바울의 입장에서 중요하다고 생각되는 것을 다루어야 마땅하다는 것인데, 여러 중요한 주제들이 소홀히 취급되거나, 아예 언급도 없는 경우도 있고 아무런 설명도 없이 건너뛰는 것도 많았다. 반대로, 마르틴 부서는 로마서의 모든 구절에 대해서 장황한 해설을 제시했다. 그러나 칼뱅은 오히려 그것을 너무 많은 해설을 남겨 놓아서, 바쁜 설교자들과 학생들에게 유익하지 못한 방법이라고 보았다. 부서는 칼뱅에게 선의를 베풀었고 함께 스트라스부르에서 사역하고 있었지만, 칼뱅은 주저없이 그의 방법론을 비판하였다. 부서의 로마서 주석은 그 당대에 논쟁들을 중점적으로 상세하고 다루고 있어서 본문 자체에 충실하지 못하고 말았다는 것이다. 당시 수사학을 집중적으로 연구하던 인문주의 학자들의 평이한 방법론을 따르고 있으면서도, 칼뱅은 목회자들과 신학생들을 위한 교육적인 목적을 위해서 직선적이면서도 간결한 해석에 대한 확신을 갖고 있었다.

칼뱅은 성경의 해석이 간결하고 가장 분명해야 하며, 사용하기 쉽도록 풀어 주어야 한다고 생각했다. 그래서 그는 본문에 집중하면서 자신의 방법론이 가장 최선의 결과를 도출해 낼 수 있으리라 확신하였다. 오직 성경의 본문을 다루면서도 간결한 해석만을 칼뱅이 고집한 것은 독자들에게 유익하도록 실제적이 되도록, 교리를 다루는 주제별 연구서들과 중복되지 않도록 조절했다.

이러한 칼뱅의 성경주석방법론은 전통적인 방법론에서 세 가지 의미 파악 방법들로 풍유적, 분석적, 교훈적 해석방법들이 사용되어 왔었는데, 이것은 믿음, 소망, 사랑에 상응하는 방식이라고 생각하였다. 이러한 영적인 의미 분석들은 문자적, 역사적 의미를 기초로 해야만 하는 것인데, 종교개혁자들은 이런 방법론들에 대해서 상상적이며 회의적 추론들에 빠져들 위험이 있어서 본문 자체의 문자적 의미와는 완전히 동떨어진 것으로 비판하고 있었다. 칼뱅의 주석에서도 역시 믿음에 대한 강조, 희망에의 의미, 또는 실천해야 할 것 등을 설명함으로써 영적인 적용을 남겨 놓았지만, 그러나 신비적인 해석을 하려던 것은 아니다. 칼뱅은 성경에 대해서 단 한 가지 문자적 의미에 집중하면서, 그것을 근거로 도덕적으로 적용하거나 영적인 사항들을 파악하고자 노력했다. 좁은 의미에서 칼뱅도 비유적 표현과 은유에 담긴 의미를 설명하면서 풍유적 해석방법을 채택하기도 했다.

신약성경 주석에서 시작해서 구약성경 주석으로 끝이 났는데, 갈수록 업무가 늘어나서 완결을 하지 못했다. 칼뱅의 첫 번째 성경 주석은 1539년에 나온 로마서 해설인데, 그 후로 연속해서 바울서신들에 대한 주석을 펴냈다. 이어서 나머지 신약성경과 복음서로 넘어갔다. 다른 종교개혁자들과 마찬가지로, 로마서는 믿음의 본질적인 교리들을 모두 다 포함하는 서신이라고 생각했다. 칼뱅은 로마서를 바르게 이해하는 것이 전체 성경을 개략적으로 파악하는 것이라고 주장했다. 우리는 바로 앞에서 칼뱅의 로마서 주석 방법론에 주목해 보았는데, 문자적 해석이야말로 칼뱅의 신학사상이 영향을 끼치게 되는 재료들이라는 점을 확인해 볼 수 있다. 고린도전서를 마지막으로 준비해서 스트라스부르에 있던 출판업자에게 보냈다. 그리고 고린도후서 주석 원고는 1546년 7월에 보냈다. 거의 이십여 년 동안을 노력하던 중에, 마지막 주석은 모세오경을 마친 후부터 시작해서 그가 사망한 후인 1564년에 나온 여호수아서 주석이다.

2) 그리스도 중심의 본문 해석

칼뱅의 주석에서 가장 중요한 해석방법론으로 두드러진 것은 성경 본문에서 인간 저자가 의미하는 것을 살피는 문헌학과 수사학을 근간으로 하되, 문자적이며 문법적인 요소를 중점적으로 살펴보았다는 점이다.[16] 일부 이런 해석방법론은 에라스무스와 프랑스 인문주의학자들로 큰 영향을 받았을 것이다. 하지만, 당시 많은 학자가 채택한 해석방법에 대해서 비판했는데, 그래서 칼뱅은 너무 재빨리 본문의 적용을 찾으려 하지 않았다. 또한 칼뱅은 풍유적 해석에 대해서 의구심을 가지고 있었기에, 구약의 어떤 본문에서 직접적으로 기독론적인 해석을 제시하고자 시도하지 않았다. 각 본문은 그 나름대로의 역사적이며 논쟁적이며 해설적인 맥락을 각각 다르게 갖고 있어서 그런 요소들을 희생해서는 안된다고 칼뱅은 생각했다. 또한 칼뱅은 여러 곳에서 왜곡된 기독론적인 해석들에 대해서 지적하였다. 무작정 본문에서 그리스도만을 발견하려고 하면서, 본문의 저자가 전혀 의미하지 않은 것에 대해 주장하는 것은 왜곡된 해석이라고 판단했다. 창세기 3장 15절에 대한 해석에서도, 칼뱅은 역시 단순한 본문의 의미만을 채택하라고 주장했다.

전체 성경을 읽을 때에, 칼뱅은 우리에게 그 배면에 들어 있는 하나의 언약에 주목할 것을 촉구하였다. 구원의 역사는 그리스도 안에서 발견되며, 그리스도를 향하여 진행하고 있으며, 그 역사 안에는 현재 기독교인들의 공동체도 역시 포함되어 있다. 칼뱅은 성경을 하나의 큰 안목에서 해석했는데, 이미 보인 것과 아직 완성되지 않은 그리스도의 나라, 통치라는 관점에서 살펴보고자 했던 것이다. 이런 마음으로 구약성경을 해석하여 보면, 성경은 전체적으로 하나로 이루어진 책이고, 완전히 기독론적이다.

예수 그리스도만이 모든 계시의 원천이며, 진리의 유일한 빛이라고 칼뱅은 확신했다.[17] 이러한 해석원리는 신약성경만이 아니라, 구약의 모든 모세의 율법들도 역시 그리스도를 통하여 온 것이라고 확신했다. 교리든지, 명령이든지, 약속이든지 모든 말씀의 부분들은 그리스도를 초점으로 삼고 있다.

> 하나님께서는 성자를 통해서 자신의 유일한 진리, 지혜이며, 빛을 보여 주시는 것 외에는 자신을 보여 줄 다른 방법이 없으시다. 이 근원으로부터 아담, 노아, 아브라함, 이삭, 야곱, 그리고 다른 사람들도 하늘의 가르침을 보여 주었다. 바로 그 동일한 근원으로부터 모든 선지자도 하늘 나라의 선언들을 제시하였다.[18]

율법의 목표로서 그리스도에 대해서 정확하게 규정을 하고자, 칼뱅은 바울 서신에서 두 구절을 종합적으로 검토했다. 로마서 10장 4절에는 그리스도가 율법의 목적이라 했고, 고린도후서 3장 17절에서는 "주는 영이시다"고 말씀하였다. 그리스도는 점차 밝아 오는 빛이라서, 하나의 언약을 이루어 가는 관점에서 기독론적으로 본문을 해석해야만 하는 이유가 있는 것이다. 그리스도 자신이 의의 태양이기에(고후 3:15), 구약성경의 시대 속으로 빛을 발휘하였다. 율법이 먼저 그리스도를 보여 주었기에, 그가 율법의 목적이 되는 것이다. 율법의 전체 윤곽을 살펴보면 그 충만함과 형태가 있음을 알게 되는 바, 그리스도는 살아 있는 영이다.

하나님께서 구약성경에서 약속하신 것들은 모두 다 은혜로운 언약이요, 제사의 형식을 갖추고 있던 율법들도 화해를 목표로 가르쳐진 것들이다. 그런데 이 모든 것은 그리스도 안에서 그것들의 강력한 기반을 갖고 있으며, 모든 것은 그리스도 안에서 예가 되고 아멘하게 되는 것이다(고후 1:20). 이와 같이, 십계명도 역시 그리스도 안에서 그 성취를 이루었다.

그리스도는 참된 해석자로서 율법이 무엇인지, 그 목적은 어디에 있는지, 어떻게 도달할 것인지를 설명하였다(마 5:21). 이 땅 위에서 선지자의 직분을 수행하면서, 율법이 가치가 있음을 규정하였고, 실제적인 의미를 밝혀 주셨으며, 마지막으로 하나님에 대한 사랑과 이웃에 대한 사랑으로 압축된다고 가르쳐 주셨다. 십계명에 연계되어 있는 경고들과 약속들이 있는데, 율법은 죄를 보여 주는 것이며, 그리스도를 지칭하는 교육적인 목표가 담겨 있다. 그리스도는 "목표"인데, 다양한 기능들을 모두 다 포함하고 있는 율법의 중심이다. 그러나 동시에 그리스도는 율법의 영이다. 그는 자신의 영을 통해서 율법의 모든 차원들을 수행하시고 결정하신다. 율법은 언약의 구조 안에서 유일하게 의미를 가지고 있다. "언약의 밖에 있으면, 율법은 아무런 의미가 없다. 그리스도와 그의 영으로부터 분리되어 있다면, 율법은 그저 죽은 문서들에 지나지 않는다.[19]" 언약의 기초로서, 그리스도는 결정을 하고, 율법을 포용하고, 율법이 작동하게 하신다.

4

근거 없는 선입견과 편견들

기본적으로 칼뱅은 자신의 성품이나 기질에 대해서 많은 말을 하지 않았지만, 그의 편지와 당시 사람들의 기록을 추적해 보면 매우 신중하면서 솔직하였다는 것을 알 수 있다. 칼뱅은 자신의 성품에 대해서 본래 용기가 없어서 남들 앞에 나서서 말하기를 꺼려했고 수줍음이 많았다고 시편주석 서문에서 언급하였다. 그러나 그는 자신이 연구해서 파악한 범위 안에서, 진리와 진실을 말하지 않고서는 견딜 수 없었다. 로마 가톨릭의 압박을 이겨 내야만 했었고, 워낙 시대적으로 갈등이 첨예해서, 논쟁을 통해서라도 개신교회의 입장을 옹호하지 않을 수 없었다. 칼뱅은 그리스도의 대적자들이라고 생각하는 내용들에 대해서는 비판해야 할 책임감을 느꼈다. 그러면서도 그는 결코 야비하게 숨어서 다른 사람들을 비난하지는 않았고, 항상 책임감을 가지고 공개적으로 발언하였다.

사람들이 흔히 생각하듯이 엄격하고 과격한 신학자가 아니었다. 그런데, 전혀 근거가 없는 칼뱅에 대한 악담과 비난들이 떠돌아다니고 있다. 필자가 가장 흔하게 듣는 질문 가운데 하나는 "어째서 칼뱅이 세르베투스를 죽였느냐?"이다. 16세기 유럽과 특히 제네바가 처해 있던 그 당시 시대적 상황에 대한 이해가 전혀 없는 사람들은 그저 피도 눈물도 없이 지독한 독재자라고 칼뱅을 비난한다.[20](프랑스에서 오랫동안 민주화 운동을 했다 하여 상당히 저명하게 된 분이, 어떤 일간지 신문에 쓴 칼럼에서 위와 같은 내용으로 칼뱅을 비난한 적 있었다. 필자가 공정하지 못한 점에 대해서 지적하고 강력히 항의하였더니, 사과의 편지를 보내온 바 있었다.)

제네바에서 한 명이 삼위일체론 교리의 이단으로 판결을 받아서 사형을 당한 것이 인권침해라고 한다면, 그 당시에 프랑스에서 "성 바르톨로메오의 날"(1572년 8월 23일-24일)에 수만 명에 달하는 위그노를 학살하고 개신교 지도자들과 성도들을 죽인 사건들에 대해서는 왜 어째서 침묵하는가! "관용"(톨레랑스)을 문화적 기질이라고 자랑하는 프랑스인들이라면, 어째서 그토록 잔혹하게 개신교 성도들을 응징하고 짓밟았는가! 왜 로마 가톨릭에서는, 프랑스 파리 소르본 귀족들과 신학자들은 칼뱅을 체포하라고 명령을 내려서, 결국 그로 하여금 고향을 떠나 두려움 속에서 이방인으로 스위스에서 살아가도록 만들었는가! 가족을 잃고 조국을 떠나서 살아야만 했던 사람들이 얼마나 고통을 치렀던가!

사람은 모두 다 시대의 한계 속에서 살았다. 16세기는 단일 군주가 중앙집권적인 통치를 하던 절대 권력의 시대였었고, 시민들의 다양한 목소리에 대해서 관용할 줄도 몰랐고 근대적 인권존중이란 개념도 없었다. 안타깝게도 거의 한 세기 동안에 종교 간의 전쟁으로 피로 얼룩졌다. 개신교회는 생존을 보장받기 위해서 용감하게 희생을 무릅쓰면서 성경적인 복음을 따라가겠다는 의지를 표현해야만 했고, 수많은 지도자가 화형을 당하거나 옥고를 치루면서 희생당했다. 서로의 입장에 대해서는 전혀 고려사항이 아니었다. 칼뱅은 개혁교회들 사이의 평화를 도모하면서 간절히 염원했으나, 안타깝게도 칼뱅이 제네바에서 배출한 수많은 프랑스 젊은이들 역시 로마 가톨릭 교회의 미사 출석을 거부하였다는 이유로 체포되어서 수십여 명이 살해당했다.

신학사상에 대한 공부를 전혀 해 본 적도 없는 사람들은 "칼뱅의 예정론"을 기계적 결정론이나 숙명론이나 운명론으로 착각하기도 한다. 이처럼 많은 사람이 그저 어떤 설교자나 영향력 있는 강연자가 칼뱅에 대해서 비난하는 이야기를 듣게 된 후로, 그저 머릿속에 각인된 부정적인 이미지를 갖게 된다. 이것은 "스테레오 타입"이요, 주입된 편견이다. 마치 광고방송을 계속해서 듣게 되면, 어떤 제품이나 주장에 대해서 자기도 모르는 사이에 영향을 받는 것과 마찬가지이다. 이미 다른 사람에 의해서 녹음된 소리를 듣게 되면, 자신이 직접 알아보지도 않은 채 그대로 따라가는 사람들이 여전히 많다.

주석

|

1   Ford Lewis Battles, *The Piety of John Calvin: A Collection of His Spiritual Prose, Poems, and Hymns* (Phillipsburg: P & R, 1978; 2009); Jim O'Brien, "Ford Lewis Battles: 1915-1979, Calvin Scholar and Church Historian Extraordinary," *Calvin Theological Journal* 15, no. 2 (November 1980), 171-187.

2   F. L. Battles, Calculus Fidei: Some Ruminations on the Structure of the Theology of John Calvin (1978) in *Interpreting John Calvin* (Grand Rapids: Baker Books, 1996), 139-178.

3   Joel R. Beeke, "Calvin on the Holy Spirit," in *Theology Made Practical*, 63-88; 109: "Word and Spirit are joined together organically; without the Spirit, the preached Word only adds to the condemnation of unbelievers"; 김재성, 「성령의 신학자, 칼빈」(서울: 생명의 말씀사, 2004; 수정증보판, 기독교문서선교회, 2014).

4   Victor E. D'Assonville, "Exegesis and Doctrina," in *The Calvin Handbook*, ed., Herman J. Selderhuis (Grand Rapids: Eerdmans, 2009), 378-384.

5   Calvin, *Institutes*, I.vi.2. idem, *Commentary on 2 Timothy* 4:4.

6   Calvin, *Institutes*, I.vi.1.

7   Selderhuis, ed., *The Calvin Handbook*, 199.

8   Victor E. D'Assonville, *Der Begriff "doctrina" bei Johannes Calvin- eine theologische Analyse* (Müster: Lit Verlag, 2001).

9   Calvin, *Institutes*, III.vi.1.

10   Bruce Gordon, *Calvin* (New Haven: Yale University Press, 2009), 67.

11   김재성, 「칼빈과 개혁신학의 기초」, 168-169.

12   I. John Hesselink, *Calvin's First Catechism: A Commentary* (Louisville: Westminster John Knox, 1997).

13   Richard C. Gamble, "Brevitas et Facilitas: Towards an Understanding of Calvin's Hermeutic," *Westminster Theological Journal* 47 (1985):1-17.

14   Calvin, *Institutes*, II.v.19; Commentary on 2 Cor. 3:6. Peter Opitz, *Calvins theologische*

Hermenutick (Neukirchen: Neukirchener. Dissertation, 1994).

15   R. Ward Holder, *John Calvin and the Grounding of Interpretation* (Leiden: Brill, 2006), 111.

16   Peter Opitz, "The Exegetical and Hermeneutical Work of John Oecolampadius, Huldrych Zwingi and John Calvin," in *Hebrew Bible/Old Testament. The History of its Interpretation*. vol. II. *From the Renaissance to the Enlightenment*, ed. Magne Saebo (Göttingen: Vandenhoeck & Ruprecht, 2007), 106–159.

17   Calvin, *Institutes*, I.xiii.7. *Commentary on Isa.* 29:11–12.

18   Calvin, *Institutes*, IV.viii.5.

19   Calvin, *Institutes*, II.vii.8. *Commentary on 2 Cor.* 3:17.

20   Irena Backus, "Calvin. Saint, Hero or the Worst of All Possible Christians," in *Calvinus sacrorum literarum interpres*, ed. Herman J. Selderhuis (Göttingen: 2008).

세상을 변혁시킨
개혁사상

일하기 싫어하거든 먹지도 말라.

　루터와 칼뱅의 신학사상은 교회 안에서만 머물렀던 것은 아니다. 중세 말기 유럽의 교회는 단순히 종교적인 구원 문제만을 다룬 곳이 아니었다. 교회를 개혁한다는 것은 인간의 문제를 해결한다는 의미를 담고 있다. 모든 권력과 학문이 집결되어 있던 곳이었기에, 종교개혁은 사회전반에 큰 영향을 끼쳤다. 교회의 개혁을 통해서 인생과 진리의 문제들에 대하여 새로운 안목에 눈을 뜨게 되고, 새롭게 훈련을 받은 성도들은 그리스도의 좋은 군사로서 전진해 나가서, 세상을 변화시키고 빛을 비춰야 한다는 사명을 깨달았다.

　종교개혁자들은 하나님께서 타락한 죄인을 세상으로부터 구원하셨음을 확신하였기 때문에, 은혜를 입은 성도로서 살아가는 인생관 전체를 재구성하였다. 은혜의 선물을 받은 성도들이 구성원이 되어서 건설한 세속사회, 세상과 정부와 문화 예술도 소중히 여겨야 한다고 보았다. 하나님께서 주신 현재의 세상과 세상에서의 삶은 "하나님의 자애로우심이 베풀어 주신 선물"로 환영을 하면서, 기쁨의 대상이라고 보았다. 중세 말기 로마 가톨릭과는 정면으로 배치되는 관점으로서, 종교개혁자들이 세상에 대한 긍정적 전망을 제공하였던 것이다. 개혁주의 구원론은 교회 안에서만 그치는 것이 아니라, 세상 속에서 살아가는 자들에게 주는 기독신자의 생활에 대한 교훈으로 확장된 것이다. 타락한 피조물들의 세상에 질서를 회복하게 하도록 성도들이 참여하여 고쳐 나가고 자극하는 것이다.

새로운 신학 사상은 인간의 가치체계를 변화시켰다. 종교개혁은 위대한 예술과 음악을 창출해 냈다. 예를 들어 보자. 세계의 모든 음악 애호가들은 헨델의 메시아에 나오는 "할렐루야"라는 웅장한 찬양곡을 사랑한다. 절망의 상태에서 그가 이사야 성경을 읽으면서 터득한 메시아에 대한 확신을 악보에 담아 놓았다. 맑은 트럼펫 곡조가 우렁차게 고음을 내는 부분과 중장한 합창단이 함께 어우러지는 하모니를 들을 때에, 세계 모든 사람은 깊은 감동을 받는다. 만왕의 왕이신 예수 그리스도가 "왕의 왕"이요, "주의 주"이시므로 염려와 걱정을 맡겨 버리라고 외쳐 부른다. 이때에 모든 청중이 일어나서 경의를 표한다. 만왕의 왕이라는 선포 앞에서 감히 앉아 있을 수 없었던 영국왕 조지 2세처럼, 청중들은 일어나서 경의를 표한다. 이런 찬양곡은 하늘나라에서도 천사들이 연주할 것이다. 요한 제바스티안 바흐의 찬양곡에서도 동일한 감동을 느낀다. 찬양 음악은 은혜를 입은 자들에 의해서 빚어진 것들이요, 창조적 노력의 산물이다.

1

세상을 바라보는 긍정적 관점

개혁신학은 세상을 바라보는 시선에 대한 긍정적 관점과 적극적 참여론을 제공하였다. 종교개혁은 성경적인 교리들을 제시하되, 목회적 돌봄과 배려를 통해서 모든 것을 바라보는 새로운 관점을 제공했다. 중세시대에 스콜라주의에서는 기독교 교리를 설명하면서도 철학자들의 개념을 채용해서 따분한 신학이론으로 흐르고 말았다. 그러나 종교개혁자들은 성경을 단순하게 소개하는 설교를 회복하고, 영혼의 고통에 짓눌려 있던 자들의 고뇌를 풀어 주는 해답을 제고하게 된다. 믿음으로 의롭다 하심을 얻은 자들은 세상을 등지고 수도원 안으로 들어갈 필요가 없다는 확신을 갖게 해 주었다. 심판과 지옥에 대한 두려움에 짓눌리던 성도들은 평안과 구원의 확신을 갖게 되었다. 복음을 믿는 자에게 주어지는 그리스도의 의로움을 근거로 하는 구원이다. 죽은 뒤 가게 될 지옥의 공포에서 벗어난 성도들은 일상의 삶에서 긍정적으로 살아갈 수 있는 확신도 갖게 된 것이다.

세상을 긍정적으로 바라보게 되면, 세상의 가치관을 따라가면서 퇴락의 길에 빠지기 쉽다. 성도들은 세상을 사랑하지 말아야 하지만, 그렇다고 세상을 떠나야만 하는 것도 아니다(요일 2:15-17). 기독교인들은 이 세상 속에서 살아가지만, 이 세상에 속한 사람들이 아니다(요 17:15). 기독교인으로서 세상 속에서 빛과 소금이 되어서 살아가는 길은 힘들고 어려운 일이다. 하지만, 예수 그리스도께서도 목수로서 가정을 위해서 일하였고, 제자들과 함께 세상 속에서 지혜와 진리를 깨우쳐 주셨다. 사도 바울은 스스로 일하면서 생계를 유지했고, 시간을 아껴서 복음을 전파하였다.

16세기 초반, 르네상스 시대의 교황들은 타락과 퇴폐에 물들어서 순수성과 도덕적 권위란 찾아볼 수 없었다. 세속적인 방법들을 직접 소유하고 사용했다. 보르지아, 교황 알렉산데르 6세와 레오 10세 등은 교황직을 돈으로 사들였고, 군대를 동원하였으며, 쾌락을 즐겨서 자녀들도 많았다. 교황들은 사냥을 즐기면서 고리대금업을 하고, 거대한 건물과 호화로운 예술에 돈을 물 쓰듯이 사용하여 자신들의 권세를 세속적인 방법으로 자랑했다. 이들은 세상을 정복한 자들이 되려고 분투했는데, 결국 세상에 정복당한 꼴이다.

그러나 종교개혁자들은 도시 지역의 사회문제를 품어 안고 지도력을 발휘하였다. 루터와 칼뱅이 그저 확신에 찬 설교와 출판물을 통해서 지역의 정치와 문화에 영향력을 준 것이 아니다. 종교개혁자들은 직접 정치적인 권세자들과 맞부딪혀서, 술집을 축소하고 범죄자들을 몰아내며 교육의 확대와 출판업의 확장을 지속시켜 나갔다.

세상에 대한 긍정적 관점과 비판적 정신을 동시에 갖추고 있었던 칼뱅은 하나님께서 사람들을 위해서 포도주를 주셨다는 사실을 상기시킨다. 목회자들은 생활비의 일부분으로 포도주를 제공받았다. 음식은 단순히 생존만이 아니라 풍미를 즐기도록 허락해 주신 하나님의 선물이다. 그는 하루에 한 잔, 주일에는 두 잔 이상의 포도주를 마시지 말라고 충고하였다.

칼뱅은 타락한 피조물이 건설한 세상 문화와 도시 문명을 평가하면서, 하나님께서 영광을 받으시고자 창조하신 "극장"이자 "무대"라고 보았다.[1] 세상은 마치 하나의 극장과 같아서, 하나님의 영광이 관객들에게 펼쳐지고 있다. 하나님이 행하시는 일과 지혜를 펼쳐 보이신다. 칼뱅의 창조론에서 바라본 세상 질서는 타락한 피조물이 건설한 죄악된 세상이라서 비판받아야 마땅하지만, 구원을 받을 수 있는 세계임을 인정하는 것이다. 하나님이 창조하셨기에 타락한 자들의 세상이라도 회복될 수 있는 것이다. 하나님이 내려 주셨던 창조의 질서는 모두 죄로 인해서 무너지고 말았다 하지만, 타락한 인간에게 하나님의 형상이 남아 있어서 회복과 재창조의 소망이 회복될 수 있으며, 이러한 열매가 되는 인간사회와 문명도 역시 하나님께서 소중히 여기시고 보호하여 주신다.

시편 11편 4절에 대한 주석에서, 칼뱅은 "세상의 창조주이신 하나님께서 자신이 처음 세우셨던 그 질서를 결코 무시하지 않으신다는 점이야말로 우리 신앙의 영광이다"고 풀이하였다. 하나님께서는 죄인들이 모여서 구성하는 사회에서도 질서를 유지할 수 있도록 공동체와 지도자에게 사랑과 보살핌을 베풀어 주시기에 여전히 세속적인 사회라도 존재할 수 있는 것이다.

종교개혁자들의 적극적인 사회적 관점은 히포의 아우구스티누스가 남긴 사상과 관련되어 있다. 아우구스티누스는 로마 제국주의 시대가 무너져 내리는 공포를 직접 체험하면서, 개인과 사회에 영향을 끼친 죄의 효과를 명쾌하게 규정하여 "하나님의 도성"이라는 저술을 남겼다. 인간의 조직은 죄로 인해서 손상되고 왜곡되었으며, 단순히 개인 차원의 고백만으로는 무너진 질서를 회복할 수 없다. 죄는 사회 전체에 영향을 끼치고 있는 구조적 문제가 되었다. 아우구스티누스는 칭의의 과정을 통해서 하나님이 부여하신 관계의 틀을 올바르고 똑바로 회복시키는 일이 제일 먼저 이루어진다고 강조했다.

아우구스티누스에게서 영향을 받은 루터와 칼뱅에게 공통적인 특징은 이원론의 극복이다. 개인 차원의 칭의와 공동체 차원의 칭의가 각기 따로따로 분리되는 것이 아니라, 기독교인들이 세상 속에서 타락한 인간의 질서를 바로잡으면서 회복해 나가야 한다고 보는 것이다. 창조주 하나님께서는 죄로 말미암아 더러워진 인간성을 재창조하시고, 만물의 창조 질서가 회복되도록 사용하신다.

세상에서 창조 질서를 회복하기 위해서 성도들은 실제적으로 무슨 역할이든지 최선을 다해서 감당하려는 동기를 갖게 되었다. 이제 성령의 감동을 받은 성도들은 인간 사회를 하나님의 뜻에 따르도록 질서의 회복을 위해서 최전방에서 뛰어 보려는 추진력을 갖추게 되었다. 세상 속에서 살아가되, 성도들은 결코 세상 속에서 몰락해서는 안 되는데, 기독신자의 정체성을 잃지 않아야만 가능하다. 그러기 위해서는 세상을 바라보는 비판정신이 있어야 하고, 세속 문화에 함께 휩쓸려 가지 않도록 한 걸음 떨어져서 평가할 수 있는 비판적 태도가 필요하다.

종교개혁자들은 세상을 향해서 선지자적인 안목으로 비판적 설교를 서슴지 않았다. 칼뱅은 "구별은 하되, 분리시키지는 않는다"는 원리를 자주 선포했다. 각기 독특성은 인정하지만, 결코 따로 분리시켜서 떼어 버리지는 않는다는 말이다. 하나님을 경외하는 마음으로 세상에 나아가서 일하는 것이다. 돈에 휩쓸려서 부자가 되려는 욕망으로 세상에서 출세하고 성공을 하려는 것이 아니다. 기독신자들은 세상을 창조하신 하나님께 충성을 다하고자 세상에 나아가서 노력하는 것이다. 이것은 세상을 사랑하는 것이 아니라, 하나님을 사랑하는 행위이다.

16세기와 17세기에 자연 과학을 연구하는 학자들에게 동기를 부여한 사람이 칼뱅이다. 피조된 자연만물을 더욱 자세히 알고 하나님의 영광을 드러내기 위해서 천문학, 의학, 자연과학이 장려되었다. 벨직 신앙고백서(1561)에서도 자연만물에 대한 긍정적 시각이 반영되어 있다.

대부분의 종교개혁자는 도시에서 대학을 졸업하였고, 신부로서 성당에서 사역하다가 성경을 통해서 개혁적인 비판 정신을 터득하였다. 루터는 농업을 기반으로 하던 독일 동북부에서 봉건 영주의 지배체제 아래서 사역을 했다. 대부분의 개혁자들은 근대 도시 사회에서 새로운 행동방식과 신앙적인 생활을 주도해 나갔다. 츠빙글리는 취리히에서, 마르틴 부서는 스트라스부르에서, 바디아누스는 성갈렌에서, 피에르 비레는 베른에서 종교개혁을 지도해 나갔다.

특히 스위스 도시들이 종교개혁에 앞장 섰던 것은 지리적으로 특수한 자유도시가 급속히 발전해 나갔기 때문이다. 스위스에는 절대 왕정이나 봉건 군주가 없었고, 로마 가톨릭 주교들이 다스리던 체제가 오랫동안 지속되다가, 차츰 도시마다 귀족들이 이끄는 도시 공동체가 형성되면서, 개혁자들의 도움으로 신앙적인 통일을 도모하게 되었다.[2] 교회는 영혼의 성장과 발전에 유익하고도 결정적인 원리들을 제공하였고, 세상 질서의 회복을 위해서 믿음으로 살아가는 생활의 요람으로서 하나님께서 기름 부어 세우신 수단으로 받아들여졌다.

각 도시 지역에 있던 로마 가톨릭 성직자들이었다가 회심한 종교개혁자들은 새로운 형식의 삶을 추구했다. 개인적인 신앙의 고민과 문제들을 해결하는 것이 영혼의 성장과 발전에 있어서 공동체 안에서도 필요하였다. 하나님이 보시기에 온전한 그리스도인이 되는 길은 도시 문화 속에서 자신들의 사명을 감당하는 일이다. 도시의 종교개혁자들은 결코 고립된 수도원 운동을 강조하지 않았다.

세상을 변화시키려면 먼저 이 세상을 먼저 있는 그 모습대로 받아들이면서 변화시켜야만 한다. 도시의 문화는 이중적인 면모를 다 가지고 있어서, 기회와 부패, 희망과 타락, 역동성과 비정함이 혼재한다. 도시 문화는 경쟁적인 자본주의 논리에 따라서 지어진 사회의 하부 구조와 상업적인 추악함이 죄악과도 깊이 결부되어 있다. 현대의 도시에서는 도덕적 인간성의 고상함보다는 죄악과 방탕한 쾌락주의가 더 큰 영향력을 발휘하고 있다. 큰 도시일수록 더 많은 구조악을 포함하고 있다. 그래서 이 세상을 부정적인 시각으로 비판하게 된다면, 수도원주의자들처럼 분리하려는 생각을 갖게 된다. 아우구스티누스는 하나님의 도성이 세상의 도성 속에 함께 혼재한다고 가르쳤다. 안토니우스가 전개한 이집트의 수도원 운동에 따라가지 않고, 아우구스티누스는 도시의 교회의 감독이 되어서 영향을 발휘했다.

중세시대에 많은 영향을 끼쳤던 책은 토마스 아 켐피스의 『그리스도를 본받아』인데, 수도원 제도 내에서 "근대의 헌신Devotio Moderna"이라는 경건주의 운동을 전개하던 물줄기에서 나온 것이다.[3] 이 책은 세상을 경멸하고, 단지 그리스도만을 닮아 가는 것으로 압축된다. 즉, 진정한 수도사들은 현세에 관심을 갖지 말고 도피하여 고독한 은둔 생활을 추구해야만 한다는 것이다. 네덜란드에서 "근대의 헌신" 운동을 주도했던 헤르트 더 흐루트Geert de Groote(1340-84)는 철저하게 이 세상으로부터 도피하여 물질적 소유에서 벗어나려 했다. 심지어 학문적 추구마저도 부인했다. 금욕주의와 독신주의를 고수하려면 수도원 경내에만 머물러 있어야 하고, 가능한 한 자기 방 안에서 벗어나지 않아야 한다고 가르쳤다. 이 세상보다는 피안의 세계를 깊이 묵상하라는 것이다.

재세례파와 같이 급진적 개혁운동을 추진했던 자들도 세속 질서에 저항적인 입장을 취했다. 이 세상이란 악의 소굴이라고 규정하고, 재산을 소유하는 것, 무기를 잡고 싸우는 것, 도시의 권세자들에게 세금을 납부하는 것 등 모든 것을 부정하였다. 이런 후예들이 지금도 세계 도처에서 공동체 생활을 추구하고 있다. 재세례파는 지금도 세계 곳곳에 흩어져 있는데, 아미시(17세기에 메노파에서 분리한 스위스 야곱 아만을 따르는 그룹으로 미국에서 큰 공동체를 형성했다), 메노나이트(벨기에 등 유럽 저지대 지방에서 메노 시몬을 따르면서 농사를 짓던 자들이 미국 펜실베이니아에 이주하여 세운 공동체), 후터라이트(스위스 산간지방에서 제이콥 후터를 따르다가, 미국으로 이민하여 사우스 다코타, 노스 다코타에서 살고 있는 자들) 등이 세속 문화로부터 분리적인 신앙인들의 생활방식을 그대로 계승하고 있다.

인문주의 기독교철학자 에라스무스는 수도원의 성적인 타락을 신랄하게 비판하였다. 세상으로부터 도피하고자 세워진 수도원은 막대한 재산을 소유하고 있었다. 세상으로부터 도피하게 되는 것은 극단적인 개인주의이고, 기독신자로서 공적인 책임을 폐기하는 행위였다. 세속사회의 공통적인 신념과 사회구조를 거부해 버리면, 공동체의 질서체계를 벗어나서 새로운 체계와 조직을 만들어 낼 수밖에 없다. 수도원에 은둔자가 되어서 이 세상과는 어떤 접촉도 회피하는 길이 영혼의 고통을 벗겨 주었던가?

종교개혁자들의 신학적인 교리가 수도원 운동에서 제공하지 못한 해답으로서 죄인을 향한 하나님의 위로와 구원의 확신을 제공하였다. 종교개혁의 중요한 교훈들이 엄격한 규율과 개인적인 내핍에서도 얻을 수 없었던 감격을 제공하였던 것이다. 1511년경, 추기경 콘타리니가 남긴 서신들에 보면, 믿음으로 말미암아 죄를 용서받고 의롭다 하심을 얻는다는 종교개혁의 원리 속에서 구원의 기쁨을 발견하였다.[4] 콘타리니 추기경은 미켈란젤로 등 일단의 "영적인 사람들"과 비밀리에 모임을 가지면서, 종교개혁의 정신을 공유하였다.

2

노동과 직업의 윤리

인류사회에서는 국가적인 영향을 발휘하는 정치적 직책과 정부에 관련된 일들은 매우 중요하게 생각하였고, 노동이나 생산을 담당하는 자들은 멸시하고 천대했었다. 지금까지 세상에 출현한 거의 대부분의 종교들도, 정치 권력자들의 통치철학, 사회구조적 이념들의 영향 하에 있었기 때문에 "노동"을 매우 천하게 취급하였다. 동양의 모든 사회에서는 유교적 가치개념에서 큰 영향을 받았는데, 노동자들은 권력자들이나 국가적 권세를 장악했던 자들에게 이용만 당하곤 했다. 군사력이나 경찰력을 장악한 자들과 학식과 학문을 가진 자들은 고상한 지위와 권위를 향유했다. 생산자 계급을 경멸하던 것은 플라톤 철학에서도 만들어 낸 계급사회의 당위성에서 나왔다. 그러나 종교개혁자들은 일상생활 속에서 노동을 감당하도록 격려하였고, 하나님의 영광을 위하여 직업의 윤리를 제공했다.

1) 노동은 천한 것이 아니다

농경사회에서는 먹고 살아가기 위해서 몸으로 땀을 흘리는 생계형 노동이 필수적이었다. 그런데도 수도원에서는 노동을 천박하고 비루한 행위로 간주했다. 성직자들은 신령하고 중요한 일에 수

종 들고 있다고 생각하면서 자신들이 맡은 임무에 대해서만 최상의 것이라고 가르쳤다. 이것은 고대 로마 사회에서도 마찬가지였으니, 노동하는 자들은 천민으로 취급하였고, 귀족 정치인들은 손을 사용하거나 땀을 흘리는 일을 멀리하였다.

노동을 천하게 취급하고, 노동하는 세상의 직업들을 하찮게 멸시하게 된 것은 심각한 로마 가톨릭적 이원론과 윤리적 가치관에 뿌리를 두고 있다. 모두 다 고대 귀족적 계급사회의 유산이었다.[5] 플라톤 철학자들은 이원론에 빠져 있었는데, 육체를 무시하고, 노동을 경시했다. 영혼과 이성의 활동을 높이 평가하고 사람이 통찰력을 얻을 수 있는 방법이라고 구분했다.

중세시대 수도원 제도 하에서는 하나님과의 완벽한 관계를 위해서 묵상이나 기도를 강조하였다. 일반적으로 노동은 부끄럽고 비천한 일이라고 취급하였다. 일부 수도원에서는 "노동이 기도다laborare est orare"라는 구호를 내걸었었고, 수도원 주변의 포도밭을 가꾸기도 했지만, 극히 제한적이었다. 일단 수도원 영내에서만 노동을 했고, 묵상이나 기도가 더 고귀한 일이라고 구별했다. 사실 수도원에서는 수도사들의 영혼을 깨끗하게 가꾸기 위해서 고통스럽고 치욕적인 노동이 필요하다고 가르쳤다. 그러나 수도원에서 수사들이 감당하던 노동이라는 것도 방 안에서 성경을 사본을 필사하는 일이었다. 출중한 어학 지식을 갖춘 수도사들의 노동으로 인해서, 지금 인류사회는 위대한 성경을 가질 수 있게 된 것이다.

1521년, 루터는 『수도원 서약에 대한 반론』을 출판하였는데, 한

번 서약한 것을 기본적으로 영구히 지켜야 할 의무는 없다고 주장했다.[6] 수많은 수도사들과 수녀들이 수도원을 벗어나는 양심의 자유함을 누리게 되었다. 이 무렵에, 독일에 있었던 수도원들이 대부분 해체되었다. 루터가 이분법적인 로마 가톨릭의 구분을 비판하였고, 세속적이라고 평가절하했던 일상의 모든 일이 하나님의 명령을 성취하는 것이라고 주장했다. 수도원에서 하는 일이 세상에서 하는 일보다 더 고상하고 높은 것이 아니라는 점을 분명하게 제기했다.[7]

노동은 사람의 품위를 떨어뜨리게 하는 것이고, 비천한 자들이 하는 일이라고 생각하던 관념은 세속적인 직업을 가진 성도들을 일류가 아니라 이등 백성이라는 식으로 모두 다 얕잡아 보게 하였다. 중세시대 수도원 제도 하에서는, 세상 속에서 살면서 일상생활을 위해서 노동을 감당하는 사람들은 진정한 그리스도인인가에 대해서 걱정해야 한다고 보았다. 훌륭한 그리스도인이 되는 길은 밭에서 땅을 가는 농부가 하는 일을 택한 자가 아니었다.

하나님께서는 인간의 모든 노동을 귀하게 여기시고, 그 어떤 일에 대해서도 비천하다고 평가절하 하지 않으신다. 잉글랜드 종교개혁자 휴 라티머(1485-1555)는 우리를 구원해 주신 예수님께서 사람으로 사는 동안에 목수였다는 점을 상기시키면서 고된 노동으로 생계를 꾸려 가신 분이었다고 지적했다. 사람은 노동을 통해서 모든 직업과 기술을 터득하는 복을 받는 것이라고 격려했다.

노동의 결과가 어떠했냐보다는 성도들의 노동이 더 큰 중요성을 가진다. 영적인 일이 따로 있는 것이 아니고, 세속적인 일이 저속한 것도 아니다. 사람의 노동은 겉으로 보기에는 하찮게 보일지라도, 하나님의 영광을 위해서 사용될 수만 있다면, 매우 소중한 것이다. 가인과 아벨이 각각 자신들이 노동한 결과물을 가지고 하나님께 감사예물을 올렸다(창 4:2-4). 유대인들은 매년 소출을 가지고 성전에 모여서 감사 제사를 올렸다. 하나님께서는 사람의 노동에 대해서 영예로운 평가를 내리셨다. 친히 노동의 결과를 받으시는 것이다. 그리스도인들은 하나님을 위해서 일하는 자들이며, 교회 밖에서 하는 모든 생산적 활동을 높이 평가하였다. 종교개혁자들은 노동을 통해서 하나님께 찬양을 올려 드리는 것이라고 격려했다. 성도들이 세상 속에 들어가서 열심히 일하는 것은 이웃과 다른 사람들을 돕는 행위로서 결과적으로는 하나님께 영광을 돌려 드리는 일이다.

현대 사회에서는 노동의 가치를 화폐로 계산하고 있다. 급료를 통해서 그 비중을 평가하는 것이다. 돈은 노동의 대가에 대한 수량적 계산이다. 자본주의를 떠받치고 있는 이념은 결과를 근거로 하는 세속적 가치의 반영이라고 할 수 있다. 세상에서는 이런 높은 급료를 받는 일에 대해서만 중요성을 부여하고 있다. 이것은 타락한 물질주의 노동관을 낳고 말았다.

2) 노동의 윤리

종교개혁자들은 노동의 윤리를 새롭게 제시했다. 자기 집안을 정리하거나 정원을 가꾸는 일은 급료를 받는 일이 아니다. 이처럼 급료는 없지만 하나님을 기쁘시게 하려는 수고가 많이 있다. 사람의 행위 속에는 성취를 향해서 움직이게 하는 기본적인 동기가 숨어 있는데, 기독교 신자들의 경우에는 돈을 벌기 위해서 일을 하는 것이 아니라, 하나님이 주신 은혜에 대해서 보답하려고 일하는 것이다. 노동을 통해서 성도는 감사의 마음을 표시하고, 하나님을 영화롭게 하려는 것이다. 일을 통해서 창조적인 표현을 하게 되며, 공공의 선을 창출한다.

노동윤리에 대해서 강조하는 사도 바울의 가르침은 매우 혁신적이다. "누구든지 일하기 싫어하거든 먹지도 말라"(살후 3:10)는 바울의 훈계를 경청할 것을 종교개혁자들은 촉구했다. 제네바에는 수많은 이민자, 여행자들이 원래 살던 주민들과 반반 정도 뒤섞여 있었다. 6천여 명이 살던 도시가 두 배로 커졌고, 우선 급선무는 거주할 주택을 증축하는 일이었다. 여기에서는 프랑스에서 박해를 피해 이주해 온 귀족들도 많았다. 그들은 노동이라는 것에 익숙지 않았고, 필요성도 느끼지 못하고 있었다. 따라서 칼뱅은 이런 귀족들에게까지도 하나님이 주신 재능과 능력을 발휘하라고 절박하게 촉구했다. 모든 사람은 예외 없이 사회 공동체의 일원으로서 평등하게 자신에게 맡겨진 일을 해야만 한다는 것이다. 이것은 하나님이 모든 사람을 평등하게 창조하셨다는 사실에서 나온 결론이다.

칼뱅의 제네바에서는 노동에 대한 개념이 바뀌게 되었다. 맥그래스 교수는 트란퀼리Vittorio Tranquilli(1944-1998)가 쓴 『노동의 개념: 아리스토텔레스에서 칼뱅까지』를 소개하면서, 사회적 지위가 낮은 자들의 노동에 대한 태도가 칼뱅의 제네바에서 완전히 바뀌었다고 평가했다.[8] 노동의 가치를 왜곡한 마르크스 공산주의자들은 소유주가 생산에 기여하는 것이 없고, 노동자들만이 가치를 창출한다고 주장했다. 그러나 칼뱅의 제네바에서 노동이란 하나님을 영화롭게 하는 것이요, 하나님을 찬양하기 위해서 영광스러운 도구로 사용되는 사람들의 특권이자 의무이다. 단순히 경제적 번영을 위해서 노동을 하는 것이 아니라, 세상에 행복을 더해 주기 위해서 일하는 것이다. 종교개혁자들이 노동에 대해서 새롭게 의미를 부여하게 되면서, 개신교 지역에 살던 사람들이 경제적으로 더욱 더 풍요롭게 되어진 것은 부산물이다.

노동윤리의 핵심은 스스로 성공하기 위해서 투쟁하는 것이 아니라는 데 있다. 종교개혁자들이 가르쳤던 노동 윤리의 순수한 지침은 하나님의 은혜에서 시작하였다. 루터와 칼뱅을 비롯하 종교개혁자들이 얼마나 은혜의 신학을 강조했던가를 생각해 보라. 노동을 할 수 있게 된 것은 하나님의 은혜에 기인한다. 전도서에서 강조하는 것도 역시 헛되고 모순된 세상에서 노동의 기쁨이다. "사람이 먹고 마시며 수고하는 것보다 그의 마음을 더 기쁘게 하는 것은 없다"(전 2:24)는 것이다. 역시 전도자의 가르침에서도 자기 성취를 즐기는 자는 어리석은 자이다. 하나님께서 해 아래서 살도록 허락하신 한계를 인정하고 깨우칠 때에만 진정한 기쁨이 주어진다. 기독교 노동윤리의 핵심은 사업의 성공을 자기성취라고 자랑하지 않는 것이다.

3
|
가치체계의 재설정:
거룩한 것과 속된 것은 없다

　종교개혁자들이 제공한 새로운 관점에서는 모든 것이 하나님의 영광을 위한 도구다. 이미 앞에서 설명한 바대로, 종교개혁자들은 로마 가톨릭의 이원론, "거룩한 것"과 "세속적인 것" 사이의 구별에 대해서 강력히 반대하였다. 노동은 노예들과 종들이 감당하던 업무였고, 이들을 소유물처럼 사용하여 온 귀족들이나 왕족들에게는 정당성이 부여되어 있었다. 심지어 기독교 국가들에서마저도, 중세시대에 노예들은 하나님의 창조세계에서 동일한 형상을 부여받은 만물의 영장이라고 생각하지 않았다.

　세속적인 일들에 대한 루터의 새로운 평가가 나온 것은 1520년이다. 루터는 "독일 귀족에게 보내는 편지"에서 모든 그리스도인이 하나님의 일을 감당하는 제사장이라고 새로운 해석을 내놓았다. 오직 성직자들에게만 한정적이라고 생각했던 하나님의 부르심이란 모든 세상 일에도 적용된다고 주장했다. 루터는 노동마저도 거룩한 것이라고 높이 평가하였고, 겉으로 드러나는 거룩함에 속지 말 것을 주문했다. 세속적인 것처럼 보이는 것들도 하나님을 찬양하는 것이요, 그분을 기쁘시게 하려는 순종이라고 하였다. 일반 가정에서 여성들이 감당하는 일이나 신부와 수녀들이 하는 일보다 더 가치가 있을 수 있다는 것이다.

종교개혁자들은 소명calling이라는 개념을 확장시켰다.[9] 하나님께서 구원하고자 예정하시고 선택한 백성들을 부르신다. 신앙을 갖도록 중생케 하고, 그리스도인으로서 살아가도록 생활의 성화를 위해서 일어나게 하신다. 하나님의 부르심에 반응하는 성도들은 거룩한 생활에 힘쓰게 된다. 중세 수도원에서는 소명이란 오직 세상을 떠나서 은둔과 고독한 삶을 위해서 헌신하는 것만이 가치가 있는 길이라고 왜곡시켜 버렸다. 이에 따라서, 윤리의식도 크게 왜곡되어 버렸던 것이다. 수도원에서 하는 일이 거룩하기에, 세속사회에서 하는 일은 항상 더럽고 부정하다는 것이었다. 그러나 수도원 운동은 부패한 세상을 개혁시키지 못하였고, 마침내 수도원 내부에서도 온갖 죄를 이겨 내지 못했다.

그러나 종교개혁자들은 세상 속으로 들어가서 하나님의 영광을 위해서 일하는 것이라고 소명의식을 재해석했다. 루터가 "소명Beruf"이라는 개념을 처음 창출해 낸 신학자는 아니었다. 하지만, 루터는 이 단어에 대한 새로운 개념을 제시하였다. 종교개혁자들을 통해서 소명의식이 널리 확산되었다. 세상에서 편리하게 살고자 하거나 세상에서 높은 지위를 얻게 되었기 때문에, 그러한 특권을 누리고자 종교개혁자들이 자신들의 입장을 변화는 논리가 아니었다. 영국의 초기 종교개혁자, 윌리엄 틴데일은 가정에서 설거지를 하는 것과 들판에서 양 떼를 돌보는 목동의 일과 강단에서 하나님의 말씀을 선포하는 것은 각각 다른 행동들이지만, 모두 다 하나님을 기쁘시게 하는 일이라고 하였다.

세상에 나가서 직업을 가지고 노동의 일을 하는 것은 자신의 신앙을 더욱 고취시키는 행동이고, 하나님을 향해서 새롭게 헌신하는 것이다. 하나님께서는 성도들로 하여금 이 세상에 헌신하면서 감사를 표현하도록 원하셨다. 노동은 하나님을 향한 감사와 헌신을 표현하는 최고의 수단이다. 성도들이 일상의 삶에서 근면하고, 열심히 일하는 것이야말로 하나님을 향하여 올바르게 섬기는 방식이다. 바울 사도의 모범을 통해서, 성도들은 일하기 싫으면 먹지도 말라(살후 3:10)는 말씀을 듣지 않았던가!

칼뱅의 소명의식은 제네바에서의 사역과 깊이 연관을 맺고 있다. 처음에 제네바에 도착했을 때나, 한번 쫓겨났다가 다시 부름을 받고 돌아올 때나, "이 도시가 당신을 필요로 한다"는 동료들, 기욤 파렐과 피에르 비레의 요청을 받아들이게 된 것이다. 추기경 사돌레토에게 보내는 답변서에서도, 제네바에서 종교개혁을 추진하도록 자신을 향한 하나님의 부르심이 있음에 대해서 강변하였다.

소명의식을 감당하는 과정에서도 역시 하나님의 은혜가 필수적이다. 하나님의 인도하심을 발견하도록 은혜가 각 사람에게서 역사하여 생활 속에서 드러난다. 하나님의 은혜는 사람을 온전히 새롭게 하여 죄의 수렁에서 건져 냈을 뿐만 아니라, 돌이켜서 하나님의 뜻에 순종하는 사람으로 헌신하게 하는 능력이다.

4

하나님의 부르심에는 귀천이 없다

노동의 개념과 윤리적 가치평가에 이어서, 종교개혁자들로부터 새롭게 배우게 된 개념은 직업에는 귀천이 없다는 교훈이다. 사실 이런 말을 한국에서도 자주 사용하고는 있지만, 모두 다 대학교 이상의 고등학문을 추구하고, 일류 명문 대학교를 졸업하고자 하는 이유는 힘들고 고통스러운 노동을 기피하려는 경향이 있기 때문이다. 이런 생각은 기독교 신자들 사이에도 실제로 강한 영향력이 있다. 험한 노동에 대한 차별의식이 오랫동안 심화되어 있다. 칼뱅은 성도들의 삶의 방식에 대해서, 하나님께서 그 자리에 부여해 준 위치에 있게 된 것으로 해석하였다. 하나님께서는 각 사람을 두고 싶어하는 자리에 위치시켜서, 하나님의 뜻을 이루고자 하신다. 사도 바울은 그릇의 비유를 들어서, 큰 집에는 금 그릇도 있고 질그릇도 있다. 귀히 쓰는 그릇도 있고, 천히 쓸 그릇도 있다(롬 9:21)고 하였다. 하지만 사람은 자신의 일들을 다 알 수는 없다. 칼뱅은 우리의 지성으로 헤아릴 수 없는 "하나님의 절대주권"에 대해서 인정하라고 조언한다. "그러므로 우리는 하나님께서는 우리가 그의 무한하신 지혜를 우리의 작은 그릇에 담을 수 없다는 것을 아시기 때문에 오로지 바로 그 이유로 인해서 말씀하지 않으시는 것일 뿐이고, 그 대신에 우리의 연약함을 생각하셔서 우리로 하여금 우리 자신의 처지와 본분을 깨달아서 제정신을 차리고 절제하도록 우리를 이끄시는 것임을 알아야 한다."[10]

자신의 직업이나 지위에 대해서 영적인 중요성과 우월성을 부과하는 것은 하나님으로부터 나온 평가나 안목이 아니라, 사회적 인식에 불과한 것이다. 어떤 사람을 사회적 지위가 무엇이냐를 가지고 평가하려는 것은 잘못된 것이다. 칼뱅은 인간의 욕망을 비판하는 중요한 부분이 바로 이것이라고 보았다. 사람의 지위와 직책을 가지고 사람의 인격과 중요성을 폄하시키는 것은 하나님께서 각 사람에게 내려 주시는 행동의 범주를 받아들이지 않으려는 마음의 욕심이 큰 비중을 차지하고 있기 때문이라는 것이다. 직업에 대한 인간의 평가는 잘못된 것이다. 어떤 직업이라고, 어느 직책이라도 하나님의 평가를 사람의 기준으로 왜곡시켜서는 안된다.

힘들고, 더럽고, 위험한 직종에는 젊은 사람들이 지원하지 않으려 하는 것이 사실이다. 하지만, 사람들이 매우 높이 평가하는 직업이라 하더라도 그 실상은 마찬가지다. 어느 직업이나 위험과 고통이 수반되며, 누구나 힘들어 한다는 점이다. 필자는 대륙을 오가면서 비행기를 조종한 분이 은퇴 후에, 지난 날 조종사로서 직무를 감당해야만 했던 고통에 대해서 간증하는 것을 들은 적이 있다. 우리는 의사라는 직업을 매우 존귀히 여기고 흠모한다. 하지만 어느 마취과 의사로 일하던 분이 환자를 돌보면서 겪어야 했던 긴장감을 설명하면서, 그분이 은퇴하는 날에야 비로소 해방된 자유를 맛보았다고 하였다. 다른 사람이 직장에서 겪는 어려움을 어찌 다 이해할 수 있겠는가? 요즈음 한국 사회에서는 은퇴한 분들이 자녀들과 함께 지내면서, 다시금 어린 손자들을 돌보는 일을 하고 있다. 예전 같지 않은 몸을 가지고, 할머니와 할아버지의 육체적 고통이야말로 또 다른 체험이 아닐 수 없을 것이다. 이처럼 어떤 곳에서나, 노동은 힘들고 고단하다.

미국 버지니아 대학교의 종교학 교수 헌터 박사는 현대인들에게서 노동의 중요성이 상실되었다고 지적한 바 있다. 현대 복음주의 교회에서마저도 노동에 대한 영적인 가치와 영원한 중요성이 모두 다 사라져 버렸다고 탄식한다. 믿음을 가진 성도들이 고백하는 것과 세상 속에서 행동으로 드러내는 것 사이에 커다란 불일치가 커지고 있다. 노동의 신성함을 잃어버리고 주말을 즐기고자 하는 기독신자들이 많아지는 것은 참으로 신앙의 역설이자 비극이지만, 동시에 가능성이자 희망이라고 할 수 있을 것이다. 기독신자들이 노동과 직업의 존귀함을 회복해야만, 성경적인 삶이 가능하게 된다.[11]

하나님께서는 무에서 세상을 창조하시고, 이 땅을 경작하고 지켜 나갈 것을 명령하셨다(창 2:15). "경작한다"는 히브리어 단어는 "아바드"인데, 일하다, 영양을 공급하다, 유지하여 가꾸다는 뜻이다. "지키다"는 단어는 "샤마르"인데, 보호하다, 돌보다, 지키다는 의미로 사용되었다. 하나님께서는 이런 일들을 통해서 하나님을 영화롭게 하기를 원하셨다. 노아, 아브라함, 모세, 다윗, 솔로몬 등 개인적으로나 국가적으로 하나님의 뜻에 따라서 예술, 음악, 문학, 상업, 목축, 작물 재배와 경작, 법률시행 등의 임무를 수행하였다. 가족, 집안, 국가, 교회 등 여러 공동체를 건설하여서 인간의 관계를 구축하고 정착하게 하였다.

기독교인들은 교회에 나가서 예배를 드리고 생명의 구원을 얻은 자들이다. 하지만, 구원선을 타고서 이 세상을 빠져나가는 것이 아니라, "빛과 소금"이 되는 사명을 수행해야만 한다(마 5:14-16). 성도들은 예수 그리스도의 복음 안에 담겨 있는 영적이고 도덕적 축복과 기쁨을 제공하고, 신실한 믿음을 보여 줄 때 황폐화된 세상을 변화시키고 개량해 나갈 수 있을 것이다. 성실하고 헌신하는 모습, 순수하고 고상한 인품, 사람을 사랑하고 용서하는 품격 등은 모두 다 예수 그리스도의 모습인데, 성도들의 참여 속에서 제시될 수 있다. 그리스도인들이 가진 향기는 매우 독특해서 용기와 생명력이 넘치며, 아량과 지혜로 메마른 영혼들을 소생시킬 수 있다.

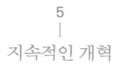

5

지속적인 개혁

루터와 칼뱅을 비롯한 종교개혁자들은 가장 절실했던 시대의 요청을 해결하였다. 루터는 오직 하나님의 은혜에만 근거를 둔 구원의 교리를 새롭게 제시하여, 혼돈에 빠진 시대에 복음의 빛을 가져왔다. 칼뱅은 스콜라주의 신학의 메마른 논리를 벗어나서, 성경에 계시된 바에 따라서 하나님을 아는 지식을 총체적으로 재구성하였다. 루터는 그리스도의 의로움을 믿음을 통해서 성도의 것으로 전가시켜 주신다는 개념을 강조했다. 칼뱅은 그리스도와의 연합을 이루시는 성령의 사역을 회복시켰다.

루터와 칼뱅의 신학사상에는 하나님의 은총에 대한 새로운 이해와 확신이 들어 있었다. 종교개혁자들은 로마 가톨릭 교회의 무능력과 부패, 수도원 중심으로 전개된 왜곡된 세계관이 성도들의 고통을 해결해 주지 못했다는 것을 지적했다. 로마 가톨릭 교회는 지나치게 구원을 판결하는 권위를 장악해서 제도화되어 버렸고, 세속적인 권력을 사용하면서 왜곡된 기능을 수행하다가 신뢰를 잃어버리고 말았다.

그리스도를 믿는다는 것과 교황 권세에 무조건적으로 맹종하는 것과는 전혀 다르다. 아담의 후손들이 건설한 모든 인간의 제도와 사회가 오염되었고, 교회라는 모임도 역시 부패한 인간들의 모임이다. 종교개혁의 후예들도 전혀 예외가 아니다. 교회의 연합체인 교단이나 노회나 지방 조직이나 전국 총회마저도 역시 끊임없이 개혁할 대상이다. 개혁된 교회는 항상 개혁되어야만 하는 것이다. 정통교회의 역사적 정통성과 신앙적 유산을 계승하였다 하더라도, 그 교회가 완전하다는 보장은 없다. 그 누구라도 안심하거나 방심할 수 없다.

루터와 칼뱅의 개혁사상은 부패할 수밖에 없는 인간과 교회와 사회에 지속적인 개혁의 과제를 남겼다. 첫째, 성도 한 사람 한 사람이 교회의 일원으로서 자신의 책임과 의무를 감당해야만 한다. 루터와 칼뱅은 냉소적인 비판자도 아니었고, 남에게 미루는 방관자도 아니었다. 둘째, 개혁교회에서는 교회의 신앙유산을 물려받은 성도들은 하늘나라에 소속되었다는 시민의식을 갖고, 진정한 사랑과 기도를 병행하면서 교회의 문제점을 냉정하게 인식해야 한다. 셋째, 냉철한 판단을 했다고 해서, 교회 안에서 무리를 지어서 당파를 만들거나, 교회의 분란을 자초하는 행위는 엄히 책벌을 받아야 한다. 루터의 비텐베르크에도, 칼뱅의 제네바에도 완벽한 교회는 없었다. 넷째, 교회의 소명을 완수할 수 있도록 온갖 교리적 왜곡과 혼란을 분별할 수 있어야 한다. 루터와 칼뱅은 비성경적인 교훈들과 기독교를 왜곡하는 자들에 단호히 맞서서 순결한 복음의 생명력을 회복시켰다. 다섯째, 현대 교회는 복음의 능력을 보다 강력하게 불어넣어야만 한다. 세속적인 방법과 원리를 흉내 내려던 교회들은 심각하게 실패하고 말았다. 세속주의의 영향이 몰려 들어와서 교회가 혼탁해지고 말았다. 루터와 칼뱅처럼, 교회의 지도자들은 신선한 성경적 갱신의 물결을 제공하여야 한다. 청교도들의 정결운동과 각성운동은 고통스러운 일이었지만, 한 세기 동안이라도 혼탁한 교회를 깨끗하게 하였다. 오늘날에도 세상에서 벌어지고 있는 일에 대해서 선지자적인 외침이 요청된다.

어제나 오늘이나 영원토록 동일하신 예수 그리스도께서 말씀과 성령으로 교회를 통해서 성도들을 지켜 주신다(계 1:4,8).

주석

|

1　Marvin Olasky, "The Secular Script in the Theater of God: Calvin on the Christian Meaning of Public Life," in *With Calvin in the Theater of God: The Glory of Christ and Everyday Life*, eds., John Piper and David Mathis (Wheaton: Crossway, 2010); 97-110.

2　Amy Nelson Burnett and Emidio Campi, eds., *A Companion to the Swiss Reformation* (Leiden: Brill, 2016); Bruce Gordon, *The Swiss Reformation* (Manchester: University of Manchester Press, 2002).

3　John H. Van Engen, *Devotio Moderna* (N.Y.: Paulist Press, 1988); Elias H. Füllenbach, *Devotio Moderna* (I. Christianity), in *Encyclopedia of the Bible and Its Reception* (EBR), vol. 6 (2013), col. 716-717; Thomas a Kempis, *The Imitation of Christ* (N.Y.: Vintage, 1998).

4　Antonio Forcellino, *Michelangelo: A Tormented Life* (Cambridge: Polity, 2009), 202-206.

5　김재성, 『구원의 길』(킹덤북스, 2014), 268.

6　*Luther's Works*, 44:251-400.

7　Lohse, *Martin Luther*, 49, 120.

8　A. McGrath, *Roots that Refresh*, 제7장에서 재인용.

9　William C. Placher, *Callings: Twenty Centuries of Christian Wisdom on Vocation* (Grand Rapids: Eerdmans, 2005), 205-238.

10　John Calvin, *Commentary on Romans* 9:20.

11　James Davison Hunter, *To Change the World: The Irony, Tragedy, and Possibility of Christianity in the Late Modern World* (Oxford: Oxford University Press, 2010), 18-31.

루터 vs 칼뱅